Le forum romain.

UTTERSTOCK.COM

DIRECTEURS DE COLLECTION ET AUTEURS
Dominique AUZIAS et Jean-Paul LABOURDETTE

AUTEURS
Aurélie HANNIER, Camille GRIFFOULIERES, Marie-Isabelle CORRADI, Yann LE RAZER, Abdesslam BENZITOUNI, Jean-Paul LABOURDETTE, Dominique AUZIAS et alter

DIRECTEUR EDITORIAL
Stéphan SZEREMETA

RÉDACTION MONDE
Caroline MICHELOT, Morgane VESLIN, Pierre-Yves SOUCHET, Jimmy POSTOLLEC, Natalia COLLIER, Laureen DUCHESNE, Anaïs MAOLE

RÉDACTION FRANCE
Elisabeth COL, Tony DE SOUSA, Mélanie COTTARD, Audrey VEDOVOTTO

MAQUETTE ET MONTAGE
Julie BORDES, Sandrine MECKING, Delphine PAGANO

ICONOGRAPHIE ET CARTOGRAPHIE
Anne DIOT assistée de Julien DOUCET

DIRECTRICE DES VENTES
Bénédicte MOULET assistée d'Aissatou DIOP, Sidonie COLLET

RESPONSABLE DES VENTES
Jean-Pierre GHEZ assisté de Nelly BRION

RELATIONS PRESSE-PARTENARIATS
Jean-Mary MARCHAL

PRÉSIDENT
Jean-Paul LABOURDETTE

DIRECTRICE ADMINISTRATIVE ET FINANCIÈRE
Valérie DECOTTIGNIES

DIRECTRICE DES RESSOURCES HUMAINES
Dina BOURDEAU assistée de Sandra MORAIS et Eva BAELEN

COMPTABILITÉ
Jeannine DEMIRDJIAN, Adrien PRIGENT et Faiza ALILI

RECOUVREMENT
Fabien BONNAN assisté de Sandra BRIJLALL et Vinoth SAGUERRE

CITY TRIP ROME 2021-2022

LES NOUVELLES EDITIONS DE L'UNIVERSITE
18, rue des Volontaires - 75015 Paris.
✆ 01 53 69 70 00 - Fax 01 42 73 15 24
Internet : www.petitfute.com
SAS au capital de 1 000 000 € - RC PARIS B 309 769 966
Couverture : Statue en bronze de l'empereur Nerva à Rome © scaliger - stock.adobe.com
Impression : IMPRIMERIE CHIRAT - 42540 Saint-Just-la-Pendue
Achevé d'imprimer : mai 2021
Dépôt légal : mai 2021
ISBN : 9782305033358

Pour nous contacter par email, indiquez le nom de famille en minuscule suivi de @petitfute.com
Pour le courrier des lecteurs : info@petitfute.com

PEFC 10-31-1895

IMPRIMÉ EN FRANCE

BIENVENUE À ROME !

Rome : musée à ciel ouvert, ville touristique immortalisée par ses églises, cathédrales, basiliques et vestiges de temples romains, est aussi synonyme de *dolce vita*. Ville d'art et d'art de vivre, on l'imagine avec ses vespas circulant dans ses ruelles piétonnes, ses terrasses s'étalant sur de jolies places. Ville épique, monumentale, elle se révèle aussi chaotique qu'envoûtante… Rome ne s'est pas faite en un jour, et si quelques jours suffisent pour tomber sous son charme, une année entière ne suffirait pas à décrypter tous ses secrets ! Car ici, on ne sait où donner de la tête. Dans la ville des empereurs, des saints et des stars de cinéma, la moindre rue, la moindre fontaine ou le plus petit jardin cache une histoire, une anecdote, un secret de l'Antiquité à nos jours. De plus, Rome regorge de cafés, de *trattorie*, de boutiques de mode et d'ateliers d'artisans dans chacun de ses quartiers : à vous de les découvrir au fil de vos promenades, votre guide à la main. Ville aux mille visages, son côté branché et arty se dévoile dans ses quartiers les plus vibrants. Quant à la gastronomie romaine, l'histoire est longue : élevée au rang d'art, elle a su conserver ce caractère familial qui renvoie aux repas chez *la mamma* ! Partez à la découverte des fameuses sept collines, sur les traces de Romulus et Rémus, des Borgia ou de Audrey Hepburn : vous n'avez pas de temps à perdre, l'histoire vous attend ici !

De ses carnets de voyage personnels aux guides du Petit Futé, il n'y eut qu'un pas ! L'auteure de ce guide, Aurélie Hannier, a toujours un pied en France et l'autre en Italie. Passionnée par la culture transalpine et amoureuse de Rome, elle vous présente les trésors de cette ville ainsi que ses meilleures adresses, soigneusement notées au gré de ses nombreuses balades dans les ruelles de la Ville Éternelle.

Retrouvez cette offre en page 99

SOMMAIRE

CAMPO DEI FIORI, PANTHÉON ET FONTAINE DE TREVI

Délimité au sud par la piazza Venezia, au nord par le palais Quirinal et à l'ouest par le Tibre, ce quartier, optimisé pour les piétons, est l'épicentre de la Rome historique. La concentration d'édifices Renaissance et baroques est vertigineuse : on y contemple des classiques comme la piazza Navona, la mythique fontaine de Trevi ou le majestueux Panthéon.

COLISÉE, FORUM ET CAPITOLE

Le quartier de la Rome antique offre un fabuleux voyage dans le temps, au pays des empereurs et des gladiateurs. Les musées du Capitole, les ruines du Forum romain et du Palatin, et bien sûr le Colisée sont des incontournables. Plus confidentiel, le quartier de Monti invite à la flânerie à travers des rues pittoresques à travers des rues pittoresques. Il est devenu un des quartiers les plus hype de la capitale.

107

PIAZZA DI SPAGNA ET VILLA BORGHÈSE

Entre la magnifique piazza di Spagna et la piazza del Popolo, les rues du Tridente abritent les grandes enseignes de la mode internationale, de jolies galeries d'antiquaires et de nombreux restos dans une ambiance chic et bohème. A deux pas, la villa Borghèse, célèbre pour ses magnifiques jardins et sa galerie, est la promenade incontournable à Rome. Quant aux escaliers de la piazza di Spagna, ils sont l'un des lieux de rendez-vous favoris des Romains comme des touristes.

VATICAN ET TRASTEVERE

La place Saint-Pierre, la chapelle Sixtine et quelques autres chefs-d'œuvre se trouvent dans la cité du Vatican. En bordure, se trouve le quartier chic de Prati. Plus au sud, le Trastevere, l'un des quartiers les plus photogéniques de Rome, est apprécié pour sa vie nocturne intense. Entre les deux, la colline du Janicule réserve de jolies promenades et de beaux panoramas sur la Cité éternelle.

127

151

TERMINI, CELIO ET ESQUILIN

Au sud du quartier cosmopolite de la gare Termini, la colline de l'Esquilin vaut le détour pour l'église Sainte-Marie Majeure, tandis que perchée sur la paisible colline du Celio, la basilique Saint-Jean de Latran est la plus vieille église au monde.

HORS LES MURS

Des quartiers aux intérêts très variés entourent les murailles de Rome : musées d'art contemporain dans les quartiers de Flaminio et Nomentano, vie nocturne débridée dans le Testaccio et à Garbatella, mouvance alternative à San Lorenzo, sans oublier les catacombes de la via Appia Antica. Et plus loin le quartier de l'EUR et sa surprenante architecture mussolinienne.

176

LES IMMANQUABLES

REPÈRES HISTORIQUES

La fondation de Rome : une affaire mythologique. En 753 av. J.-C., les jumeaux Romulus et Rémus posent la première pierre de la ville au pied du mont Palatin. C'est là que selon la légende ils furent allaités par la louve après avoir été sauvés des eaux du Tibre. De 715 à 509 av. J.-C., on retient l'extension de la cité par les premiers rois sabins qui recrutent leur population sur les collines voisines et le règne des Tarquins, dynastie étrusque qui développe les constructions, l'art et la culture, et pose la base des institutions politiques de Rome.

La République conquérante. Les premiers consuls garantissent la tranquillité de la jeune République jusqu'en 390 av. J.-C. et la mise à sac de Rome par les Gaulois. Elle mettra près de 50 ans à renaître de ses cendres pour se lancer à la victorieuse conquête de l'Italie puis du bassin méditerranéen avec notamment les guerres puniques (Hannibal et ses fameux éléphants !) qui se soldent par la destruction de la cité phénicienne de Carthage en 146 av. J.-C.

César et compagnie. Parvenu au pouvoir après sa victoire sur Pompée (48 av. J.-C.), César gouverne en maître absolu jusqu'à son assassinat par Brutus le 15 mars 44 av. J.-C., au cours d'une séance du Sénat, dans la curie du Forum romain. Après sa mort, ses lieutenants Marc Antoine et Octave s'affrontent. Octave devient le nouveau maître de Rome en 29 av. J.-C. A son époque vivent des hommes de lettres comme Horace, Virgile ou Tite-Live.

VIVRE ROME AU QUOTIDIEN

En dépit de sa beauté artistique sans pareille, Rome fait face aujourd'hui à des défis de taille : une circulation paralysée par un trafic chaotique, un ramassage des déchets défaillant et une administration municipale jugée calamiteuse depuis plusieurs mandats. L'impossibilité de construire des parkings souterrains et davantage de lignes de métro sans tomber sur des vestiges archéologiques ainsi que les différents scandales de corruption qui pèsent sur l'administration municipale sont autant de problématiques qui à ce jour n'ont toujours pas trouvé de solutions. Nous saluons les associations de bénévoles comme Retake Rome qui œuvrent pour le nettoyage des rues et la restauration des édifices.

Statue de César dans le centre antique de Rome.

Les dynasties impériales. Après la mort d'Octave Auguste en 14 apr. J.-C., Tibère, puis Caligula font régner la terreur sur Rome. En 54, Néron l'excentrique monte sur le trône. Il fait construire la Domus Aurea et persécute les chrétiens accusés d'être à l'origine de l'incendie qui ravage Rome en 64. Il se suicide en 68. Il sera le dernier empereur de la dynastie des Julio-Claudiens. Lui succède celle des Flaviens (69-96) à laquelle on doit la construction du Colisée, puis celle des Antonins (96-192) qui laisse le forum de Trajan et le mausolée d'Hadrien (actuel château Saint-Ange). Règne ensuite Marc Aurèle qui combat les offensives des Barbares germaniques. Au début du IIe siècle, la dynastie des Sévères laisse notamment les thermes de Caracalla. On retient dans les décennies qui suivent le nom d'Aurélien (270-275), qui entoure la ville d'une muraille encore visible aujourd'hui, et de Constantin (306-337), fondateur de Constantinople et premier empereur à embrasser la religion chrétienne. En 476, l'abdication du dernier empereur Romulus Augustulus marque la fin de l'Empire romain d'Occident et avec elle le début de l'ère médiévale.

Les papes prennent le pouvoir. Alors que la ville est moribonde, les papes s'installent à Rome (dans le quartier de Saint-Jean-de-Latran) où ils deviennent la seule autorité. La papauté amasse des richesses et reprend progressivement à son compte l'héritage impérial et la vocation de Rome à gouverner le monde. Cette suprématie, avec l'appui des Carolingiens (pour mémoire Charlemagne règne en 800), perdure à Rome jusqu'à la Renaissance, période d'apothéose politique et culturelle pour l'Eglise. Les papes, devenus mécènes, s'installent au Vatican et lancent de vastes chantiers de construction. Il s'agit de faire de Rome la cité de Dieu sur terre, rien de moins ! Raphaël, Michel-Ange et les autres sont à pied d'œuvre. Mais le protestantisme monte, qui voit en Rome une Babylone moderne, et la ville est mise à sac en 1527. L'Eglise

Statue de Victor-Emmanuel II.

© STÉPHAN SZEREMETA

La louve romaine.

est contrainte à la réforme, ce qui se manifeste dans l'art par le maniérisme.

Le souffle baroque. Au début du XIIe siècle, un nouveau vent artistique souffle sur l'Europe, celui du baroque et de sa démesure. Borromini, Bernin et Le Caravage sont les grands maîtres du baroque romain. Des chefs-d'œuvre comme la basilique Saint-Pierre ou la place Navona voient le jour. Dans la même lignée, le XVIIIe siècle est marqué par la construction de la fontaine de Trevi, des escaliers de la place d'Espagne et l'ouverture des musées du Capitole.

Sur la piste capitale. A l'époque napoléonienne, l'influence française sur la ville est sensible. A partir de 1848, l'Italie est touchée par les mouvements révolutionnaires (Risorgimento) et le pape Pie IX est contraint de s'exiler pour une année. Le républicain Garibaldi parvient à prendre la ville pour de courtes périodes, mais Rome reste sous la protection de Napoléon III. L'unité de l'Italie est proclamée en 1861, mais Rome ne lui est réunie que neuf ans plus tard, après la chute du Second Empire en France. Rome devient la capitale de l'Italie le 3 février 1871. Le pape n'accepte pas la nouvelle donne et s'enferme au Vatican. La population afflue et Rome passe en 30 ans de 200 000 à 600 000 habitants. La spéculation immobilière se déchaîne, de nombreux couvents sont transformés en ministères, le monument national à Vittorio Emanuele II, mastodonte qui domine la piazza Venezia, est construit.

Rome, ville des fascistes. Le 24 octobre 1922, les fascistes marchent sur Rome et Mussolini accède au pouvoir. Le nouveau régime laisse de nombreuses traces dans la ville qui compte alors un million d'habitants. De grandes allées rectilignes, la via della Conciliazione, qui relie le Tibre au Vatican, et la via dei Fori Imperiali sont construites au détriment de ruelles et de constructions moyenâgeuses rasées. Le quartier de l'EUR et les studios de Cinecittà voient le jour. Lors de la guerre, c'est le quartier de San Lorenzo qui est le plus fortement bombardé.

Rome aujourd'hui. La ville connaît dans les années 1950 une forte vague d'immigration et l'immobilier explose de façon désorganisée avec un manque regrettable d'espaces publics. Dans les années 1960 sont construits l'aéroport Fiumicino et la nouvelle gare Termini, le premier métro et les installations sportives qui accueillent les Jeux olympiques en 1960. Plus près de nous, on retiendra comme grande construction l'auditorium imaginé par Renzo Piano inauguré en 2002, et le plan d'aménagement urbain de 2003 (sous le mandat de Walter Veltroni) qui a considérablement amélioré le quotidien des Romains. En juin 2016, la jeune avocate Virginia Raggi (Mouvement 5 Etoiles) devient la première femme maire de la ville.

POINTS D'INTÉRÊT

LE COLISÉE

Les travaux commencent en 72 et se terminent en 80 sur l'ordre de l'empereur Vespasien mais seront prolongés (les coulisses et le velarium se construisent de 81 à 92) sous Domitien, le fils de Vespasien, d'où le nom d'amphithéâtre Flavien (nom de famille des empereurs en question).
Il a fallu plus de 120 000 esclaves pour sa construction et des matériaux de première qualité. Il fait 188 m de longueur sur 155 m de largeur et plus 50 m de hauteur. A l'extérieur, un système très moderne de près de 80 portes numérotées permettait aux 80 000 spectateurs d'accéder selon leur condition aux quatre niveaux, tous différents, si bien que l'arène se remplissait et se vidait rapidement.
C'est dans un deuxième temps que l'on a construit les coulisses (sous Domitien), et on les a voulues souterraines. On voit encore au centre de l'arène les couloirs et les murs des différentes pièces qui contenaient les animaux, les condamnés à mort et les machines qui allaient servir pour le spectacle. Par-dessus, Domitien fait placer une couverture (*velarium*) formée de bandes d'étoffe qu'une équipe de 100 marins tiraient pour protéger les spectateurs du soleil. Les spectacles étaient gratuits, ils étaient offerts par l'empereur, et pas seulement pour des occasions particulières. Ils pouvaient durer plusieurs jours, voire plusieurs semaines. Outre les jeux traditionnels, avec des combats de gladiateurs, on y organisait des combats d'animaux sauvages ramenés souvent d'Afrique : les *venatio* qui se déroulaient souvent dans un décor bucolique. A partir du IVe siècle, Rome devient chrétienne et, dès le Ve siècle, on abolit les combats de gladiateurs et par la suite ceux d'animaux sauvages, faute de moyens. Dès le VIe siècle, le Colisée devient de temps à autre une forteresse, tantôt de la famille des Frangipane tantôt des Annibaldi. On y bâtit même des habitations et l'on y enterre aussi les morts... En 1345, un tremblement de terre fait tomber une partie de l'arène. De là, on va commencer à prendre du matériel pour construire ailleurs, comme la basilique Saint-Pierre, le palais de la Cancelleria, l'église Saint-Marc pour n'en citer que quelques-uns. C'est en 1753 que le pape Benoît XIV interdit l'exploitation du Colisée en prenant comme prétexte que de nombreux chrétiens y étaient morts en martyrs. Ce qui est faux dans les faits car les persécutions étaient organisées au Circus Maximus, mais cela a permis en tout cas de préserver l'amphithéâtre

Colosseo.

et d'organiser chaque vendredi saint, en présence du pape, le chemin de croix. De nombreuses restaurations furent effectuées au Colisée, dont la dernière très médiatisée achevée en 2016 grâce au généreux mécénat (25 millions d'euros) du groupe Tod's. Les travaux titanesques ont permis la restauration des ambulacres, des souterrains, des façades nord et sud ainsi que de la mise aux normes de l'ensemble de l'édifice. Ce qui subsiste du Colisée garde une puissance et une harmonie grandioses. On peut monter jusqu'en haut des murs d'où l'on a un beau panorama sur Rome. Ne manquez pas non plus de vous offrir une petite escapade nocturne au pied du Colisée.

■ **COLOSSEO (COLISÉE)** ★★★★
Piazza del Colosseo
www.coopculture.it/colosseo-e-shop.cfm
Ouvert de 8h30 jusqu'à 16h30 ou 19h15 selon la saison. Plein tarif 16 €. Billet couplé avec le Forum et le Palatin.

LE FORUM ROMAIN

Centre politique, religieux et commercial, symbole de la toute puissance de la Rome républicaine (du VIe av. J.-C. au Ve siècle), le Forum tel qu'il s'offre à nous est un somptueux champ de ruines au cœur de la ville. Le site se présente comme un vaste quadrilatère de 500 m de longueur sur 200 m de largeur qui, partant de son point le plus bas au pied du Capitole, monte en pente douce jusqu'au talus naturel qui relie le mont Palatin à l'Esquilin.

Enrichi durant les différentes époques, le Forum fut en grande partie détruit au VIe siècle, lorsque s'écroule l'Empire romain d'Occident. Seuls quelques monuments seront épargnés, transformés en églises ou en palais. Au cours des siècles, l'érosion, les inondations, les éboulements, les destructions et les tremblements de terre feront hausser le niveau du sol de plusieurs mètres, en moyenne.

Les fouilles ayant commencé assez tard, le site était encore il y a 200 ans un terrain vague où broutaient les vaches. On peut aujourd'hui avec un peu d'imagination se représenter sa richesse et sa magnificience. Organisés autour de la via Sacra, qui était le passage obligé des grandes processions religieuses et des triomphes vers le Colisée, voici les monuments encore en état qui pourront vous servir de points de repère :

- **L'arc de Septime Sévère.** Achevé en 203, il sépare la Curie des Rostres. D'intéressants bas-reliefs célèbrent les victoires de l'empereur sur les Parthes.
- **La Curie.** Sur la droite, en regardant le Capitole, un bâtiment en brique, tout simple. La Curie était le siège du Sénat romain au IIIe siècle, le véritable centre du pouvoir sous la République et son centre symbolique sous l'Empire. Elle était originalement recouverte de marbres et de stucs, et son aspect actuel date du début du IVe siècle. De forme simple mais harmonieuse, elle comporte deux séries de gradins, sur lesquels étaient placés les sièges des 300 sénateurs.
- **Les Rostres.** En face de la Curie, une tribune en arc de cercle datant du IIIe siècle avant notre ère où les orateurs de la République, les sénateurs et les tribuns prononçaient leurs discours et défendaient leurs projets devant le peuple assemblé.
- **Le temple de Saturne.** Huit colonnes ioniques vous signaleront l'emplacement de ce temple, dans lequel était conservé le trésor de l'Etat.
- **Le temple de Vesta.** Consacré à la déesse protectrice du feu, ce temple abritait le feu sacré (le feu domestique) que des prêtresses, les vestales, ne devaient en aucun cas laisser mourir. Sa forme ronde faisait référence à la cabane où était conservé le feu public, du temps où Rome n'était qu'un village. Il existait depuis les premiers temps de Rome (VIe siècle av. J.-C.). A côté, on remarquera la maison des Vestales, dont les pièces sur deux étages étaient disposées autour d'une cour rectangulaire agrémentée d'un bassin d'eau décoré de statues.
- **La basilique Julia.** Un très vaste édifice qui borde le Forum au sud. On peut y voir, sur le pavement de marbre, des graffitis et des damiers. En remontant vers l'arc de Titus, vous passerez devant trois colonnes corinthiennes, vestiges du temple de Castor et Pollux, et devant le temple rond de Vestale.

UNE VIE DE VESTALE

Toutes issues de familles prestigieuses, ces gardiennes du feu sacré étaient seulement entre 5 et 7. Elles faisaient vœu de chasteté et, si ce vœu était rompu, elles mouraient. On les emmurait vivantes, avec un peu d'eau, car elles ne pouvaient être tuées par des mains humaines, c'était aux dieux de décider. Cependant, bien que dure, la vie des vestales était source d'honneur et de gloire. Elles étaient considérées comme de hautes personnalités publiques.

L'arc de Titus. Composé d'une seule arche, il fut édifié par Domitien en 81 apr. J.-C., en l'honneur de son frère et prédécesseur Titus, pour commémorer la prise et la destruction de Jérusalem.

La basilique de Maxence et Constantin. De cet édifice gigantesque, il ne reste que la moitié nord. Ce fut le siège de la préfecture au début du IVe siècle. S'y trouvait la colossale statue de Constantin dont il ne reste que la tête et une main dans la cour du palais des Conservateurs.

Le temple d'Antonin. Dédié en 141 apr. J.-C. par Antonin le Pieux à son épouse Faustine, ce temple fut transformé en église au VIIIe siècle, ce qui lui valut de conserver intactes les dix immenses colonnes de sa façade.

FORO ROMANO (FORUM ROMAIN) ★★★
Via dei Fori Imperiali
✆ +39 06 06 08
www.coopculture.it
Tous les jours de 8h30 à 19h15 de mars à fin août, et 16h30 en hiver. Billet combiné avec le Colisée et le Palatin 16 €.

LA PLACE DU CAPITOLE ET SES MUSÉES

Le Capitole (Campidoglio) fut la forteresse naturelle de Rome. Sa position stratégique au cœur des voies de communications terrestres et fluviales, dominant d'un côté le Tibre et de l'autre la vallée du Forum, permettait aux Romains de contrôler la traversée et la remontée du fleuve. Véritable cœur de la cité antique et haut lieu de la vie politique, le Capitole a vu défiler près de 2 500 ans d'histoire.
De tout temps, siège de l'administration de la ville (la mairie y demeure encore aujourd'hui), le Capitole était aussi le centre religieux de l'ancienne Rome, car il accueillait le temple de Jupiter Capitolin dédié à Jupiter, Junon et Minerve.

Le forum romain.

Piazza del Campidoglio. L'aspect actuel de la place est dû à Michel-Ange qui en a dessiné les plans en 1536 à la demande du pape Paul III. Il parvint à créer une illusion de grandeur dans cet espace assez réduit qui présente une unité de style assez rare à Rome. Pour accéder à l'esplanade, on emprunte la Cordonata, le majestueux escalier en haut duquel les statues des Dioscures, Castor et Pollux, montent la garde. La statue équestre de Marc Aurèle trône au centre de la piazza (original exposé au Palazzo dei Conservatori).

Musei Capitolini. Ses palais abritent aujourd'hui les musées du Capitole et leurs très belles collections de statues antiques grecques, étrusques, égyptiennes ou romaines (comme la fameuse louve allaitant Romulus et Remus) et de peintures (Véronèse, Rubens, Titien, le Caravage…). Leur visite demande une bonne demi-journée. Les musées du Capitole furent créés en 1471, quand le pape Sixte IV fit don au peuple romain un groupe de statues en bronze de grande valeur. Cela en fait, dans sa partie la plus ancienne, le plus vieux musée public du monde. Les collections ont aujourd'hui toutes un lien très étroit avec la ville de Rome. Elles se répartissent entre le Palazzo dei Conservatori (palais des Conservateurs), d'origine antique et transformé en 1570 sur un projet de Michel-Ange, et le Palazzo Nuovo (palais Neuf), inauguré en 1654.
Dans la cour intérieure du palais des Conservateurs, on verra des fragments de la statue colossale de Constantin (IVe siècle), installée à son origine dans la basilique de Maxence du Forum romain, dont les dimensions sont exceptionnelles (tête 2,60 m, pied 2 m). On ne manquera pas de passer dans la salle des Conservateurs, où fut signé le traité de Rome en 1955, avant d'aller rendre visite à la statue de la Louve capitoline allaitant Remus et Romulus. Des analyses récentes ont démontré qu'elle ne daterait pas des Etrusques, comme on l'a longtemps supposé, mais du IIe ou IIIe siècle de notre ère. On verra également l'original

Palais des Conservateurs.

de la statue équestre qui se trouve sur la place avant de rejoindre au 2e étage la pinacothèque et ses toiles du XVe au XVIIIe siècle dont la fameuse *Diseuse de bonne aventure* du Caravage et *L'Enlèvement des Sabines* par Pietro da Cortona. Dans le palais Neuf, auquel on accède par une galerie souterraine passant sous le Capitole d'où l'on jouit d'une très belle vue sur le Forum, on verra des sarcophages romains, des mosaïques, des sculptures et des éléments de l'histoire politique de Rome comme la *Lex Imperio Vespasiani*, texte gravé dans le bronze qui rapporte la décision du Sénat de porter Vespasien au pouvoir. Incontournables également : la pudique *Venus du Capitole* (Ier siècle av. J.-C.) et le *Galate mourant* (fin du IIIe siècle av. J.-C.) d'un réalisme dramatique surprenant.

MUSEI CAPITOLINI ★★★
Piazza del Campidoglio
✆ +39 06 06 08
www.museicapitolini.org
info.museicapitolini@comune.roma.it
Entrée 16 €, avec exposition temporaire. Billet combiné avec la Centrale Montemartini 17 €.

LES MUSÉES DU VATICAN

Au XVe siècle, le Vatican est devenu la résidence habituelle des papes de retour d'Avignon. Il le restera jusqu'à nos jours, bien qu'aux XVIIIe et XIXe siècles, les papes aient préféré le Quirinal et qu'ils aient transformé partiellement le Vatican en musée. « Quelles solitudes de chefs-d'œuvre ! » s'écria Chateaubriand lorsqu'il visita le Vatican. Les choses ont bien changé. Les chefs-d'œuvre sont toujours là, mais leurs solitudes sont meublées de foules de touristes et de curieux. La partie du Vatican que l'on visite correspond, pour l'essentiel, aux palais construits au cours des siècles par les papes de la Renaissance à nos jours. C'est un ensemble très composite formé de deux palais réunis par deux longues galeries. On peut schématiquement partager le Vatican en musées d'une part, et en appartements pontificaux et chapelle Sixtine de l'autre. Grosso modo, les musées sont dans le palais du Belvédère, dans les galeries qui joignent les deux palais et dans le bâtiment séparé de la pinacothèque. Les appartements pontificaux et la chapelle Sixtine se trouvent dans le Vatican proprement dit, proche de la place San Pietro. Le musée d'Art religieux moderne se trouve sous la chapelle Sixtine.

Enrichis pendant des siècles par des collectionneurs et des commissions papales, les musées présentent une grande collection d'œuvres d'art anciennes grecques et romaines, dont le Vatican est le plus grand propriétaire au monde, ainsi que des œuvres d'art égyptiennes, étrusques, sans oublier les grandes œuvres de la Renaissance, telles que les fresques de la chapelle Sixtine peintes par Michel-Ange (et aussi Boticelli), celles de la chapelle de Nicolas V peintes par Fra Angelico et les *Stanze* de Raphaël. Parmi toutes ces merveilles, la visite de la chapelle Sixtine est bien sûr l'un des points d'orgue du parcours artistique romain. Réalisée entre 1471 et 1484, elle doit sa célébrité à son plafond peint par Michel-Ange qui représente des épisodes bibliques et à sa fresque du *Jugement dernier*, une œuvre démesurée de plus de 13 m de largeur qui orne le mur de l'autel. Nouveauté : depuis le pontificat de François, les jardins se visitent. Pensez-y et réservez !

Musei Vaticani.

Avertissement. En haute saison touristique, attendez-vous à au moins 1 heure, voire 1 heure et demie, de queue. En général, les premiers touristes arrivent dès 8h du matin. La possibilité d'acheter en ligne vos billets vous évitera cette attente et vous vous présenterez à 8h50 devant les portes avec votre coupe-file. Nous vous conseillons de visiter la chapelle Sixtine et les chambres de Raphaël tôt le matin ou vers midi, ou encore en basse saison. Vous pouvez tenter les visites gratuites du dernier dimanche du mois et du 27 septembre, mais il y a foule... Parfois le nombre de visiteurs est tel qu'on ne peut plus avancer.

MUSEI VATICANI ★★★★

Viale Vaticano
✆ 39 06 6988 4676
www.museivaticani.va
info.mv@scv.va
M° Cipro – Musei Vaticani (ligne A).
Tram et bus 19, 32, 81, 982, 116, 40, 62.
Du lundi au samedi de 9h à 16h et le dernier dimanche du mois (de 9h à 14h). Entrée 17 €, réduit 8 €, gratuit le dernier dimanche du mois.

LA FONTAINE DE TREVI

Ah, la fameuse scène de *La Dolce Vita* ! On a beau l'avoir vue sur toutes les cartes postales de la ville, l'arrivée devant ce monument a quelque chose de magique. Une fontaine se trouve à cet endroit depuis l'an 19 av. J.-C. lorsqu'on fit construire l'aqueduc dit de *l'Acqua Vergine* (eau vierge), dont la source se trouve à 40 km de Rome. La fontaine actuelle est l'œuvre de l'architecte Nicola Salvi. Elle fut inaugurée sous Clément XIII, en 1762.

DES PIÈCES POUR LA BONNE CAUSE

Des centaines de pièces sont jetées tous les jours dans la fontaine de Trevi. Cela, paraît-il, porterait bonheur... Il faut savoir pourtant qu'une équipe est spécialement chargée de récolter les 6 kilos de pièces lancées par les visiteurs. A l'œuvre tous les matins avant 8h30, vous les apercevrez peut-être en train de « pêcher » à l'aide d'une étrange épuisette. La récolte – près de 980 000 €, dont 40 000 € en devises étrangères – est destinée à l'association humanitaire Caritas, fondation qui lutte contre la pauvreté et l'exclusion en France et dans le monde.

© BRIAN KINNEY / SHUTTERSTOCK.COM

Fontaine di Trevi.

Selon la tradition, si l'on jette dans la fontaine, par-dessus l'épaule, deux pièces de monnaie, on peut espérer un prompt retour à Rome et la réalisation d'un vœu.

Décorée par de nombreux artistes de l'école de Bernin, la fontaine prend appui sur la façade du palazzo Poli (qui abrite l'Institut national des arts graphiques), sur la petite place de Trevi. Statues et bas-reliefs semblent perchés au-dessus de masses rocheuses d'où l'eau jaillit de tous côtés. Au centre de la fontaine se trouve la statue d'Océan entourée de deux allégories, celles de l'Abondance et celle de la Santé, les deux indissociables de l'eau. En 2015, la célèbre fontaine s'est refait une beauté grâce au mécénat de la maison Fendi. 2,5 millions d'euros de travaux qui ont redonné toute sa splendeur à l'un des symboles de Rome. Enjuillet 2016, la maison de mode a d'ailleurs organisé un défilé spectaculaire sur les eaux de la fontaine elle-même, recouvertes pour l'occasion d'une plateforme transparente. Lors de votre visite, admirez la fontaine debonne heure le matin, ou très tard le soir, pour être plus tranquille.

FONTANA DI TREVI ★★★★
Piazza di Trevi

LE PANTHÉON

Sur la charmante piazza della Rotonda se dresse ce temple érigé sous Auguste pour honorer les dieux Mars et Vénus dont les amours terrestres donnèrent naissance aux jumeaux Rémus et Romulus, fondateurs de la ville. C'est probablement l'édifice antique (118-125) le mieux conservé de la ville, malgré les quelques changements qu'il connut au cours des siècles. Devenu panthéon de tous les dieux romains sous Hadrien, il est transformé en église par le pape Boniface IV. Urbain VIII Barberini, grand pilleur de monuments antiques, fit fondre les plaques de bronze qui ornaient son plafond pour en faire le baldaquin de Saint-Pierre.

Enfin, Bernin l'affubla de deux clochers baroques (fort heureusement démolis depuis) que les Romains avaient qualifiés d' « oreilles d'âne de Bernin » ! Le pronaos par lequel on pénètre dans le temple est formé de 16 colonnes monolithes en granit. Sa coupole, dont les proportions parfaites laissent encore perplexes ingénieurs, architectes et archéologues, s'élève à 43,30 m du sol pour un diamètre de 43,30 m. Elle est formée de cinq rangs de caissons concentriques et se termine par un vaste puits de lumière. Aussi rectangulaire à l'extérieur que sphérique à l'intérieur, le Panthéon abrite notamment la tombe des rois Vittorio Emanuele II, de son fils Umberto I et de son épouse la reine Margherita, ainsi que celle du peintre Raphaël.

PANTHEON ★★★

Piazza della Rotonda
Accès : bus 40 et 64, arrêt Largo di Torre Argentina.
Ouvert de 8h30 à 19h30, le dimanche de 9h à 18h et les jours fériés de 9h à 13h. Entrée libre.

LA PLACE CAMPO DEI FIORI ET SON MARCHÉ

Sur cette petite place et dans les ruelles adjacentes, on respire un je-ne-sais-quoi d'insolite, mélange d'histoire et de « romanité ». Le Campo dei Fiori est l'un des lieux les plus agréables de la capitale, bordé par de charmantes vieilles maisons et accueillant tous les matins (sauf le dimanche) le plus célèbre marché de Rome. Son origine remonte à la fin du Moyen Age, alors que l'endroit n'était encore qu'une vaste prairie (le « champ de fleurs » qui lui a laissé son nom). On y trouve fruits et légumes, poissons, fromages, charcuterie, fleurs, ainsi que toutes les spécialités romaines et italiennes. C'est un marché qui s'est adapté à une clientèle plus touristique que locale, les prix pratiqués sont donc un peu plus élevés que sur d'autres marchés, mais les couleurs, les parfums et les accents pittoresques qui s'y déploient sont un vrai bonheur. Le soir venu, les lieux prennent un air festif, rythmés par les va-et-vient vers les nombreux bars,

Panthéon.

restaurants et trattorias du quartier. Au centre de la place se dresse la statue de Giordano Bruno, un moine philosophe brûlé là durant l'Inquisition, auquel le pouvoir italien de 1870 voulut rendre hommage, comme un défi à la papauté. De nombreux jeunes aiment à s'y regrouper pour parler, draguer ou boire des bières dans une version très contemporaine de *La Dolce Vita*. A deux pas de là, ne manquez pas de vous rendre sur la place Farnèse, où le superbe palais du même nom abrite l'ambassade de France (visite possible à réserver à l'avance).

MARCHÉ DE LA PIAZZA CAMPO DEI FIORI

Campo de' Fiori, 44

Ouvert tous les matins, sauf le dimanche.

© MADZIA71

Marché de la Piazza Campo dei Fiori.

LA PIAZZA NAVONA

Romains et touristes aiment se promener sur cette place baroque monumentale qui fut autrefois le stade de l'empereur Domitien (86 apr. J.-C.), dont la forme oblongue (276 m de longueur sur 54 m de largeur) a été conservée. Ils s'installent autour des fontaines, des kiosques, sur les terrasses des cafés, vont et viennent dans les ruelles avoisinantes, léchant les vitrines des antiquaires ou des créateurs de mode, reviennent encore se prendre au charme des musiciens, des diseuses de bonne aventure, des clowns et autres artistes peintres.

© DANILEON / SHUTTERSTOCK.COM

Piazza Navona.

Au centre de la place se trouve la *Fontana dei Quattro Fiumi* (fontaine des quatre fleuves), œuvre du Bernin achevée en 1651 qui représente le Danube, le Gange, le Río de la Plata et le Nil, symboles des quatre parties du monde. Le maître du baroque, Francesco Borromini, conçut l'église de Sant'Agnese in Agone, œuvre tout aussi splendide et emblématique des lieux. Coiffée d'un dôme et flanquée de deux campaniles, sa façade concave confère à la piazza Navona toute sa sérénité. A chaque extrémité de la place, la *Fontana del Nettuno*, au nord, et la *Fontana del Moro*, au sud, datent de la fin du XVIe siècle. Au sud-ouest de la place, on trouve sur la petite piazza di Pasquino la célèbre statue parlante de Pasquino (IIIe s. ap. J.-C.), du nom d'un artisan romain qui avait l'habitude de coller des mots de satire politique, en rimes, sur le socle de la statue. C'est encore aujourd'hui un lieu d'expression, de doléance et de revendication puisque les Romains viennent toujours y coller des *pasquinate*.

Escalier à double hélice, musée du Vatican.

PIAZZA NAVONA ★★★

Accès : bus n° 87 du Colisée, n° 492 de la piazza Barberini, et n° 70 de Termini.

LA BASILIQUE SAINT-PIERRE-DE-ROME

Une halte à Rome rend possible une promenade dans la cité du Vatican. La magnifique place Saint-Pierre, terminée en 1668 sous le pape Alexandre VII, est l'un des chefs-d'œuvre de Bernin, conçue comme deux énormes bras qui embrassent la ville et amènent les pèlerins à la basilique. Au centre, un obélisque égyptien ramené à Rome sous Caligula et, de chaque côté, deux magnifiques fontaines du XVIIe siècle. La place, entourée par une forêt de colonnes et surmontée par plus de 140 statues fait près de 300 m de largeur.

Il a fallu près de 162 ans pour bâtir l'église et la place Saint-Pierre, son plan ne cessant jamais d'être remis en question.

Extérieur. La façade est l'œuvre de Carlo Maderno en 1614 ; c'est depuis sa loggia centrale que le pape donne sa bénédiction *urbi et orbi* (pour la ville et pour le monde) à l'occasion de cérémonies solennelles. Deux portes sous le portique de façade méritent qu'on les admire : la porte de la Mort sur la gauche, aux battants sculptés par Giacomo Manzù en 1964, et la Porte Sainte à droite, dont l'ouverture par le pape marque le début d'une Année sainte, par exemple à l'occasion du

Jubilé. Masquée par la façade, la splendide coupole de Michel-Ange qui mesure 136 m de hauteur et 42 m de diamètre reste à ce jour le plus haut dôme du monde.

Intérieur. L'intérieur de la basilique, aux proportions démesurées mais parfaites, est une pure merveille. Les œuvres ici conservées sont à la hauteur de l'édifice : dans l'abside, le baldaquin en bronze haut de 30 m indique le lieu où est enterré saint Pierre ; réalisée en 1666, cette œuvre marque l'apogée de l'art du sculpteur. La première chapelle de droite abrite la *Pietà*, chef-d'œuvre de Michel-Ange (1499) dont la puissance émotionnelle qui s'en dégage fixe à jamais le génie de l'artiste. Enfin, de nombreuses sortes de marbre décorent le pavement et un revêtement doré à l'or fin illumine le plafond.

BASILICA DI SAN PIETRO ★★★★
Piazza San Pietro
www.vatican.va
M° Ottaviano. Bus n° 62 (arrêt Borgo Angelico).
De 7h à 18h30 (en hiver) ou 19h (en été). Entrée libre. Tenue décente requise. Angelus papal le dimanche à 12h.

LES RUELLES DU TRASTEVERE

On aime flâner dans les ruelles colorées aux façades décrépies couvertes de lierre et de jasmin, s'attabler en terrasse à l'heure de l'apéritif, visiter les petites églises, s'asseoir autour des fontaines, prolonger le dîner. En raison de son origine populaire, Trastevere a gardé quelque chose de pittoresque et de festif. A Trastevere, les restaurants, les trattorie, les pubs, les magasins ne manquent pas… Il y en aurait même un peu trop et l'ambiance est quasi chaotique.
Le quartier est longtemps resté à part de la ville. Aux origines de la République, la rive droite du Tibre était un pays étrusque et donc ennemi. Attirés par le développement de la ville, les étrangers venaient y camper, juifs et Syriens en particulier, qui en firent bientôt un quartier de commerçants. L'empereur Auguste incorpora la banlieue à la ville puis Aurélien l'engloba dans les murs du IIIe siècle. Pourtant, les vestiges de bâtiments officiels de la Rome antique y sont rares. Ici, pas de grands monuments, tout le charme est dans l'atmosphère pittoresque, avec le linge suspendu aux fenêtres, dans les lumières dorées. Une balade ou une soirée à Trastevere reste un grand moment du séjour romain.

Accès : tram 8 et 3, bus 23, 280, 780, 44, H.

Quartier de Trastevere.

LA PIAZZA DI SPAGNA

Piazza di Spagna est l'un des lieux les plus animés de Rome. Touristes et Romains, surtout les jeunes, s'y côtoient. Sa station de métro dessert aussi bien le parc de la villa Borghèse que le quartier des boutiques et des restaurants les plus chics de la capitale. Piazza di Spagna tient son nom de l'ambassade d'Espagne qui fut la première représentation diplomatique étrangère de la ville au XVIIe siècle. C'est un superbe espace urbain composé d'une place triangulaire, de la fontaine en forme de barque qui semble couler, dite la *Barcaccia* (1717), attribuée à Bernin, et des fameux escaliers à trois niveaux (*Scalinata di Trinità dei Monti*) de l'architecte Francesco De Sanctis (1726) qui arpentent la colline jusqu'à l'église de La Trinité-des-Monts. Du haut des 138 marches, la vue sur la place et les rues environnantes est exceptionnelle. L'escalier n'est pas construit dans l'axe de la place ou de la via Condotti qui s'étend juste en face ; c'est une astuce de l'architecte pour favoriser la perspective libre et permettre d'avoir une vue différente selon l'endroit où l'on se trouve. Artistes et intellectuels ont toujours affectionné ce quartier où vécurent notamment les poètes britanniques Keats, Shelley et Byron. Tous les ans au printemps, l'escalier est couvert de fleurs. Un conseil : admirez-le depuis la place, c'est vu de bas en haut qu'il est le plus élégant. Et n'oubliez pas que depuis l'été 2019 il est interdit de s'asseoir sur les marches pour des raisons de conservation !

LA GALERIE BORGHÈSE

Au cœur des jardins de la villa Borghèse, cette célèbre galerie abrite l'une des plus belles collections européennes d'œuvres de la période classique et de la Renaissance. Imaginé par le cardinal Scipione Borghese (1579-1633), neveu du pape Paul V, qui voulait un abri pour sa collection privée, le musée a subi une amputa-

Piazza di Spagna.

La Villa Borghèse.

tion désastreuse en 1807 lorsque de nombreuses œuvres furent vendues à Napoléon par Camille Borghèse, mari de Pauline Bonaparte. Il reste néanmoins des pièces exceptionnelles : au rez-de-chaussée vous trouverez les sculptures si vivantes du Bernin (*David, Apollon et Daphné, L'Enlèvement de Proserpine, l'Hermaphrodite endormi*), ainsi que celles plus romantiques de Canova (*statue de Pauline Bonaparte*) ; en salle VIII, six chefs-d'œuvre du Caravage (*Saint Jérôme, Jean-Baptiste dans le désert, David avec la tête de Goliath*) vous laisseront à bout de souffle. La visite continue au 1er étage avec Raphaël (*La Dame à la licorne*), Titien (*Amour sacré et Amour profane*), Rubens (*Suzanne et les vieux*)) et encore Carrache, Dominiquin et Véronèse. Une collection d'autant plus unique car inamovible, en raison de la rareté et de la fragilité des œuvres. Attention, le temps de visite est limité à deux heures et les réservations sont obligatoires.

GALLERIA BORGHESE (GALERIE BORGHESE) ★★★★

Piazzale del Museo Borghese
Villa Borghese
✆ +39 06 328 10
galleriaborghese.beniculturali.it/it
Réservation en ligne ou par téléphone obligatoire. 20 € + 2 € de réservation. Ouvert du mardi au dimanche, de 9h à 19h.

RESTOS

On en salive d'avance. Les Italiens sont fiers de leur cuisine, d'ailleurs on trouve à Rome très peu de restaurants de spécialités étrangères. A n'en pas douter, la gastronomie italienne est une attraction presque aussi forte pour les visiteurs que la Fontaine de Trevi et le Colisée. Impossible de rester indifférent à la bonne odeur d'huile d'olive, à l'onctuosité de la mozzarella... Vous allez vous régaler ! Et ce sera bien mérité après avoir passé la journée à battre le pavé romain !

Petit précis d'histoire gastronomique. La cuisine romaine s'est très souvent inspirée d'influences extérieures, une pratique qui date de l'Empire romain et de ses nombreuses possessions, de l'Atlantique à l'Orient. Au fil des siècles, elle s'est affinée pour prendre une réelle personnalité. La cuisine romaine traditionnelle est connue comme *cucina povera*, « la cuisine du pauvre », simple mais savoureuse, basée sur les restes et les abats. Le succès de ses plats est assuré par des ingrédients de base dans les sauces et les accompagnements : huile d'olive, ail, oignons, romarin, basilic, persil, piment, menthe, origan, laurier, fenouil, sauge, roquette, mais aussi cannelle ou autres épices. La cuisine judéo-romaine est également de grande tradition, grâce à la présence d'une communauté juive pluriséculaire à Rome.

Restaurant mode d'emploi. Le repas de midi (*pranzo*) était autrefois un déjeuner véritable et complet mais, de plus en plus, il s'est réduit à un panino, une part de pizza ou autre, pourvu que ce soit rapide et bon (eh oui, les rythmes de vie changent aussi ici !). Toutefois, les Italiens fréquentent toujours beaucoup les restaurants. Le soir, la tradition est de manger assez tard, et vous verrez les Romains s'attabler plutôt vers 21h, voire 22h. Les restaurants, pizzerias, etc., ouvrent leurs portes vers 12h pour le déjeuner (*pranzo*), ils font une pause de 15h à 18h et ils terminent le service vers 23h. Certains restaurants ouvrent seulement le soir, beaucoup ferment le dimanche et le lundi et au mois d'août (*chiuso per ferie*). Un cauchemar pour les touristes ! *Prenotazione* (réservation) quasi indispensable.

Le menu italien classique se compose de plusieurs étapes pour des festins souvent pantagruéliques : *antipasti* (l'entrée), *primo piatto* (pâtes ou risotto), *secondo piatto* (viande ou poisson) et dessert. Les établissements se sont toutefois adaptés aux goûts touristiques et vous pourrez composer le repas à votre gré, ou opter pour la formule œnothèque, ces bars à vins extrêmement populaires où la dégustation des meilleurs crus s'accompagne d'assiettes de charcuterie, de fromages, parfois d'assiettes de pâtes ou de salades.

Soupe stracciatella, spécialité romaine.

OÙ DÉGUSTER LES MEILLEURES GLACES ?

Les glaces artisanales italiennes qui n'ont, rappelons-le, rien à voir avec les glaces italiennes telles que nous les connaissons en France sont tout simplement succulentes. Dans les quartiers touristiques, on trouve un glacier (*gelateria*) pratiquement à chaque coin de rue. Chacun a sa spécialité. On ressort rarement déçu, mais certaines adresses sont incontournables. Voici les établissements qui se disputent, selon nous et pas mal de Romains, le titre très convoité de meilleur glacier de la ville !

■ **GELATERIA LA ROMANA**
Via Cola di Rienzo, 2
✆ +39 06 32 60 92 51

■ **GIOLITTI**
Via Uffici del Vicario, 40
✆ +39 06 699 1243

■ **OTALEG**
Via di S. Cosimato, 14a
✆ +39 375 58 12 546

Les gelati sont très appréciées en Italie.

Parmi les spécialités culinaires, citons du côté des antipasti les *suppli alla romana* (boulettes de riz plongées dans la friture), les beignets de fleur de courgette, les légumes (poivrons, courgettes) grillés et marinés à l'huile d'olive, la charcuterie (coppa, bresaola, pancetta) et les recettes typiques de la cuisine juive à base d'artichaut ; du côté des pâtes, les *bucatini all'amatriciana* (sauce tomate pimentée agrémentée de petits dés de lard, avec beaucoup de fromage de brebis râpé), les *gnocchi* (à la farine de pomme de terre) et la fameuse *carbonara* (sans crème mais avec des œufs !) ; pour les plats la *coda alla vaccinara* (queue de bœuf), les tripes à la romaine et les *saltimbocca* (escalopes de veau roulées dans une tranche de jambon cru avec de la sauge ciselée et cuites dans du vin blanc) ; en dessert enfin, l'incontournable tiramisù bien sûr a fait ses preuves dans toute l'Italie.

Et la pizza dans tout ça ? Bien que née à Naples, la pizza romaine mérite un paragraphe. Elle se distingue de son aînée napolitaine par une pâte beaucoup plus fine et légère. Elle est bien sûr servie dans des pizzerias (les puristes ne la mangent que le soir), mais nous vous conseillons plutôt de la déguster comme en-cas dans une pizzeria *al taglio*, la vraie spécialité romaine en la matière. Les pizzas, que l'on peut déguster sur place ou à emporter, y sont présentées en version extra-longue et découpées en part à la demande avec un prix calculé en fonction du poids. Pizzas aux anchois, aux champignons, aux artichauts, au jambon, aux courgettes, aux aubergines... toutes sont délicieuses, surtout lorsqu'elles viennent de sortir du four.

Comment s'y retrouver ? Rome est remplie de restaurants, pizzerias, *trattorie*, *osterie*, *tavole calde*, il n'est pas facile de s'y repérer avec tout ce choix... En général, un restaurant présente une ambiance et un décor plus soignés et un menu plus ample, ce qui peut se répercuter sur l'addition finale... En revanche, la *trattoria* ou *osteria* a une ambiance plus familiale, un décor plus spartiate, et offre souvent un menu avec cuisine typique et plats du jour (parfois sans même une carte, c'est le gérant qui l'annonce de vive voix !) et des prix plus abordables. Un repas (primo + secondo + contorno + bouteille de vin) peut aller de 20 à 30 € dans une *trattoria* typique et jusqu'à plus de 60 € dans un bon restaurant. Pour manger de façon plus économique, il vous suffit d'entrer dans un café, ou une tavola calda, pour commander un panino ou vous régaler d'une part de pizza *al taglio*. Le soir, vous pourrez aussi profiter des formules apéritives offertes dans certains bars, avec accès à volonté à un buffet pour toute consommation.

SHOPPING

Que vous rêviez du kitchissime Colisée sous la neige – à poser fièrement chez vous – d'un bel objet ancien ou d'une très chic petite robe de créateur à rapporter de votre séjour, Rome se révèle une excellente destination shopping. Outre ses nombreux étals et magasins improvisés à proximité des grands sites touristiques, on trouvera dans la capitale tous les grands noms de couturiers, italiens et étrangers, de nombreux antiquaires, librairies, épiceries fines, sans oublier les marchés, chaque quartier ayant plus ou

moins sa spécialité. Pour l'artisanat, rendez-vous aux alentours du Panthéon, du Campo dei Fiori et de la place d'Espagne. Les boutiques sont nombreuses sur la via dei Sediari, via del Teatro Valle et via dei Cestari, spécialisées dans la fabrication de corbeilles et de chaises en osier et qui proposent un vaste choix de produits en lin et d'autres tissus. Si vous aimez flâner dans les magasins rétro et les boutiques traditionnelles romaines, les lieux tels que la via della Maddalena, via della Stelletta, piazza Argentina et via delle Botteghe Oscure sauront aussi vous contenter tandis qu'en décembre le fameux marché de Noël près de la place Navona s'impose (pour peu que vous ne soyez pas claustrophobe).
Quelques magnifiques (mais onéreuses) boutiques d'antiquaires se trouvent sur la via Giulia, derrière le palais Farnèse (plus connu comme le siège de l'ambassade de France). Cette rue, riche en boutiques, avec d'abondantes sélections d'objets antiques et artistiques, est l'une des plus fascinantes de Rome. On trouve également de belles pièces dans les ruelles autour de la piazza Navona tandis que la via del Babuino et la via Margutta (près de la place d'Espagne) sont considérées comme les rues du quartier des peintres qui, jusqu'en 1960, y tenaient leurs ateliers et boutiques. Il s'agit aujourd'hui du lieu de rendez-vous des amateurs d'expositions d'art, dont les nombreux et réputés magasins débordent de merveilles.
Rome, c'est aussi bien sûr un temple de la mode. Comme chacun veut être élégant, on trouve de tout, pour hommes et femmes à tous les prix. Le quadrilatère délimité par la via del Corso, la via del Babuino, la via della Vite et la Piazza del

Shopping sur Piazza di Spagna.

Popolo offre les principales boutiques de luxe et de prêt-à-porter du centre. Un mélange de styles (et de prix !) se côtoie harmonieusement, et le point de rassemblement se trouve être les fameux escaliers de la place d'Espagne, qui abrite d'ailleurs les boutiques de luxe de renom international comme Missoni, Dolce & Gabbana, Sergio Rossi, Genny, Rocco Barocco, Krizia. Via Condotti, on retrouve d'autres grands noms de la couture italienne comme Armani, Valentino, Cartier, Bulgari, Hermès, Gucci, Ferragamo, Prada, Alberta Ferretti, Iceberg, Max Mara. La Via Borgogno abrite, quant à elle, Gianfranco Ferrè, Moschino, Calvin Klein, Givenchy, Gay Mattiolo, Laura Biagiotti, Fendi, Diego Della Valle. Non loin de la via Veneto, un autre itinéraire shopping peut commencer à la piazza Fiume (avec le grand magasin Rinascente, ouvert de 9h à 22h) d'où il est possible de poursuivre par la via Salaria et la via Po.

On y trouve de nombreux magasins de vêtements, de chaussures, alimentaires, ainsi que des articles pour la maison, à des prix plus intéressants que dans le centre historique.
La via del Corso, qui s'étend de la place du Peuple à la piazza Venezia, est caractérisée par une suite de magasins de mode et d'accessoires bon marché très appréciée de la jeunesse romaine, de même que la via Cola di Rienzo du côté du Vatican. Pour des vêtements de créateurs, cherchez votre bonheur dans les rues adjacentes au Campo dei Fiori et à la piazza Navona, ou mieux encore dans le quartier de Monti. Dans les environs de la basilique Saint-Jean-de-Latran (piazzale Appio), on trouve le grand magasin Coin. C'est là que débute la via Appia Nuova, une rue commerçante riche en magasins en tout genre de Sabbatini à Teichner et Leam, qui vendent des marques prestigieuses, comme Prada et Gucci, ou encore Benetton et Cisalfa. Les magasins de chaussures sont tout particulièrement remarquables. Enfin, les marchés de Rome valent le détour. Que vous logiez dans le centre ou en périphérie, ne manquez pas d'aller faire un petit tour dans le marché de votre quartier. Ils sont ouverts tous les jours, jusqu'en début d'après-midi (sauf le dimanche), et deux ou trois fois par semaine, toute la journée. En effet, le commerce de proximité est encore très présent, et la plupart des ménages se fournissent au marché. Les poissons sont fantastiques, la charcuterie et les fromages appétissants, les légumes de saison et les fruits tout juste cueillis.

SORTIR

Comme toutes les grandes capitales, Rome dispose d'un grand nombre de bars, de discothèques et de pubs, d'une foule de lieux accueillant les événements culturels, sans compter les manifestations estivales et l'animation bon enfant qui règne autour des places lorsque les températures sont douces.

BONS PLANS MODE D'EMPLOI

En dehors de la période des soldes (janvier et juillet), si vous vous voulez faire de bonnes affaires, privilégiez les marchés. Celui de la via Sannio (quartier de San Giovanni in Laterano) pour les fripes, chaussures et vêtements bon marché, manteaux de seconde main, vestes en cuir... Dans le même genre, le marché aux puces de Porta Portese (le dimanche matin dans le quartier du Trastevere), l'un des plus grands marchés aux puces d'Europe. Pour les chaussures, faites un tour au marché du matin dans le quartier de Testaccio près de Piramide. Il s'agit d'un marché extérieur de fruits et légumes frais à Piazza dell'Emporio où plusieurs étalages sont toutefois réservés à la vente de chaussures pour femme à très bon prix.

Autre piste très intéressante, celle des outlets, ces magasins qui déstockent les invendus des collections de grandes marques des années précédentes. Les gros outlets se trouvent à l'extérieur de la ville, mais on en trouve aussi quelques-uns dans le centre.

Rome peut donc très bien s'envisager comme destination noctambule.
L'offre de lieux de sortie étant grande, il faut savoir dénicher les bonnes adresses. D'abord, le Campo Marzio, entre les places Navona et Campo dei Fiori, concentre de nombreux bars, pubs et cafés où jeunesse romaine et touristes se mêlent. Si vous vous trouvez du côté du Colisée, dirigez-vous plutôt du côté d'un pub irlandais, très apprécié des jeunes Romains comme des expatriés. Ensuite, le Trastevere rassemble des établissements plus originaux, peut-être moins touristiques, avec pas mal de concerts proposés et une clientèle de Romains des plus simples aux plus branchés, encore des touristes (mais moins nombreux) et les résidents étrangers (qui ont fait de ce quartier leur lieu de résidence et d'activité préféré). Fréquentez enfin les quartiers du Testaccio et d'Ostiense pour les boîtes et les bars les plus originaux ou branchés, car c'est là que s'affiche la densité la plus forte de discothèques. N'oubliez pas non plus de passer une soirée dans le quartier alternatif, tendance contestataire, de San Lorenzo, le fief étudiant de la ville. Si vous tenez absolument à ne pas vous tromper, achetez *La Repubblica* le jeudi, vous y trouverez l'excellent supplément hebdomadaire *Trova Roma*, qui publie le programme des festivités pour toute la semaine à venir. A consulter également le site www.2night.it ou www.romatoday.it
La soirée romaine commence à l'heure de l'apéritif que vous pourrez souvent prendre en terrasse. Aujourd'hui, de nombreux bars de Rome proposent même une formule « *aperitivo* », sorte d'happy hour à la mode milanaise, qui consiste à accéder à un buffet à volonté pour toute boisson consommée. Le contenu et la qualité de ces buffets sont assez variables, mais la formule est imparable pour séduire les budgets les plus serrés qui économisent ainsi le coup d'un repas au restaurant. L'autre alternative consiste à passer le début de soirée dans une œnothèque, autrement dit un bar à vins, où l'ambiance est souvent un peu plus chic et plus cosy que dans les bars classiques. Le concept est un choix intéressant de bonnes étiquettes que vous pouvez prendre au verre (plus cher et moins de choix) ou en bouteille. La plupart proposent aussi des petits plats qui se résument en général à de la charcuterie et du fromage.
Après dîner, les options sont multiples. Boire un verre dans un bar branché avant d'aller se trémousser en discothèque (dans le Testaccio ou à Ostiense), sur des beats techno, des rythmes rock ou latino, des douze coups de minuit jusqu'au petit matin, dénicher un petit concert ou assister à un set de jazz, ou, plus chic encore, profiter d'une pièce de théâtre ou d'un opéra dans l'une des nombreuses salles de la ville (pour un spectacle de qualité optimale, offrez-vous une place au superbe auditorium Parco della Musica conçu par Renzo Piano. La période estivale y ajoute festivals et spectacles en plein air dont vous trouverez le programme sur le site www.estateromana.comune.roma.it.
La plupart des bars et des pubs ferment à minuit durant l'hiver et 2h du matin l'été. Comme partout, le code vestimentaire dépend des établissements et des quartiers fréquentés. Toutefois, l'ambiance reste toujours à la décontraction et à la bonne humeur ! Notez aussi que les grandes discothèques prennent souvent leur quartier d'été sur la plage (celle du Lido d'Ostia en l'occurence).

IDÉES DE SÉJOUR

LA VILLE POUR LA PREMIÈRE FOIS

Rome demande du temps pour être découverte. La ville est ramassée, plus que certaines autres capitales, mais elle est extrêmement dense. Trois jours sont un minimum pour découvrir ses plus grands chefs-d'œuvre et pour aussi profiter de l'ambiance romaine et de ses soirées.

JOUR 1 : LE COLISÉE ET AUTRES CHEF-D'OEUVRES ANTIQUES

Matinée : commencez votre visite par le symbole de la ville, le Colisée. Tâchez d'arriver un peu avant l'ouverture pour éviter la foule matinale. Ensuite, attelez-vous à la découverte des Forums romains et impériaux, ainsi que du mont Palatin. Une promenade sur ce site grandiose vous plongera au cœur des origines de Rome (Romulus et Rémus auraient fondé la ville sur le Palatin) et de sa grandeur antique. Un billet combiné vous permet de visiter le Colisée, les forums et le Palatin.

Pour déjeuner, choisissez une adresse du côté de Monti. Vous pourrez vous attablez dans une *trattoria* où vous contenter d'une part de pizza *al taglio* et autres délices à emporter que vous pourrez si le temps le permet aller grignoter dans les jardins de la Domus Aurea, démesure mégalomaniaque de Néron.

En début d'après-midi, direction la place du Capitole et ses musées où vous pourrez voir, comme en écho à vos visites matinales, la statue de la louve capitoline et les impressionnants fragments de la statue d'Auguste retrouvés sur le Forum. Après la visite, ne manquez pas de vous offrir un capuccino au café situé en terrasse. La vue sur Rome y est splendide. Quittez le Capitole en prenant la direction du Tibre pour rejoindre l'église Santa Maria in Cosmedin où vous pourrez mettre la main dans la Bocca della Verità, non sans avoir jeter un œil aux émouvantes mosaïques qui ornent l'intérieur de l'église. Remontez ensuite vers le théâtre Marcello, lieu hautement poétique. Face à vous, la silhouette de la synagogue signale que vous arrivez dans le quartier juif de Rome, le Ghetto. Suivez la jolie via del Portico d'Ottavia. En poursuivant toujours tout droit par la rue Giobbonari bordée de nombreuses boutiques, vous parviendrez bientôt sur le Campo dei Fiori.

Soirée : en fonction de l'heure, vous pourrez d'abord vous installer pour profiter de l'apéritif ou directement choisir l'endroit où vous irez dîner, les options ne manquent pas dans le quartier, que vous optiez pour un bar à vins, une *trattoria* ou un bon restaurant. Après dîner, s'il vous reste encore un peu d'énergie, traversez le Corso Vittorio Emmanuelle II pour aller prendre le pouls de la piazza Navona, éblouissante sous les réverbères. Pour un dernier verre, optez pour le Caffè della Pace.

JOUR 2 : LE CENTRE HISTORIQUE ET LE TRASTEVERE

Matinée : après une première journée bien remplie, permettez-vous de démarrer un peu plus tard si vous le souhaitez. Commencez la journée où vous l'avez terminée la veille pour goûter aux joies du marché du Campo dei Fiori. A deux pas, dirigez-vous vers la piazza Farnese et son imposant palais qui abrite l'ambassade de France. Derrière l'ambassade, empruntez vers le nord la via Giulia, l'une des plus belles de Rome, où se trouvent quelques boutiques d'antiquaires. Puis cap sur la piazza Navona et les ruelles alentour où vous aimerez flâner sans but précis, si ce n'est peut-être décider d'un endroit où déjeuner.

Pour le déjeuner, arrêtez-vous dans le coin, ou dirigez-vous vers le Panthéon, quartier qui offre pas mal de possibilités gastronomiques et, pour le dessert, regroupe quelques-uns des meilleurs glaciers de la ville.

Après-midi : vous ne manquerez pas de pénétrer dans le Panthéon pour admirer sa superbe coupole (en plus, c'est gratuit !) avant de vous offrir une délicieuse glace que vous pourrez déguster en remontant vers la fontaine de Trevi. Posez-vous un moment avant de pousser jusqu'à la place du Quirinale, dont le palais abrite la présidence italienne, et l'église Sant'Andrea al Quirinale, chef-d'œuvre de Bernin. Puis sautez dans le bus pour rejoindre le quartier de Trastevere.

Soirée : il n'y a que l'embarras du choix pour trouver où boire un verre et où dîner le long des places et des charmantes ruelles du Trastevere, et c'est un réel bonheur que de s'y promener le soir pour profiter d'une joyeuse ambiance où se mêlent touristes et Romains. Pour un moment romantique, grimpez sur la colline du Janicule d'où la vue sur Rome illuminée est superbe.

Musei Capitolini, salle des empereurs.

IDÉES DE SÉJOUR

JOUR 3 : LE VATICAN ET LA PIAZZA DI SPAGNA

Cette troisième matinée sera consacrée à la visite du Vatican. Démarrez de bonne heure pour visiter la basilique Saint-Pierre, monter à la Coupole et vous rendre dans la foulée aux musées du Vatican pour l'ouverture de la chapelle Sixtine.

Pour le déjeuner, évitez les alentours du Vatican. Si le soleil est au rendez-vous, nous suggérons une part de pizza à emporter pour un pique-nique improvisé à côté du Castel Sant'Angelo et son célèbre pont.

Après le déjeuner, longez le Tibre jusqu'au Ponte Cavour pour accéder au quartier de la place d'Espagne, ses célèbres marches et ses boutiques de luxe. Là, deux options s'offrent à vous. Les adeptes de shopping et de lèche-vitrines se contenteront de flâner le long de la via Condotti et remonteront en serpentant d'une rue à l'autre jusqu'à la piazza del Popolo. Les fous de culture en revanche se dirigeront vers la villa Borghèse pour visiter (à condition d'avoir préalablement réservé) sa célèbre galerie, considérée comme l'un des plus beaux musées du monde.

Soirée : le quartier de la Piazza di Spagna est riche en restaurants. Vous pourrez sinon retourner dîner du côté du Panthéon ou de la piazza Navona avant de vous offrir un extra pour votre dernière soirée dans la Cité éternelle. Selon vos goûts, optez pour un club de jazz ou une boîte à Testaccio. Vous serez aussi peut-être tenté par un dernier passage devant le Colisée illuminé et, si ce n'est déjà fait, retournez à la fontaine de Trevi jeter une pièce pour être certain de revenir à Rome...

ROME EN AMOUREUX

Rome est une ville qui, entre places, terrasses, venelles et fontaines, se prête à merveille aux déambulations romantiques. Voici une suggestion de parcours tout spécialement adapté à

© TTSTUDIO / SHUTTERSTOCK.COM

Basilique Saint-Pierre de Rome.

© CATARINA BELOVA – SHUTTERSTOCK.COM

Ruelle animée du Trastevere.

l'expression de vos élans amoureux pour un séjour placé sous le signe de la *dolce vita*.

JOUR 1

Matinée : commencez votre journée par la visite du Colisée, du Forum romain et de la colline du Palatin dont les ruines constituent un décor très romantique. Redescendez par la via di San Teodoro jusqu'à la place du Capitole. Même si vous ne souhaitez pas visiter ses musées, ne manquez pas d'aller déjeuner ou boire un cappuccino sur la terrasse du café Caffarelli qui offre l'une des plus belles vues panoramiques sur la ville.

Après-midi : dirigez-vous ensuite vers le Tibre pour aller tester la force de votre amour dans la Bocca della Verità devant l'église Santa Maria in Cosmedin ! Puis allez vous promener sur la colline de l'Aventino ponctuée de parcs et de jardins, dont le parc Savello et son jardin des Orangers qui offre encore une superbe vue sur la ville. En fin d'après-midi, longez le Tibre vers le nord et ne manquez pas de faire halte sur le site du théâtre de Marcello dont les ruines encaissées au milieu des maisons sont d'une poésie incomparable à la lumière d'un soleil déclinant. C'est le spot idéal pour tomber amoureux... de Rome !

Au coucher de soleil, traversez le Tibre par l'île Tibérine, et bras dessus, bras dessous enfoncez-vous dans les ruelles du Trastevere pour dénicher une jolie terrasse pour l'apéro. Après dîner, attardez-vous simplement autour de place principale pour observer le va-et-vient mêlant joyeusement touristes et Romains.

JOUR 2

Pour débuter la journée, un petit tour au marché de la place Campo de' Fiori s'impose, ne serait-ce que pour son animation. Passez ensuite par la piazza Farnese et la très belle via Giulia bordée de beaux magasins d'antiquaires, et traversez le corso Vittorio Emanuele II pour rejoindre le secteur de la piazza Navona.

S'il fait beau, attablez-vous pour un café ou un rafraîchissement à la terrasse d'un des nombreux cafés qui se trouvent sur la Piazza Navona ; puis allez vous faire photographier comme il se doit devant la fontaine des Quatre Fleuves.

Déjeuner du côté du Panthéon, puis offrez-vous une glace (les glaciers du coin sont les meilleurs de la ville) et déambulez tranquillement jusqu'à la fontaine de Trevi, site romantique s'il en est, qui saura vous séduire même s'il est envahi de touristes ! Remontez ensuite vers la piazza di Spagna et pénétrez dans la villa Borghese. Si le cœur vous en dit, vous pourrez faire un petit tour de barque près du temple d'Esculape. A l'heure de l'apéro, impressionnez votre moitié en l'invitant à boire un cocktail sur la terrasse du Sofitel. La vue est inoubliable !

Passez la soirée dans le quartier qui regorge d'adresses plus romantiques les unes que les autres pour dîner. S'il vous reste des forces, une petite balade digestive vous ramènera à la fontaine de Trevi qui offre le soir un visage encore plus féerique. N'oubliez pas d'y jeter une pièce, vous serez assuré de revenir à Rome.

Intérieur du Panthéon.

JOUR 3

Rendez-vous matinal sur la place Saint-Pierre. Depuis la coupole, vous aurez une vue fantastique sur Rome, et des frissons garantis lorsque sonneront les cloches. Filez ensuite vers les musées du Vatican et armez-vous d'un peu de patience pour aller vous perdre dans le bleu du plafond de la chapelle Sixtine. Direction ensuite le château Sant'Angelo, son pont et ses anges et rendez-vous dans le Trastevere.

Déjeuner un peu tardivement dans le quartier et grimpez sur la colline du Janicule, un havre de paix en pleine ville. Son vaste parc abrite notamment un beau jardin botanique et la promenade offre une succession de points de vue époustouflants, particulièrement au coucher de soleil.

Dernière soirée en ville. Choisissez un restaurant du côté de Campo dei Fiori ou de la piazza Navona avant d'aller danser à Testaccio ou écouter du jazz à l'Alexanderplatz, du côté du Vatican.

ROME AVEC LES ENFANTS

Un terrain d'aventures à ciel ouvert ! A condition de prévoir un programme un peu allégé pour ne pas trop les fatiguer, vos bambini ne s'ennuieront pas dans la capitale romaine. Voici une suggestion d'itinéraire pour un week-end en famille qui réjouira petits et grands.

© PEDRO RUFO – SHUTTERSTOCK.COM

Marché de la Piazza Campo dei Fiori.

JOUR 1

Commencez la journée par une visite du Colisée et un petit cours d'histoire romaine illustrée par les faux gladiateurs en costume avec lesquels toute la famille pourra se faire prendre en photo (attention, ce n'est pas gratuit !). Montez ensuite sur le Capitole et admirez la vue sur le forum, la louve, l'histoire de Rémus et Romulus.

Après déjeuner, dirigez-vous vers le Tibre et l'église Santa Maria in Cosmedin où vos chérubins pourront tester leur audace en plongeant leur main dans la Bocca della Verità. L'après-midi, offrez-vous un petit tour sur l'Appia Antica, une longue rue pleine de ruines antiques. Mieux, louez un vélo et filez sur les pavés entre pins et cyprès, une partie de la rue est fermée à la circulation automobile. Ne manquez pas d'y visiter les catacombes, frissons garantis !

Pour la soirée, installez-vous devant un bon plats de pâtes dans une trattoria du Trastevere, puis faites une balade nocturne dans ce charmant quartier.

JOUR 2

Après un copieux petit déjeuner, rendez-vous sur le marché Campo dei Fiori et faites le plein de provisions pour un petit pique-nique. Prenez à droite vers le Largo di Torre Argentina pour essayer de trouver les chats au milieu des ruines, puis remontez les ruelles vers le Panthéon. Entrez-y pour admirer sa coupole et réviser vos divinités romaines en faisant deviner aux enfants qui sont Mars, Vénus, Jupiter et compagnie. Si une petite pause s'impose, autorisez vous une glace car c'est dans ce quartier que se trouvent les plus fameux glaciers de la ville. Passez ensuite par la piazza della Minerva pour voir une étonnante statue d'éléphant portant un obélisque, puis continuez vers la fontaine de Trevi.

Là, toute la famille jettera une pièce par-dessous son épaule en faisant un vœu.

Direction maintenant la piazza di Spagna, autre superbe décor du théâtre de la vie romaine, et les jardins de la villa Borghèse où vous ne tarderez pas à sortir fromage, fruits et charcuterie pour un déjeuner sur l'herbe au bord du lac. Là, si le temps le permet vous pourrez louer une barque ou offrir un tour de poney aux enfants. Sinon, le Museo dei Bambini, situé près de la piazza del Popolo propose de nombreuses activités ludiques.

Pour dîner, rendez-vous du côté de la place Campo dei Fiori (utilisez les transports en commun).

JOUR 3

Commencez par vous rendre sur la piazza Navona pour regarder les peintres et les artistes mimes qui animent les lieux. Si vous êtes à Rome pendant la période des fêtes de fin d'année, vous pourrez en plus profiter du grand marché traditionnel. Ensuite, allez rendre visite à la statue parlante de Pasquino, à deux pas sur la place du même nom, et exercez vos talents de traducteurs pour relater les différents messages laissés par les Romains. Empruntez ensuite le corso Vittorio Emanuele II et rejoignez le pont Sant'Angelo et ses belles sculptures.
Traversez le Tibre et bifurquez vers le Vatican. Même si vous n'imposez pas aux enfants la longue file d'attente pour entrer à la chapelle Sixtine, la vue de l'immense place Saint-Pierre et de sa basilique saura les émerveiller.

L'après-midi, retournez profiter des nombreuses activités de la villa Borghèse dont le parc zoologique. Si le temps est mauvais, le musée de la Préhistoire dans le quartier de l'EUR est une option éducative. Terminez le séjour romain par un tour de la ville sur un bus touristique, ou même un tour de calèche, qui vous permettra d'apprécier une dernière fois les merveilles de la Cité éternelle sans vous fatiguer.

Dîner, vous ne sauriez repartir sans avoir partagé avec vos enfants une pizza au feu de bois dans l'une des nombreuses *pizzerie* artisanales de la capitale.

ROME IMPÉRIALE

Partez sur les pas des empereurs romains sur cet itinéraire et des architectures grandioses qui ont marqué leurs règnes. Entre les vestiges se nichent de bonnes surprises gastronomiques.

JOUR 1

Matinée. Honneur au Colisée pour commencer votre séjour sur les traces de la Rome des empereurs. Amphithéâtre majestueux pouvant accueillir jusqu'à 50 000 spectateurs, il fut inauguré par Titus en 80 apr. J.-C. avec 100 jours de féroces combats de gladiateurs. Jetez-vous dans l'arène et perdez-vous entre les gradins et les galeries souterraines, avant de partir vous restaurer chez le célèbre Angelino ai Fori pour un bon plat de *bucatini all'amatriciana*.

Après-midi. Dédiez votre après-midi à la découverte du Palatin, cœur de Rome à l'époque des rois et siège des résidences impériales.

Basilique Saint-Pierre de Rome.

© STÉPHAN SZEREMETA

Il vous faudra un peu d'imagination pour vous figurer qu'ici s'élevaient le palais d'Auguste, celui de son épouse Livia et celui de Domitien. En quittant le stade de Domitien, vous aurez presque l'impression d'entendre encore les bruits des courses de chars...

Soirée. Vous aurez bien mérité un apéro dînatoire au Cavour 313, sympathique bar à vin aux copieuses planches de fromages et de charcuterie.

JOUR 2

Matin. Sortez de bon matin pour partir à l'attaque du Forum romain. Fermez les yeux et imaginez devant vous un va-et-vient incessant de magistrats, de marchands, de sénateurs et d'esclaves s'affairant dans les différents bâtiments du Forum. Ici la Curie, siège du Sénat, là le temple de Saturne, plus loin la basilique Emilia et le curieux rond des vestales... Douze siècles de civilisation romaine s'exposent devant vous ! C'est avec un petit pincement au cœur que vous quitterez ces vestiges palpitants pour un déjeuner à la proche Taverna dei Fori Imperiali, bien connue pour la qualité de sa cuisine traditionnelle.

Après-midi. Partez ensuite à l'assaut du Musée du Capitole, le plus ancien musée public au monde. Aménagé dans deux imposants édifices donnant sur la place du même nom, il rassemble une importante pinacothèque et une magnifique collection de sculptures antiques. Ne manquez pas la statue étrusque en bronze de la *Louve du Capitole,* symbole de la ville à laquelle on a rajouté à la Renaissance les deux jumeaux Romulus et Rémus. Ne quittez pas les lieux sans avoir bu un verre sur la terrasse du café du musée, le Caffé Capitolino : la vue d'ici est renversante !

JOUR 3

Matinée. Consacrez le dernier jour à la découverte des Fori Imperiali. Ces grandes esplanades construites à la

Forum et marchés de Trajan.

gloire des grands empereurs romains reflètent l'ambition et le pouvoir de chacun de leurs commanditaires (Auguste, Vespasien, Nerva, Trajan). Pour compléter la visite, ne passez pas à côté du Marché de Trajan et du Musée des Forums impériaux. Le site, magnifique, permet de revivre l'ambiance des grandes halles romaines à l'époque impériale.

Après-midi. Terminez votre voyage dans la Rome des empereurs par la visite des Domus de Palazzo Valentini. L'ensemble des décors de cette villa de sénateur du IVe siècle a été entièrement reconstitué en 3D : magique !

Soirée. Dernier dîner romain dans une *trattoria* et terminez la soirée allégrement dans une ambiance authentique et pittoresque.

VISITES GUIDÉES

Dans une ville offrant une telle profusion de chefs-d'œuvres, il est intéressant de demander l'aide d'un guide professionnel. L'offre en la matière est importante avec bien sûr nombre de propositions autour des musées et de l'art. Des découvertes plus insolites sont également possibles, en Vespa, en Fiat 500 vintage, en calèche, en bateau ou à bord d'un petit avion. Voici quelques prestataires qui vous permettront d'optimiser votre découverte de la Cité éternelle.

BICI & BACI

Via del Viminale, 5
✆ + 39 06 482 8433
www.bicibaci.com
info@bicibaci.com
Métro A : Repubblica ou Termini.
Ouvert tous les jours de 8h à 19h. Prix par jour : 12,50 € pour un vélo, de 32 à 39 € pour un scooter 50 cc.

A deux pas de Termini, de Via Cavour ou Vicole del Bottino, un sympathique loueur de scooters et de vélos. En effet, près de 200 vélos y sont à disposition, ainsi que de très beaux scooters et de tout nouveaux Vespa. Ne ratez pas les tours guidés Vintage, pour les amateurs, en Vespa Vintage, Fiat 500 ou encore en Ape Calessino (sorte de tuk tuk) ! Le service est très attentionné et des plus sympas ! Amusez-vous bien... en faisant toujours attention à la circulation !

Autres adresses : Via Cavour 302 ✆ + 39 06 9453 9240 • Vicolo del Bottino 8 ✆ +39 06 678 6788

CAST CENTRO GUIDE

Via del Castro Pretorio, 30
✆ +39 06 482 5698
www.cast-turismo.it
cast@uni.net
Ouvert du lundi au vendredi de 9h à 18h30, le samedi de 10h à 13h. Pour les infos culturelles appeler le +39 338 813 2860.

Cast est l'organisme des guides officiels de la ville de Rome. Ce centre travaille exclusivement avec des guides professionnels aussi bien pour des tours individuels qu'en groupe. Ces guides diplômés des universités d'art et de culture sont habilités à exercer leur profession dans la région. Les parcours répertoriés sont nombreux et construits dans le but d'offrir la meilleure proposition. Ils ne se limitent pas seulement à la capitale mais concernent aussi les alentours, avec la possibilité de les personnaliser. Il ne s'agit plus d'un travail mais d'une passion !

CITY SIGHTSEEING ★

Via Marsala
Devant la gare Termini
✆ +39 06 69 79 75 54
www.city-sightseeing.com
info@city-sightseeing.com
Ticket 24h : enfant 14 €, adulte 28 €. Ticket 48h : enfant 15 €, adulte 31 €, ticket 72h enfant 17 €, adulte 35 €.
Les fameux bus rouges sont la situation idéale pour visiter facilement les nombreux sites touristiques de Rome. Option *hop on/hop off* à chaque site, commentaires en 8 langues dont le français, plusieurs parcours proposés.

OPEN BUS ROMA CRISTIANA

✆ +39 06 69 89 61
www.operaromanapellegrinaggi.org
Simple tour sans arrêts 12 €. Billet qui permet de monter et de descendre à chacun des 12 arrêts, valable 24h : 25 €, 48h : 26 €, 72h : 32 €. Départ toutes les 15 minutes de la gare Termini. Durée du trajet sans arrêts : 1h30.
Circuit en bus permettant de passer devant et de visiter tous les principaux sites et monuments de la Rome chrétienne.

TOPBIKE RENTAL & TOURS

Via Labicana, 49
✆ +39 06 488 2893
info@topbikerental.com
M° Cavour ou Vittorio Emanuele.
Ouvert entre 8h30 et 19h/20h. C'est l'adresse de référence pour les tours à vélo dans la ville de Rome pour les francophones.
Près du Colisée, cette agence propose des tours à vélo dans Rome, accompagnés de guides francophones. Une belle expérience qui ne se limite pas au centre historique puisqu'un tour sur la via Appia Antica est aussi proposé, avec des vélos à assistance électrique.

▶ **Autre adresse :** Via Carlo Botta, 11

Visiter Rome avec Topbike Rental & Tours.

FESTIVITÉS

JANVIER

SANT'AGNESE

21 janvier.

Pour la Sant'Agnese (Sainte Agnès), à l'église de Sant'Agnese fuori le Mura, le pape bénit deux agneaux confiés ensuite aux sœurs bénédictines pour qu'elles tissent avec leur laine un manteau destiné aux archevêques.

FÉVRIER

CARNAVAL

Entre janvier et février.

Le carnaval de Rome, qui fut aux XVIIIe et XIXe siècles l'un des plus grandioses du monde, reprend des couleurs ces dernières années. Chars, parades déguisées et spectacles équestres animent les rues de la ville dans une ambiance bon enfant avec dégustation de beignets et fritures.

MARS

BÉNEDIZIONE DEI VEICOLI

11 mars.

A l'occasion de la fête de Santa Francesca Romana, patronne des automobilistes, tous les véhicules peuvent se faire bénir juste à la sortie de l'église du même nom. De quoi se prévenir contre tout accident !

AVRIL

FONDAZIONE DI ROMA

21 avril.

Concerts, feux d'artifices et cérémonie solennelle sur la place du Capitole et le long du Tibre : les Romains célèbrent ainsi la légende de Remus et Romulus et de la louve qui les a sauvés.

MARATONA DI ROMA

✆ +39 06 406 5064

www.maratonadiroma.it

Premier dimanche d'avril.

Les marathoniens peuvent découvrir la ville d'une manière originale et sportive en courant le marathon de Rome ! Le parcours de 42,195 km a été tracé en plein centre de la ville éternelle, les coureurs ne manquent aucun des joyaux de la ville.

L'anniversaire de la fondation de Rome est une bonne occasion de se déguiser.

SEMAINE SAINTE

Entre mars et avril.

Chaque année, pour le Vendredi saint, le pape conduit une procession aux flambeaux qui, du Colisée au mont Palatin, reconstitue les 14 étapes du chemin de croix du Christ. Le dimanche de Pâques à midi, la bénédiction urbi et orbi réunit des milliers de pèlerins regroupés sur la place Saint-Pierre. Le pape y célèbre Pâques en des dizaines de langues. Un événement majeur pour le monde catholique.

MAI

CONCERTO PRIMO MAGGIO

www.primomaggio.net

1er mai.

Sur la place San Giovanni in Laterano, des milliers d'Italiens se rassemblent pour ce grand festival rock organisé gratuitement par la municipalté depuis 1990. La programmation est dévoilée au dernier moment. Y participent essentiellement des artistes italiens. Ambiance électrique garantie !

JUIN

ESTATE ROMANA

www.estateromana.comune.roma.it

De juin à septembre.

Durant tout l'été, Rome devient une scène ouverte avec de multiples événements organisés.

FÊTE DE SAINT JEAN-BAPTISTE

24 juin.

Une fête à laquelle les Romains attachent beaucoup d'importance : elle est célébrée en grande pompe place Saint-Jean et alentour. Jeux, feux d'artifice, musiques et manifestations sont au programme. La tradition veut que pour l'occasion on déguste des escargots et du cochon de lait.

FÊTE DES SAINTS PIERRE ET PAUL

29 juin.

Défilé lors de la Semaine Sainte à Rome.

© TITOSLACK

Dimanche de Pâques au Vatican.

La plus prestigieuses des festivités romaines en l'honneur des patrons de la ville : célébrations au Vatican et spectacles pyrotechniques.

LUNGO IL TEVERE

www.lungoiltevereroma.it

Entre mi-juin et fin août.

Riche calendrier d'évènements tout l'été le long des berges du Tibre, aménagées pour l'occasion entre l'île Tibérine et le Palais de justice à Prati. Spectacles, concerts, animations et dégustations.

JUILLET

ALTAROMA ALTAMODA

www.altaroma.it

Fin juillet et fin janvier.

La mode est à l'honneur avec ce salon AltaRomAltaModa qui présente les dernières tendances de la haute couture.

Aux défilés traditionnels est associée une série d'événements qui fusionnent la mode avec les arts et le spectacle.

FESTA DE NOANTRI

www.festadenoantri.it

Du 15 au 30 juillet.

La fête du quartier de Trastevere est un événement populaire à ne pas manquer. Entre la procession de la Madonna del Carmine, qui marque le début des festivités, et le feu d'artifice qui les clôt huit jours plus tard, tout le quartier prend des airs de théâtre à ciel ouvert.

AOÛT

FESTIVAL ISOLA DEL CINEMA

www.isoladelcinema.com
segreteria@isoladelcinema.com

De mi-août à début septembre.

En avant-première ou en rétrospective, du petit film d'auteur à la superproduction, tous les amateurs de cinéma se donnent rendez-vous sur l'île Tibérine pour ce grand festival en plein air qui se déroule de la mi-juin à la fin août.

FESTA DI SAN LORENZO

10 août.

Le quartier de San Lorenzo célèbre son saint patron avec des feux d'artifice et des processions. C'est la nuit des étoiles filantes, connue également comme la « Nuit des larmes de San Lorenzo ».

SEPTEMBRE

FESTIVAL DE MUSIQUE ET D'ART SACRÉ

www.festivalmusicaeartesacra.net

Une semaine mi-septembre.

Les plus belles basiliques de la Cité éternelle accueillent durant quelques jours de grands concerts de musique sacrée.

ROMAEUROPA

✆ +39 06 4555 3050

www.romaeuropa.net

Entre fin septembre et fin novembre.

Événement culturel majeur de la capitale italienne, ce festival qui se déroule de fin octobre à fin novembre en divers lieux de la ville (auditorium Parcol della Musica, Teatro Olimpico, Palladium, Teatro Eliseo...) propose des dizaines de représentations théâtrales, de concerts et de spectacles de danse.

OCTOBRE

FESTIVAL INTERNATIONAL DU CINÉMA

www.romacinemafest.it

Mi-octobre.

Depuis 2007, Rome fait son cinéma sur la scène internationale du 7e art. Sélection de films en compétition, soirées de galas et défilés de stars sur le tapis rouge de l'auditorium Parco della Musica, rien ne manque à cet événement très glamour. Le public n'est pas en reste puisqu'il est possible de voir de nombreux films en avant-première.

NOVEMBRE

FESTIVAL DU FILM INDÉPENDANT

www.riff.it – info@riff.it

Dernière semaine de novembre.

Depuis 2000, chaque année, au mois de mars, une sélection de plus de quatre-vingt films (longs, courts-métrages et films documentaires) venus du monde entier (avec tout de même beaucoup d'œuvres européennes) est présentée au public dans les grands cinémas de la ville et soumise à l'appréciation du jury.

ROMA JAZZ FESTIVAL

www.romajazzfestival.it

Durant tout le mois de novembre, l'Auditorium Parco della Musica met le jazz à l'honneur.

DÉCEMBRE

MARCHÉ DE NOËL

De début décembre au 6 janvier.

Le plus grand marché de Noël de la ville se tient durant tout le mois de décembre, jusqu'à la Befana le 6 janvier, sur la piazza Navona.

NOËL À L'AUDITORIUM

www.auditorium.com

Entre le 8 décembre et le 8 janvier.

L'auditorium Parco della Musica de Rome célèbre les fêtes de fin d'année en accueillant le festival Noël à l'auditorium. Le site, conçu par le célèbre architecte Renzo Piano, prend des allures de village de Noël avec de nombreuses animations, des stands gastronomiques et une patinoire.

© AERIAL-MOTION – SHUTTERSTOCK.COM

CAMPO DEI FIORI, PANTHÉON ET FONTAINE DE TREVI

IMMANQUABLE DANS CE QUARTIER

- Visiter le monumental Panthéon.
- Admirer la mythique fontaine de Trévi.
- Boire un verre sur le Campo dei Fiori.
- Se promener dans le ghetto juif.
- Flâner sur la belle piazza Navona.

Via Cresenzio
Piazza Adriana
Parco Adriano
Mausolée d'Adrien
Piazza Pia
Lungotevere Castello
Via Tacito
Piazza Cavour
Via Triboniano
Largo Mutilati e Invalidi di guerra
Via V. Colonna
Via Ulpiano
Lungotevere Prati
Ponte Umberto I
TEVERE
Ponte Cavour
Via di Ripetta
Ss. Ambr. e Carlo a Corso
Via del Corso
Via Tomacelli
Palazzo Borghese
Piazza Borghese
Via di Font. di Borghese
Piazza S. Lorenzo in Lucina
S. Lorenzo in Lucina
Piazza Nicosia
Lungotevere Marzio
Via d. Scrofa
Via Metastasio
Via Prefetti
Campo Marzio
Piazza di Parlemento
Lungotevere Tor di Nona
Lungotevere Brianzo
Via di Monte Brianzo
Via Zanardelli
Villa dell'Orso
San Antonio dei Portoghesi
Palais Montecitorio
Piazza di Montecitorio
Via d. Vicario
Ponte S. Angelo
Lungotevere Torre di Nona
Aquasparta
Palais Altemps
S. Agostino
S. Salvadore in Lauro
Piazza S.s. in Lauro
Via M. d'Oro
Piazza S. Agostino
Piazza di Copelle
Via d. Copelle
Via dei Coronari
V. Spirito
Via d. Pancio
Corso Vittorio Emanuele II
PONTE PARIONE
Palazzo Taverna
Via d. Monte
Montevecchio
V.d. Vacche
Santa Maria dell' anima
Via S. M. d. Anima
Corso dei Rinascimento
S. Luigi d. Francesi
V. Pantheon
Piazza Capranica
Via d. Salvatore
Fontaine des Quatres-Fleuves
Piazza d. Rotonda
Via Pastini
Via d. Seminario
San Giovanni dei Fiorentini
Via d. Banchi Nuova
S'. Agnese in Agone
Palais Madama
Panthéon
S. Ignaz
Palazzo Sacchetti
Chiesa Nuova
Via d. Governo Vecchio
PIAZZA NAVONA
Via Stadeari
Sant'Ivo alla Sapienza
Piazza d. Minerva
Piazza dei Caprettari
Piazza S. Cesarini
Via d. Bianchi Vecchi
Piazza della Nuova Chiesa
Piazza Pasquino
P. Braschi Musée de Rome
PIGNA
Éléphant du Bénin
Lung. d. Sangallo
Via Giulia
Corso Vittorio Emanuele II
Musée Barracco
Via del Pellegrino
Piazza S. Cataneo
Via Torre Argentina
Via D. Cestrai
Via d. Gesù
Via Monserrato
Palais de la chancellerie apostolique
Piazza S. Andrea d. valle
Via Cappellari
S.'Andrea d. Valle
Via d. Chiavari
Ponte G. Mazzini
REGOLA
Lungotevere dei Tebaldi
Lago Argentina
Piazza d. Gesù
Piazza S. Caterina della Rota
Piazza Campo dei Fiori
Temple dela V° Republique
Lungotevere della farnesina
TEVERE
San Girolamo
Piazza Farnese
V. Giubbonari
Théâtre de Pompée
Via d. Bott. Oscure
Via delle Lungara
Palais Farnèse
Piazza Paganica
Via Giulia
San Carlo ai Catinari
Mascherone
Fontaine des Tortues
Piazza B. Cairoli
Via Falegnami
Palais et galleria Spada
Arco d.
V.d. Specchi
Via d. Riari
Villa Farnesina
Fontaine delle Tartarughe
Villa Farnesina
Via Capo di ferro
Via S. M. d. Pianto
Palazzo Corsini
Lung. R. Sanzio
V. Arenula
Piazza d. Cinque Scole
Via d'Ottavia
Via Pettinari
Via d. Scala
Parco Gianicolense
V. Catalana
Portico et églis
Ponte Sisto
Via d. Zoccolente
S. ANGELO
Villa Torlonia
Bart. d. vaccinari
Grande Synagogue
Lungotevere d. Vallati
Via Benedetta
L. dei Cenci
Ponte Garibaldi
Musée de la communauté juive de Rome
Via Garibaldi
Ile Tibérine

CAMPO DEI FIORI, PANTHÉON ET FONTAINE DE TREVI

CAMPO DEI FIORI, PANTHÉON ET FONTAINE DE TREVI

Vous voilà dans un décor mythique, au cœur de la Rome historique. Une grande partie du centre avec ses ruelles tortueuses, ses palais et monuments ornés des œuvres des plus prestigieux artistes de l'époque, est classée au Patrimoine mondial de l'Unesco depuis 1980. La circulation automobile y est contrôlée et de nombreuses portions sont entièrement piétonnes ce qui le rend propice à la flânerie.
La zone est délimitée par la piazza Venezia au sud, le palais du Quirinal au nord et s'étend à l'ouest jusqu'au Tibre. A l'exception de la Rome antique, elle réunit la plus importante concentration de monuments, palais et sites d'intérêt touristique de la ville. On y trouve ainsi la fontaine de Trevi et le Panthéon, mais aussi le populaire Campo dei Fiori et la piazza Navona dont les rues alentour regorgent de bars, de restaurants et de boutiques tout autant fréquentés par les Romains que par les touristes.
La colline du Quirinal (la plus haute de Rome, culminant à 61 m), avec le palais présidentiel, sépare le centre de l'est de Rome. Lieu de résidence des riches Romains dans l'Antiquité, elle sombra dans l'oubli après les invasions barbares puis connut, grâce aux papes, un nouvel essor. C'est aujourd'hui le centre politique de l'Italie moderne. Si la spéculation immobilière a fait disparaître les champs et les jardins, elle n'est pas allée jusqu'à détruire les églises et bon nombre datent du XVIIe siècle.
Partant de la piazza Venezia, la via del Corso est une avenue rectiligne qui monte jusqu'à la piazza del Popolo en empruntant le tracé de l'antique via Flaminia. Jadis, des courses de chevaux y étaient organisées, d'où son nom. Long de 1 500 m, le Corso peut être considéré comme l'axe central de Rome. On y trouve de nombreuses boutiques plutôt bon marché.
Plus à l'ouest, le Campo Marzio (le Champ de Mars) forme une corne délimitée par le Tibre. Camp militaire durant l'Antiquité, puis incorporée à la ville au Moyen Age, la zone, régulièrement inondée, perd de son importance à l'époque impériale. Elle change de visage à la Renaissance lorsque les papes s'installent au Vatican, de l'autre côté du fleuve. Les grandes lignées romaines s'établissent sur le Campo Marzio qui devient le quartier aristocratique de Rome, son centre financier et commercial avec de nombreux artisans. Palais et monuments y sont construits du XVe au XVIIe siècle. La piazza Navona et le Campo dei Fiori forment l'axe majeur du Campo Marzio, traversé par le corso Vittorio Emanuele II (perpendiculaire à la via del Corso). Tout le secteur mêle les palais aux maisons plus modestes. Il est riche en magasins, bars, restaurants et discothèques, il y a donc autant d'intérêt à y aller de jour que de nuit. Derrière

© RESUL MUSLU - SHUTTERSTOCK.COM

Le Panthéon.

le Campo dei Fiori, en direction du Tibre, le palazzo Farnèse, siège de l'ambassade de France, dévoile son harmonieuse façade Renaissance. Et de l'autre côté de la place Farnèse, la via Giulia avec ses antiquaires et ses galeries d'art moderne ne manque pas d'allure.

L'extrême sud du centre de Rome comprend le Ghetto, le quartier juif (le plus vieux d'Europe !) qui s'étend en direction de la Rome antique jusqu'au théâtre Marcello. On peut encore y respirer l'ancienne atmosphère dans les boutiques et restaurants casher où la tradition juive se mélange à la romaine. Ses façades décaties et son décor intemporel séduiront les amateurs de poésie urbaine, tandis qu'à deux pas l'île Tibérine vous charmera avec ses ponts et son ambiance presque villageoise.

VISITER

La richesse culturelle de Rome se manifeste par sa densité. Dans ce quartier : le Panthéon, la fontaine de Trevi, le palais du Quirinal, la piazza Navona, Campo de' Fiori, le Ghetto se découvrent le long de ruelles tortueuses avec une émotion toujours renouvelée. Un véritable musée à ciel ouvert !

BASILICA DI SANT'AGOSTINO

Piazza S. Agostino
Accès : bus n° 87 du Colisée ou n° 492 de la piazza Barberini, et n° 70 de Termini.
Ouverte de 7h à 13h et de 16h30 à 19h30, le dimanche de 15h30 à 19h30.
Construite en 1420. L'intérieur présente une série de colonnes recouvertes de marbres polychromes. Dans la nef centrale, on découvre une toile de Raphaël, le *Prophète Isaïe* ; dans la nef de droite, la cinquième chapelle fut décorée par le Guerchin. L'autel majeur est un projet de Bernin, à sa gauche se trouve la tombe de sainte Monique, mère de saint Augustin. Ne manquez pas non plus la *Vierge des pèlerins,* œuvre du Caravage.

© LUCIAN MILASAN – SHUTTERSTOCK.COM

Campo dei fiori.

CAMPO DEI FIORI ★★

Piazza Campo dei Fiori
Accès : bus 40 et 64, tram 8.
Sur cette place et dans ses ruelles adjacentes, on respire un mélange insolite d'histoire et de « romanité ». Le Campo dei Fiori est l'un des lieux les plus agréables de Rome, bordé par de charmantes vieilles maisons, accueillant le matin (sauf le dimanche) un marché des quatre saisons très réputé et s'animant le soir dans ses nombreux restaurants. Avec la chute de l'Empire, il ne resta qu'un terrain fleuri (son nom signifie « champ de fleurs ») qui s'étendait devant la demeure de la puissante famille Orsini. Au début du XVe siècle, le pape Nicolas V y transféra le marché de Rome qui se tenait auparavant sur la place du Capitole, avant que le pape Sixte IV ne le déplace définitivement sur la place Navone.
Au centre de la place s'élève la statue de Giordano Bruno, philosophe panthéiste et moine hérétique qui fut brûlé vif ici en 1700.

CHIESA DI SANT'IVO ALLA SAPIENZA ★

Corso Rinascimento, 40
Ouverte de 9h à 12h, le dimanche uniquement. Fermée en juillet et en août.
Construite entre 1642 et 1660 par Francesco Borromini, ce chef-d'œuvre du baroque se trouve dans une petite cour du Palazzo alla Sapienza (Palais de la Sagesse), siège de l'université de Rome du XVe siècle jusqu'en 1935. Borromini réussit ici une prouesse architecturale dans un espace carré et étroit. Le dôme polylobé est coiffé d'une lanterne spiralée très audacieuse, symbole de l'ascension de l'homme vers Dieu.

ROME EN CALÈCHE

Envie de romantisme ? Il est possible de visiter le centre historique à bord de fiacres, appelés ici *carrozzelle* ou *botticelle*.

Vous ne pourrez pas les louper aux alentours des grands sites touristiques : villa Borghèse, piazza Venezia, via Veneto, piazza San Pietro, piazza di Spagna, piazza Navona, piazza del Colosseo et piazza di Trevi. Il vous en coûtera environ 100 € pour un circuit d'une demi-heure.

VALENTINA MIRABILE, À LA GALLERIA DORIA PAMPHILJ

Quel est votre rôle à la *Galleria Doria Pamphilj* ?
Je suis responsable de la communication via les réseaux sociaux et de la librairie.

Quelle a été votre impression la première fois que vous avez visité la *Galleria* ?
J'étais très jeune la première fois que je l'ai visitée, j'ai donc été stupéfaite par le charme magique de cette résidence princière, par ce palais d'un autre temps où règne une atmosphère rythmée par la lenteur. J'ai été encore plus transportée par la splendeur des salles et par le fait qu'elles soient encore habitées par la famille noble dont le musée porte le nom.

Votre impression est-elle toujours la même maintenant ?
Oui, mon impression est la même, renforcée toutefois par la conscience de la grande valeur de ce lieu et de son inestimable collection privée, unique au monde. Lors de ma première visite, j'étais moins au fait du contenu artistique. Par la suite, j'ai appris à le comprendre et à l'apprécier et souvent je me retrouve à découvrir de nouveaux détails sur des tableaux et des fresques sur les plafonds.

Selon vous, pourquoi nos lecteurs devraient visiter la *Galleria Doria Pamphilj* ?
La *Galleria Doria Pamphilj* offre une expérience de visite différente par rapport aux musées que nous connaissons déjà, grâce à l'émotion culturelle qu'évoque la visite d'une « demeure historique » dans laquelle vous trouverez certaines œuvres de jeunesse du Caravage, comme *Le Repos pendant la fuite en Egypte* et la *Madeleine repentante,* ou bien le portrait d'Innocent X signé par Velázquez. Il est tellement réel qu'on raconte que quand le pape le vit, il s'exclama « *Troppo vero !* » (Trop vrai !). On trouve de nombreux autres chefs-d'œuvre, comme ceux de Raphaël, du Titien, du Bernin pour n'en citer que quelques-uns. Aujourd'hui encore, la famille Doria Pamphilj vit dans la *Galleria* et ce détail la rend particulièrement fascinante. Son atmosphère est celle d'une demeure d'époque toujours habitée, ce qui attire des visiteurs du monde entier.

VALENTINA MIRABILE, À LA GALLERIA DORIA PAMPHILJ

Quels sont les lieux que vous préférez à Rome ?

Si je devais conseiller à un touriste un de mes endroits préférés, j'aurais en réalité beaucoup de mal à le sélectionner. Je laisserais à chacun la possibilité de trouver le sien, sans conditionnement de ma part, et il le fera en s'aventurant dans les rues de la ville et de son centre historique. En s'y perdant, rêveur, on trouve des endroits magiques dans chacune des ruelles romaines. Au fil de la balade, on rencontre des merveilles méconnues, et c'est précisément avec cette approche de rêveur que vous apprécierez notre *Galleria* !

GALLERIA DORIA PAMPHILJ ★

Via del Corso, 305
✆ +39 06 679 7323
www.doriapamphilj.it
info@dopart.it
Bus 62, 117, 160, 492...
Ouvert tous les jours de 9h à 19h. Entrée : 12 € (+2 € pour les appartements de la princesse). Audioguide compris.

Les œuvres de Titien, Raphaël, Véronèse, du Caravage, de Bruegel, Rubens, Guerchin, Correggio et d'autres donnent vie aux murs de cet immense palais. On ne manquera pas le portrait du pape Innocent X fait par Vélasquez lors de son voyage à Rome. La lecture psychologique en est subtile et profonde. « Trop vrai », avait même dit le pape en voyant l'œuvre de Vélasquez ! Les amateurs de sculpture ne seront pas en reste.

Chiesa di Sant'Andrea della Valle.

CHIESA DI SANT'ANDREA DELLA VALLE ★★

Piazza Sant'Andrea
della Valle
✆ +39 06 686 1339
Bus 62, 64.
Ouvert tous les jours de 7h30 à 19h45.
Eglise mère de l'ordre des Théatins, elle est considérée comme l'archétype des églises maniéristes de la Contre-Réforme. Conçue par Carlo Maderno, sa construction dura de 1591 à 1640. Sa façade n'a plus la simplicité des façades Renaissance. Les colonnes, leurs chapiteaux corinthiens, les frontons y font saillie, créant des effets d'ombre et de lumière. Sa coupole est l'une des plus hautes de Rome. A l'intérieur, rappelant la disposition de l'église du Gésù, on y trouve en particulier la fresque de Lanfranco qui couvre tout l'intérieur de la coupole, et celles du Dominiquin sur les pendentifs et sur la voûte du chœur. En outre, elle abrite une copie de la *Pietà* de Michel-Ange, réalisée en 1616 par Gregorio De Rossi, et la tombe de Giovanni Della Casa, auteur du *Galatée*.

CHIESA DI SANTA MARIA SOPRA MINERVA ★

Piazza della Minerva, 42
Accès : bus 40 et 64,
arrêt Largo di Torre Argentina.
Dans le quartier du Panthéon, c'est l'une des seules églises gothiques de Rome, construite en 1208 sur un temple dédié à Minerve. Elle abrite un christ de Michel-Ange, des fresques de Filippino Lippi et la pierre tombale du peintre Fra Angelico. Sur la place devant l'église, on découvre la célèbre statue d'éléphant surmontée d'un obélisque imaginée par Bernini et sculptée par Ercole Ferata en 1667. Si vous vous penchez sur l'épitaphe, vous pourrez lire qu' « il faut une tête forte pour être capable de soutenir une solide intelligence ».

Chiesa del Gesù.

CHIESA DEL GESÙ ★★

Piazza del Gesù
Via degli Astalli, 16
✆ +39 06 697 001
Ouvert de 7h à 12h30 et de 16h à 19h45.

Fondée par saint Ignace en 1540, la première église jésuite, édifiée sur des plans de Vignola en 1568, influença durant près d'un siècle l'architecture religieuse européenne. Le décor est sobre avec une immense nef unique et des matériaux simples. Ce n'est qu'au XVIIe siècle que l'Eglise de l'Inquisition l'enrichira d'œuvres baroques : fresques de Bacciccia dans la coupole et le chœur, ou d'Andrea Pozzo pour le tombeau de saint Ignace. En France, ce style est qualifié de « jésuite » avec une nuance de mépris. Au-delà du jugement esthétique, le qualificatif est incorrect, puisque les jésuites ne sont pour rien dans la création de ce style. Il est plus juste de parler de maniérisme, courant caractéristique de la Contre-Réforme.

Chiesa di San Luigi dei Francesi.

CHIESA DI SAN LUIGI DEI FRANCESI ★★★

Piazza San Luigi dei Francesi
✆ +39 06 688 271
saint-louis.rome@gmail.com
Ouvert le matin de 9h30 à 12h45, samedi de 9h30 à 12h15 et dimanche de 11h30 à 12h45. L'après-midi de 14h30 à 18h30.

Commencée par Jules de Médicis, en 1512, l'église fut achevée en 1589 avec les fonds des rois de France Henri II, Henri III et Catherine de Médicis. C'est ainsi qu'elle devint l'église des Français de Rome. Elle est à voir pour les œuvres du Caravage, trois peintures consacrées à la vie de saint Matthieu (cinquième chapelle de la nef gauche) et pour une *Légende de sainte Cécile* du Dominiquin. L'occasion d'apprécier la différence de style, baroque et maniériste, de ces deux peintres contemporains. Pour la petite histoire, Madame de Beaumont, l'une des maîtresses de Chateaubriand, est enterrée là.

COLONNA DI MARCO AURELIO

Piazza Colonna, M° Barberini.

C'est aux dires des Romains le centre géographique de la ville. La piazza Colonna tient son nom de la colonne de Marc Aurèle dressée en son centre. Elle fut érigée en 180 apr. J.-C. après la mort de Marc Aurèle, pour célébrer ses victoires sur les Barbares. La statue de l'empereur qui trônait au sommet a été remplacée par une statue de saint Paul (ah, ces papes !), mais la colonne est toujours couverte de reliefs qui relatent les batailles. Une vraie BD antique !

FONTANA DELLE TARTARUGHE

Piazza Mattei

Accès : bus 23, 63, 280, 630, 780.

Réalisée d'après un projet initial de fontaine formée de quatre conques et d'un petit bassin conçu par Giacomo Della Porta en 1582, elle a ensuite été embellie par l'architecte Taddeo Landini qui a surmonté l'ensemble de quatre éphèbes dénudés. Les quatre petites tortues de bronze ont enfin été ajoutées par Bernin un siècle plus tard, en 1658.

Colonne de Marc Aurèle sur la Piazza Colonna.

FONTANA DI TREVI ★★★★

Piazza di Trevi

Voir page 17.

GHETTO ★

La communauté juive de Rome est considérée comme la plus ancienne au monde, puisque l'on connaît son existence depuis la fin du IIe siècle av. J.-C., quand les juifs de Palestine arrivèrent comme commerçants à Rome. Les juifs, très nombreux dans la Rome antique, vivaient au Trastevere, faubourg populaire de l'époque. Ils émigrèrent progressivement sur la rive gauche du Tibre au Moyen Age. Ils rendaient un grand service aux papes en pratiquant le prêt à intérêts et le négoce des images pieuses. En contrepartie, ils payaient chaque année au Saint-Siège une contribution « volontaire ». En 1492, suite à l'expulsion des juifs d'Espagne, la communauté juive de Rome augmenta son nombre, mélangeant ses traditions à celles des juifs espagnols.

La cohabitation avec les habitants de Rome pendant des siècles fut toujours plus au moins facile. Les temps changèrent pendant la Renaissance et surtout suite au schisme protestant de l'Eglise. Le pape Paul IV avec la bulle *Cum nimis absurdum* (*Quand il est trop inopportun*) décida la création du ghetto obligeant les quelque 3 000 membres de la communauté à habiter une zone de 3 hectares comprise dans les étroites ruelles situées entre la via Santa Maria del Pianto, les restes du portique d'Octavie et la rive du Tibre devant l'île Tibérine. Les habitants du ghetto ne pouvaient sortir du quartier que pendant le jour car, du coucher de soleil à l'aube, les trois accès au quartier étaient fermés par des portes aujourd'hui disparues. Dans le ghetto, les conditions d'hygiène étaient atroces, surtout à cause des inondations du Tibre et parce que le seul puits du quartier était situé à l'extérieur. Les humiliations étaient à l'ordre du jour. La papauté obligeait les hommes juifs à porter, à l'extérieur du ghetto, un bout de tissu jaune cousu sur leur chapeau, tandis que les femmes devaient porter un châle ou un voile de la même couleur. Dans le ghetto, la profession de foi était libre, mais le samedi, près de l'église de San Gregorio, le Tempio del Carmelo et sur la via Santa Maria in Publicolis, on tenait des homélies auxquelles les juifs étaient obligés d'assister, afin de se convertir au christianisme. En 1820, les confins du ghetto furent élargis et, en 1870, avec l'unification italienne, porteuse des principes humanitaristes de la Révolution française, les portes furent abattues. Cependant, en période fasciste, les lois raciales de 1928 firent retomber la communauté juive dans le cauchemar. Le 16 octobre 1943, une grande rafle eut lieu au ghetto. Des 2 000 juifs déportés, seulement 20 survécurent. Aujourd'hui, la communauté juive de Rome compte environ 20 000 membres. Elle s'est particulièrement élargie suite à l'expulsion des Italiens de Libye en 1967. Très peu d'immeubles du quartier sont d'origine,

Dans une rue du ghetto.

© STÉPHAN SZEREMETA

L'aire sacrée d'Argentine.

car, au début du XXe siècle, plusieurs maisons furent détruites ou modifiées. Même si le judéo-romain, mélange de dialecte romain et d'hébreu n'est plus parlé, on peut encore respirer l'ancienne atmosphère dans les boutiques et restaurants kascher où la tradition juive se mélange à la romaine, créant des plats originaux comme les *carciofi alla giudia* (des artichauts frits).

LARGO DI TORRE ARGENTINA

✆ +39 06 6880 5611
Lignes n° 30, 40, 46.

Cet endroit n'a rien à voir avec l'Argentine. Un certain Johannes Burckard, maître des cérémonies du pape, y construisit un palais et lui donna le nom de sa ville natale : Strasbourg, soit Argentoratum en latin ! La circulation y est infernale. On en oublie presque le champ de ruines antiques qui s'y trouvent et qui sont celles de quatre temples de l'époque républicaine (IIIe siècle av. J.-C.). Pour la petite histoire, c'est sur cette place que fut assassiné Jules César et c'est là que vit, sous protection, l'une des plus grandes communautés de chats de Rome. On peut même y laisser une petite donation, les dames qui y travaillent s'occupent seules et bénévolement de cette communauté féline !

MUSEO DI SCULTURA ANTICA GIOVANNI BARRACCO

Corso Vittorio Emanuele II, 166A
✆ +39 06 0608
www.museobarracco.it
info.museobarracco@comune.roma.it
Bus 62, 64.
Ouvert tous les jours, sauf le lundi, de 10h à 16h (jusqu'à 19h l'été). Entrée gratuite.

Une étape obligée pour les amateurs d'antiquités grecques, romaines, assyriennes et égyptiennes qui pourront notamment admirer une superbe tête d'Alexandre le Grand. La collection a été léguée à la ville par le baron Giovanni Barracco. Le palais qui l'abrite fut au XVIe siècle la résidence d'un prélat français, ce qui explique les lys sur la façade.

MUSEO EBRAICO DI ROMA ★

Lungotevere dei Cenci, 15
Ghetto
✆ +39 06 684 006 61
www.museoebraico.roma.it
mer@museoebraico.roma.it
Accès : bus 23, 63, 280, 630, 780.
Entrée : 11 €. Ouvert tous les jours sauf le samedi et les jours de fêtes juives. Horaires variables suivant la saison.

A travers de nombreux documents, mais aussi d'objets de culte, de pièces d'orfèvrerie et de textiles, le musée évoque l'histoire de la communauté israélite à Rome, depuis la prise de Jérusalem jusqu'à la période fasciste. On apprend notamment qu'à partir de 1555 le Ghetto fut entouré d'une muraille qui ne tomba qu'en 1870.

MUSEO DI ROMA – PALAZZO BRASCHI ★

Piazza San Pantaleo, 10
Piazza Navona, 2
✆ +39 06 06 08
www.museodiroma.it
museodiroma@comune.roma.it
Accès : bus n° 87 du Colisée, n° 492 de la piazza Barberini, et n° 70 de Termini.
Ouvert du mardi au dimanche de 10h à 19h. Entrée adulte : 13 € avec exposition, 9,50 € sans exposition.

Pour tout connaître de l'histoire de Rome du Moyen Age à la moitié du XXe siècle, c'est ici. Les Barberini, les Borghèse et toutes les grandes familles qui ont fait Rome n'auront plus de secret pour vous qui découvrirez tout des changements topographiques, culturels, sociaux et artistiques de la cité. Dans les collections du musée, vous aimerez les carrosses, les chaises à porteur, les mosaïques, les fresques et céramiques médiévales, la collection d'estampes du XVIe au XIXe siècle et celle de photographies anciennes.

MUSEO NAZIONALE ROMANO – PALAZZO ALTEMPS ★★

Piazza Sant' Apollinare, 46
✆ +39 06 39 96 7700
www.archeoroma.beniculturali.it

Museo Ebraico di Roma.

Museo Nazionale Romano – Palazzo Altemps.

Bus : C3, 30, 70, 81, 87, 116, 130, 186, 492, 628.
Ouvert du mardi au dimanche de 9h à 19h45. Entrée 10 €, billet combiné 12 € avec les sites du Museo Nazionale Romano.
Ce beau palais Renaissance au nord de la piazza Navona (l'un des plus importants de l'époque) accueille aujourd'hui le meilleur des sculptures gréco-romaines des collections du Musée national romain. Elles sont issues pour la plupart des collections privées d'illustres familles romaines des XVIe et XVIIe siècles, dont celle, la plus importante, du cardinal Ludovisi. Parmi les incontournables, ne manquez pas le *Trône Ludovisi* (Ve s. av. J.-C.), chef-d'œuvre de l'art antique figurant une Vénus sortant du bain en bas-relief. Le rendu des drapés est incroyablement moderne pour l'époque. Dans le salon des fêtes, vous pourrez admirer le *Galate Suicide*, image d'un valeureux barbare se donnant la mort. Également émouvant, le groupe représentant *Oreste et Electre enlacés* avant de se quitter. Le palazzo Altemps mérite à lui seul une visite pour la beauté de ses fresques des XVe et XVIe siècles. A voir enfin, la magnifique chapelle privée du palais qui conserve la dépouille de Sant'Aniceto, l'un des premiers papes.

PALAZZO COLONNA ★

Piazza SS. Apostoli, 66
✆ +39 06 678 4350
www.galleriacolonna.it
info@galleriacolonna.it
Ouvert seulement le samedi de 9h à 13h15. Visite en français à 10h30. Entrée : 12 €, réduit : 10 €.
Un exemple unique de la splendeur princière à Rome ! Le palais, qui appartient toujours à la famille Colonna, date de 1730 et présente une décoration fastueuse. On le visite pour voir le *Narcisse à la fontaine* du Tintoret, un plafond de Véronèse, et d'autres œuvres de Guerchin, Rubens, Guido Reni, Véronèse, Hannibal Carrache.

© AUTHOR'S IMAGE

Le palais du Quirinal (palazzo del Quirinale) et la fontaine représentant Castor et Pollux.

PALAZZO DEL QUIRINALE ★

Piazza del Quirinale
✆ +39 06 39 96 75 57
palazzo.quirinale.it/visitapalazzo
M° Barberini.

Réserver au moins 5 jours à l'avance. Le parcours de visite institutionnel est gratuit. La visite thématique coûte 10 €.

Résidence d'été des papes de 1592 à 1870, demeure des rois d'Italie jusqu'en 1944, le palais du Quirinal est aujourd'hui le siège de la présidence de la République. Tous les grands architectes du XVIIe siècle ont travaillé à sa construction. Napoléon qui le choisit comme demeure impériale y a également laissé son empreinte. Parmi les nombreux trésors de ce palais, une galerie richement décorée par Pietro Da Cortona, un magnifique escalier de Mascarino, de belles fresques du XVIe, ainsi qu'une petite église au doux nom de Paolina et au plafond orné de roses dorées. Restaurées, les écuries accueillent des expositions internationales d'intérêt majeur. Sur la place qui offre un très beau panorama sur la ville, la fontaine est ornée de grandes statues, vestiges des thermes de Constantin.

PALAZZO FARNESE ★★★

Piazza Farnese, 67
www.inventerrome.com
visite-farnese@inventerrome.com

Tarif de la visite par l'association Inventer Rome : 11 €. Réservation sur le site au moins une semaine à l'avance.

Considéré comme l'exemple le plus achevé de l'architecture Renaissance florentine à Rome, le palais Farnèse est également l'un des plus splendides. Construit par Giuliano da Sangallo et terminé par Michel-Ange en 1546, il porte le nom d'Alexandre Farnèse, alias le pape Paul III, grand mécène qui voulut sa création. Depuis 1936, c'est le siège de l'ambassade de France. En avril 2010, Nanni Moretti a tourné ici plusieurs scènes de son film *Habemus Papam.*

▸ **Galerie des Carrache** : cette galerie, avec ses stucs, ses dorures et ses peintures maniéristes, servit de

modèle à l'Europe entière, à Versailles notamment. Elle fut commandée par le cardinal Odoardo Farnèse aux frères Carrache à la fin du XVIe siècle. Ses fresques sont consacrées à des thèmes mythologiques célébrant avec grande sensualité l'omnipotence de l'amour, ce qui créa scandale sous le pontificat du sévère Clément VIII.
On y admire, entre autres, la lutte entre Eros et Anteros, un Hercule grand et puissant ridiculisé par Omphale, l'amour entre Anchise, un mortel, et Vénus. Hannibal Carrache abandonnera les travaux du palais en 1605, suite à des différends avec le cardinal et, surtout, à cause de sa santé (il mourra en 1609). Les fresques furent terminées par ses élèves, parmi lesquels Dominiquin et Antonio Carracci, neveu du peintre.

PALAZZO SPADA – GALLERIA SPADA ★

Piazza Capo di Ferro, 13
✆ +39 06 683 2409
www.galleriaspada.beniculturali.it
pm-laz@beniculturali.it

De 8h30 à 19h30. Fermé le mardi. Entrée : 5 €. Palais Spada : Visite du « piano nobile » le premier samedi du mois.

Edifié en 1540, le palais Spada fut acheté au cours du XVIIe siècle par le cardinal Bernardino Spada et remanié sous la direction de Borromini. Cet édifice, qui a gardé sa structure Renaissance, abrite aujourd'hui le Conseil d'Etat. On ne manquera pas d'admirer sur sa façade les intéressantes niches abritant des statues de rois et d'empereurs romains.

Perspective de Borromini. Le palais Spada est surtout célèbre pour la perspective en semi-trompe l'œil de sa première cour, un passage voûté de 9 m de longueur mais qui paraît trois fois plus long. L'architecte a réussi à donner cette impression en réduisant les dimensions des colonnes et la largeur de l'espace selon un calcul géométrique précis. La majestueuse statue, au fond, contribue à accentuer le sens de profondeur de l'espace. En réalité, la statue ne fait que 50 cm de hauteur !

Palazzo Farnèse, peintures d'Annibal Carrache.

Galleria Spada. Par la seconde cour, on accède à la magnifique pinacothèque, qui expose les toiles réunies par le cardinal Spada, protecteur du Guerchin et de Guido Reni. L'on peut y admirer des œuvres de Titien, de Bruegel l'Ancien, de Rubens, du Guerchin, mais aussi des chefs-d'œuvre de peintres moins connus, comme *L'Allégorie du massacre des Innocents* de Testa. Un bel exemple de collection privée du XVIIe siècle.

PALAZZO VENEZIA

Via del Plebiscito, 118
✆ +39 06 69 99 43 88
pm-laz@beniculturali.it
M° Colosseo. Bus : H, 30, 40, 60, 62, 63, 64, 70, 81, 85, 87, 95, 119, 160, 170, 175, 186, 271, 492, 571, 628, 630, 716, 810, 850.
Ouvert du mardi au dimanche de 8h30 à 19h30, fermé le lundi. Palazzo Venezia 10 €, tarif réduit 5 €.
Résidence papale, puis siège de l'ambassade de Venise jusqu'en 1797, et d'Autriche jusqu'en 1914. Après l'avénement du régime fasciste, Mussolini y installa son bureau, et le palais devint le symbole du pouvoir fasciste. C'est du balcon qui donne sur la place que le duce adressait ses fameuses harangues aux « foules océaniques » venues l'acclamer. On disait que la lumière du bureau du dictateur était allumée toute la nuit pour signifier combien le duce travaillait pour le pays. L'aspect extérieur est sévère et encore très gothique. L'intérieur, en particulier la cour et son portique, est Renaissance. Les salles que l'on visite sont de très vaste proportion. Elles présentent des tapisseries et des panoplies, ainsi que la bibliothèque de l'Institut d'archéologie et d'histoire de l'art. Des expositions temporaires y sont organisées.

PANTHEON ★★★

Piazza della Rotonda
Voir page 18.

PIAZZA NAVONA ★★★

Voir page 20.

CHIESA DI SANTA AGNESE IN AGONE ★

Piazza Navona
Ouverte de 9h à 13h et de 15h à 19h (20h le week-end). Fermée le lundi.
Sur la piazza Navona, cette belle église s'élève à l'endroit où aurait été martyrisée sainte Agnès. Construite au XIIe siècle, elle est transformée au XVIIe siècle lorsque le pape Innocent X décide de remodeler la place pour en faire le joyau d'art baroque que nous connaissons aujourd'hui. Borromini a réalisé sa façade concave et les deux clochers jumeaux. A l'intérieur, l'abondante décoration de stucs, de marbres et de dorures date de la fin du XVIIe siècle. Au sous-sol, on admire encore les vestiges de l'ancien stade de Dioclétien, une mosaïque romaine et des fresques médiévales.

PORTICO D'OTTAVIA

Via Portico d'Ottavia
Une jolie promenade à travers les ruelles du Ghetto mène, au bout de la rue du même nom, à ce portique de forme rectangulaire (119 m sur 132 m) que l'empereur Auguste dédia à sa sœur Octavie. Il était alors orné d'un double rang de colonnes et de nombreuses sculptures grecques. En partie intégré à la façade de l'église de Sant'Angelo, ce portique était considéré comme le centre du

Le Palazzo Venezia sur la Piazza Venezia.

Ghetto, surtout parce que la zone était la seule utilisable pendant les crues du Tibre. Devant l'église, à l'intérieur du portique, se tenait un marché au poisson. Au Moyen Age, on y rajouta un arc, et la zone limitrophe fut l'objet d'une forte urbanisation avec la construction de tours, de forteresses et d'habitations, certaines s'appuyant directement sur le portique. En bas se trouve le théâtre de Marcello.

SANTA MARIA DELLA PACE – CHIOSTRO DEL BRAMANTE ★

Via Arco della Pace, 5
✆ +39 06 688 090 35
www.chiostrodelbramante.it
info@chiostrodelbramante.it
Café et musée ouverts tous les jours de 10h à 20h, samedi et dimanche fermeture à 21h. Cloître et café à entrée libre.

Merveilleuse petite église trop souvent ignorée par les touristes, Santa Maria della Pace abrite un cloître Renaissance réalisé par Bramante et un décor de fresques, dont une de Raphaël. Sa façade arrondie donne sur une toute petite place ; à l'intérieur, sous la nef dans la chapelle de droite, quatre gracieuses *Sybilles* peintes par Raphaël (1514). Pour mieux les admirer, prenez une pause au café qui se trouve au 1er étage du cloître avec vue plongeante sur les fresques.

VIA GIULIA ★

Peut-être l'un de vos coups de cœur romain. La via Giulia est une longue voie rectiligne longeant le Tibre depuis la place Farnèse. Elle est bordée de palais Renaissance d'influence florentine, dont le plus remarquable est le palazzo Sacchetti, et d'églises, parmi lesquelles il faut voir Sant'Eligio degli Orefici, édifiée par Raphaël en 1509. Ses boutiques d'antiquaire en font un lieu de promenade agréable. Un arc qui franchit la via Giulia correspond à la façade postérieure du palais Farnèse.

© OPENFINAL – SHUTTERSTOCK.COM

Via del Corso depuis Piazza di Spagna.

VIA DEL CORSO ★

La rue du shopping aux enseignes de Rome relie la piazza del Popolo à la piazza Venezia, en empruntant le tracé de l'antique via Flaminia. Le pape Paul II y organisa des courses de chevaux, d'où son nom. Long de 1 500 m, c'est l'axe central de Rome, et c'est bien ainsi que le percevaient les urbanistes de la Renaissance. Entre cette avenue et le Tibre s'étend l'ancien Champ-de-Mars. C'est ici que s'est développée la ville du Moyen Age et de la Renaissance, en un dédale de ruelles compliqué et tortueux.

SE RESTAURER

Des monuments d'intérêt hautement touristique, attirent une foule très... touristique, et donc une multitude d'établissements à destination... des touristes. Attention, donc, à ne pas vous asseoir n'importe où ! Pourtant, dans la multitude de restaurants, *trattoria*, *osteria* et *pizzeria*, certains trouvent aussi la faveur des Romains, peut-être davantage du côté du Panthéon que de la piazza Navona. Dans l'assiette comme dans le décor, la tendance du quartier est plutôt au traditionnel et au familial, avec quelques jolies exceptions.

SUR LE POUCE

IL FORNO DE' CAMPO DEI FIORI

Campo de' Fiori, 22
✆ +39 06 68 80 66 62
www.fornocampodefiori.com
info@fornocampodefiori.com
Du lundi au dimanche de 7h30 à 14h30 et de 16h45 à 20h. Fermé le samedi après-midi en juillet et août.
Un four de boulanger se trouve ici depuis la nuit des temps ; aujourd'hui il s'agit de l'une des adresses favorites des Romains pour son choix incroyable de pains, *focacce* et pâtisseries.

IL SUPPLIZIO

Via dei Banchi Vecchi, 143
✆ +39 06 8916 0053
www.supplizioroma.it
info@supplizioroma.it
Du lundi au samedi de 11h30 à 16h et de 16h30 à 22h, fermé dimanche. Suppli entre 2,50 et 5 €.
Un petit comptoir métropolitain, royaume de la street food à la romaine, qui sert les incontournables *suppli*. Ces boulettes de riz frites et farcies avec de la sauce tomate, du fromage ou des légumes sont tout simplement à tomber. Servies fumantes, elle sont à déguster sur place avec un bon verre de vin, ou à emporter, emballées dans leur serviette en papier.

MIMI E COCO

Via del Governo Vecchio, 72
www.mimiecoco.com
info@mimiecoco.com
Ouvert tous les jours de 10h à 2h. Addition 10-20 €.
On croirait pousser la porte d'une petite épicerie mais c'est bien une sandwicherie où l'on trouve des *panini*, des *pizze* et des pâtes de toute fraîcheur ! A déguster au bar ou dans la rue. Mimi Coco, c'est aussi une œnothèque, juste en face, pour ceux qui préfèrent s'asseoir tranquillement en terrasse...

PANEPIÙ BISTROT

Via Florida, 21
✆ +39 06 454 278 00
www.panepiu.eu
info@panepiu.eu
Près de la piazza Venezia.
Sandwiches entre 4 et 5 €.
Si vous faites une overdose de pizzas et de pâtes, voici une petite adresse où l'on trouve d'excellents sandwiches baguette pour manger sur le pouce à midi. Du jambon-fromage, en passant par l'espadon fumé au brie, ou encore le savoureux champignon et fromage fumé à la sauce à la truffe. Les produits sont frais et vraiment délicieux.

VIVI BISTROT

Piazza Navona, 2
✆ +39 06 6833779
www.vivibistrot.com
Ouvert du mardi au dimanche de 10h à minuit. Addition 15-25 €.
Pour boire un verre et déjeuner sur le pouce, tout droit sur la piazza Navona, et en même temps sans vraiment se mêler à la foule. Ce café contemporain s'est installé sous la passage cocher de l'élégant palazzo Braschi. Un cadre unique pour déguster salades, burgers et club-sandwichs ou juste pour un cocktail.

PAUSE GOURMANDE

Le périmètre autour du Panthéon et de la fontaine de Trevi regroupe des glaciers célèbres qui se disputent la palme de l'excellence.

LA CANNOLERIA SICILIANA

Via di Monte Brianzo, 66-67
✆ +39 06 688 068 74
www.lacannoleriasiciliana.it
info@lacannoleriasiciliana.it
Ouvert tous les jours de 7h jusqu'à 1h, vendredi et samedi à 2h. Autour de 3 € le cannolo.
Ce glacier et pâtissier sicilien régale les palais de ses chocolats noirs et autres gâteaux à la pistache. Goûtez aux délicieux *cannoli*. Deux autres adresses à Rome : Piazzale degli Eroi et Corso Trieste. Pour le plaisir des papilles et des yeux !

FIOCCO DI NEVE

Via del Pantheon, 51
✆ +39 06 678 6025
Ouvert de 10h à minuit.
A priori, elle ne paye pas de mine, mais la maison du « flocon de neige » maintient sans faillir une grande réputation, à deux pas du Panthéon. Les locaux ne tarissent pas d'éloges sur ses excellentes glaces aux fruits de fabrication artisanale.

GIOLITTI

Via Uffici del Vicario, 40
✆ +39 06 699 1243
www.giolitti.it
Ouvert tous les jours de 7h à 1h. De 2 à 3 € les cornets à emporter.
Quoi de plus chic qu'une glace au champagne ? Peut-être une glace à la rose ? Ou aux macarons ? Le mieux est encore de toutes les goûter, ce qui prend le week-end. Une expérience tout à fait romaine donc !

IL GELATO DI SAN CRISPINO

Via della Panetteria, 42
✆ +39 06 679 3924
www.ilgelatodisancrispino.it
Ouvert tous les jours de 11h à 0h30.
San Crispino, ennemi juré de Giolitti, redouble d'inventivité pour séduire les spécialistes de glaces. Et Dieu sait s'ils sont nombreux dans les environs... Le plus de San Crispino : ses recettes adaptées à la saison et son amour des parfums d'antan. Essayez donc la crème glacée au miel et à la meringue.

PASTICCERIA 5 LUNE

Corso Rinascimento, 89
✆ +39 06 68801005
www.cinquelune.net
info@5lune.com
Tous les jours de 7h à 21h30, fermé lundi.
Entre piazza Navona et le Panthéon, une minuscule pâtisserie dont on peine à remarquer la devanture. Et pourtant ses pâtisseries ont fait bien des conquêtes : mignardises à la crème ou aux fruits, les *maritozzi* (petits pains sucrés remplis de chantilly), ses gâteaux et tartes sont tous à essayer ! Service cafétéria pour accompagner les pâtisseries d'une boisson.

BIEN ET PAS CHER

AL BRACIERE

Via della Chiesa Nuova, 12
✆ +39 06 89767732
albraciere.roma@gmail.com
Ouvert tous les jours de 11h à 23h (minuit le week-end.) Addition 10-25 €.
Ce restaurant au cœur de Rome, pas loin de la place Navone, propose des spécialités de la cuisine romaine à des prix vraiment raisonnables : spaghetti cacio e pepe, all'amatriciana, lasagnes au four, tripes ou saltimbocca à la romaine, lapin aux olives avec du chou sauté...

ARMANDO AL PANTHEON

Salita dei Crescenzi, 31
✆ +39 06 688 030 34
www.armandoalpantheon.it
Ouvert de 12h30 à 15h et de 19h à 23h. Fermé le samedi soir et le dimanche. Addition autour de 30 €.
A quelques mètres du Panthéon, encore une trattoria typique reprise par les fils d'Armando qui perpétuent la tradition familiale. A la cuisine romaine traditionnelle, ils ont ajouté quelques créations de leur cru. On goûtera par exemple la soupe d'orge aux cèpes et aux truffes, le canard aux prunes et les bons desserts maison. L'accueil est sympathique, la salle agréable et ce n'est pas très cher.

© PHILIPPE GUERSAN – AUTHOR'S IMAGE

Glacier Giolitti.

Venez-y de préférence pour déjeuner, vous vous mêlerez ainsi à la clientèle d'affaires du quartier.

DAR FILETTARO A SANTA BARBARA

Largo dei Librari, 88
✆ +39 06 68 64 018
Du lundi au samedi de 17h30 à 23h. Addition : 5-15 €.
La célébrissime adresse pour déguster de délicieux filets de cabillaud panés et frits. A emporter enroulé dans sa serviette de papier ou à manger à table, sur la petite piazza, accompagné de petits hors-d'œuvre variés, le filetti di baccala en a conquis plus d'un. La file d'attente du samedi soir est un peu rédhibitoire, mais une fois servi, le jeu en vaut la chandelle. Sinon, allez-y en semaine, c'est beaucoup plus tranquille.

DA SERGIO ALLE GROTTE

Vicolo delle Grotte, 27
✆ +39 06 686 4293
Fermé dimanche. Addition autour de 25 €.
Dans cette gracieuse trattoria, à quelques pas de Campo dei Fiori et de la Galleria Spada, tout est parfaitement en phase avec la tradition gastronomique romaine. Aucun inconditionnel ne manque à l'appel : les pâtes à la carbonara, celles à la *gricia*, les *fettuccine* maison, les tripes à la romaine et l'*abbacchio* (agneau de lait rôti). En dessert, le gâteau à la ricotta et le millefeuille valent le détour.

ÉCRU

Via Acciaioli, 13
✆ +39 06 6880 4282
www.ecrurawfood.it
Du lundi au jeudi de 10h à 20h, le vendredi et le samedi jusqu'à 23h. Fermé le dimanche.
Nouvelle petite adresse à tendance branchée qui marie santé et saveurs. Recettes véganes, menus végétariens et « crudistes » (adeptes des aliments crus) pour un résultat aussi intrigant que réussi. Salades, soupes, pâtes, tartares et desserts aux fruits rigoureusement bio.

■ IL DESIDERIO PRESO PER LA CODA

Vicolo Palomba, 23
✆ +39 06 6830 7522
www.ildesideriopresoperlacoda.com
Fermé samedi midi et dimanche. Addition 25-35 €.
« Le désir attrapé par la queue » intrigue, à l'instar de son nom. On y entre par curiosité, on y reste pour admirer les toiles d'artistes locaux et on finit toujours par s'y asseoir devant un plat de pâtes délicieux.

■ OSTERIA MISCELLANEA

Via Della Palombella 37, juste derrière le Panthéon
✆ +39 06 6813 5318
www.miscellaneapub.com
miscellaneapub@gmail.com
Pizzas et pâtes à partir de 7 €. Ouvert tous les jours, midi et soir de 10h à 3h.
L'intérêt de ce restaurant est sa terrasse, à l'ombre à midi et au calme, juste derrière le Panthéon, mais aussi sa carte simple. La salade Bismark (radis, laitue, tomate, carotte, champignon, artichaut, jambon cuit) était gourmande, à prix plancher. L'endroit, très touristique en journée, est le soir venu un pub fréquenté par des étudiants.

■ PIZZERIA BAFFETTO

Via del Governo Vecchio, 114
✆ +39 06 686 1617
www.pizzeriabaffetto.it
info@pizzeriabaffetto.it
Ouvert tous les jours de 12h à 16h et de 18h30 à 1h. Addition 10-15 €.
Baffetto règne sur le monde de la pizza romaine depuis de longues années. Petits prix, service efficace et pizzas au top. Voilà qui explique la file d'attente qui s'allonge après 19h. Soyez futés, arrivez avant ! Un Baffetto 2 a ouvert récemment vicolo della Cancelleria, 13.

■ PIZZERIA EMMA

Via Monte della Farina, 28/29
✆ +39 06 64760475
www.emmapizzeria.com
Addition 20-40 €.
Dans le quartier du Panthéon, une pizzeria créative qui cuit au feu de bois des pizzas fines et croquantes

© MARZIA GIACOBBE - ISTOCKPHOTO

à garnir avec les ingrédients les plus classiques comme les plus insolites. Ainsi saumon fumé, lardons, choux et fleurs de courgette se marient aux ingrédients traditionnels, tomate et mozzarella. Les matières premières sont toutes de premier choix et suivent les arrivages du marché et le cours des saisons. La farine de la pâte à pizza est même bio.

■ SORA MARGHERITA

Piazza delle Cinque Scole, 30
✆ +39 06 687 4216
www.soramargherita.com
Ouvert pour le déjeuner et le dîner. En hiver : fermé le mardi soir. En été : fermé le dimanche.
Alors là, les amateurs d'authenticité seront servis. On ne fait probablement pas mieux en ville que ce modeste restaurant associatif, dont l'entrée sur une petite place du Ghetto se remarque à peine derrière le rideau en plastique. L'adresse, fréquentée par les artistes et les vrais Romains pour le déjeuner, existe depuis 1925. La carte, qui change tous les jours, est écrite sur du papier, les pâtes sont faites maison à la main, et tous les plats sentent la vraie Rome. De quoi s'emplir le cœur et se lécher les babines…

■ TRATTORIA DER PALLARO

Largo del Pallaro, 15
✆ +39 06 68 801 488
www.trattoriaderpallaro.it
info@trattoriaderpallaro.it
Ouvert tous les jours de 12h30 à 15h30 et de 19h à 23h. Addition autour de 25 €. Pas de carte bancaire.
Paola prépare les meilleures spécialités culinaires de la capitale, et propose un menu fixe, tous les soirs. Chez elle, vous n'aurez pas le choix, c'est elle qui décide. Une fois assis, les plats s'enchaînent les uns après les autres, régalant petits et grands. Paola, en tablier et fichu, passe et repasse entre les tables, se fait prendre en photo, avec un petit mot gentil pour chacun. Depuis 50 ans qu'elle y cuisine, sa réputation a dépassé les frontières !

BONNES TABLES

■ AL DUELLO

Vicolo della Vaccarella, 11
✆ +39 06 687 3348
www.ristorantealduello.com
info@ristorantealduello.com
Ouvert tous les soirs en semaine, le week-end midi et soir. Fermé le mardi.
Al Duello est l'un des derniers venus dans le paysage gastronomique de Rome, mais il n'a pas à rougir de sa jeunesse. Le cadre est sobre et élégant, le service attentionné et la cuisine… mamma mia ! Les fruits de mer sont d'une fraîcheur sans égale, les pâtes al dente au possible, un sans-faute !

■ ALFREDO ALLA SCROFA

Via della Scrofa, 104a
✆ + 39 06 68 80 6163
www.alfredoallascrofa.com
customercare@alfredoallascrofa.com
Ouvert du lundi au dimanche de 12h30 à 15h et de 18h à 23h. Addition : 20-60 €.
Mythique et ultra-touristique. Normal, les très hollywoodiens Douglas Fairbanks et Mary Pickford ont popularisé les *fettucine* d'Alfredo Di Lelio dans les années 1920 après leur voyage de noces à Rome. Depuis, le Tout-Hollywood s'est bousculé ici, de Gary Cooper à Marylin Monroe, en passant par Sofia Loren. Aujourd'hui, Alfredo n'est plus, mais sa réputation demeure. Un coup de maître !

© CASA BLEVE

Casa Bleve.

BEPPE E I SUOI FORMAGGI

Via Santa Maria del Pianto, 9A/11
✆ +39 06 6819 2210
www.beppeeisuoiformaggi.it
info@beppeeisuoiformaggi.it
Ouvert de 9h à 23h, fermé le dimanche. Compter environ 25 € le plat.

Quoi de plus divin que d'allier fromages, charcuterie et vins ? Beppe e i Suoi Formaggi propose des tables de dégustation et une épicerie de produits du terroir de prime qualité qui invite à une découverte gustative romaine. L'expérience finit généralement par des achats judicieux pour rapporter un peu d'Italie dans ses valises.

CLOROFILLA – CUCINA E DISTILLATI

Vicolo Delle Grotte 17
✆ +39 06 6940 2296
www.clorofillacucinaedistillati.it
clorofilarestaurant@gmail.com
Compter un minimum de 30 €. Ouvert tous les jours de 18 à 2h, sauf le lundi.

Dans une petite ruelle à deux pas de Campo de' Fiori, voici une adresse accueillante et chaleureuse où passer une bonne soirée dans un cadre élégant, décoré de plantes. On y découvre les classiques de la cuisine italienne après avoir savouré un très bon cocktail.

CASA BLEVE

Via del Teatro Valle, 48/49
✆ +39 06 686 5970
www.casableve.com
info@casableve.it
Compter un minimum de 45 €. Ouvert tous les jours midi et soir. Fermé le dimanche.

A deux pas du Panthéon, Casa Bleve est une institution à Rome. A l'intérieur des murs du Palazzo Lante, demeure historique importante du quartier, les salles du restaurant, élégantes et gracieuses, montrent toute l'importance du lieu. La cave abrite les vestiges d'un mur romain et une collection importante de vins aux étiquettes de réputation notoire. Le menu riche propose une belle variété de plats de la gastronomie italienne avec une touche d'innovation.

Autre adresse : Egalement au 9 Via Santa Maria del Pianto.

OÙ DÉGUSTER DE LA CUISINE JUDÉO-ROMAINE ?

Malgré sa triste histoire, le Ghetto sait aujourd'hui réjouir ses visiteurs, grâce à sa tradition culinaire inégalable. Les *carciofi alla giudia* (artichauts à la juive) font partie des incontournables du parcours gastronomique romain. Pour le reste, fritures de fleur de courgette, filet de morue, abats, agneau et queue de bœuf, sans oublier de fameuses pâtisseries. Voici les valeurs sûres pour y goûter :

■ BA'GHETTO

Via Portico d'Ottavia, 57
✆ +39 06 6889 2868
www.baghetto.com
Ouvert de 11h à 23h. Fermé le vendredi soir et le samedi midi. Comptez entre 50 € et 60 € par repas. Réservation conseillée.
Les nouveaux venus dans le Ghetto n'ont pas peur de se faire remarquer. Les quatre frères de Baghetto vous en mettent plein les papilles, à grand renfort de *carciofi alla giudia*, de salade de pignons et de viande séchée. Trois adresses à Rome : deux dans le ghetto (le Baghetto Milky ne sert pas de viande) et une près de la piazza Bologna.

Autre adresse : 10 Via Livorno

■ GIGGETTO AL PORTICO D'OTTAVIA

Ghetto, Via del Portico d'Ottavia, 21A/22
✆ +39 06 686 11 05
www.giggettoalportico.it
info@giggetto.it
Ouvert tous les jours de 12h30 à 15h et de 19h30 à 23h, sauf le lundi et au mois d'août. Addition : environ 45 €.
Gigetto mise sur l'authenticité pour se différencier de ses collègues du Ghetto. Avec ses allures rustiques, il campe sur ses positions d'institution. Toutes les spécialités judéo-romaines sont dans les assiettes. Goûtez en particulier le *filetto di baccalà* et les *carciofi alla Giudia* (artichauts frits).

■ NONNA BETTA

Via del Portico d'Ottavia, 16
Ghetto Juif
✆ +39 06 688 062 63
www.nonnabetta.it – scrivimi@nonnabetta.it
Ouvert midi et soir. Fermé le mardi. Compter environ 30 €.
Restaurant casher, autorisé par le Tribunal rabbinique de Rome, Nonna Betta utilise des ingrédients simples, sans viande, bref un paradis pour les végétariens ! Le menu, accorde une grande place aux fritures comme les immanquables artichauts ou mozzarella frits. Parmi les *primi* : carbonara de courgettes, *cacio e pepe*, ou tagliolini à la chicorée. Parmi les *secondi* : *parmigiana* d'artichauts et omelette oignons tomates.

CRISPI 19
Via Francesco Crispi, 19
✆ +39 06 678 5904
www.ristorantecrispi19.com
info@ristorantecrispi19.it
Ouvert de 19h à 23h. Fermé le mardi. Compter un minimum de 50 €. Réservation conseillée. Cuisine sans gluten.
A mi-chemin entre la piazza di Spagna et la fontaine de Trevi, ce très bon restaurant sert une cuisine traditionnelle à la présentation soignée et inventive. Les chefs déploient tout leur art dans nos assiettes. Ici, c'est toute la Méditerranée qui est à l'honneur, avec bien sûr de nombreuses références à Rome, à commencer par les pâtes *all'amatriciana*, préparées selon la plus pure tradition. On goûtera aussi au filet de bœuf au parmesan, au tartare de thon et d'une manière générale à tous les plats de poissons et crustacés !

DA PANCRAZIO
Piazza del Biscione, 92
✆ +39 06 686 12 46
www.dapancrazio.it
info@dapancrazio.it
Fermé le mercredi. Ouvert le midi à partir de 12h30 et le soir à partir de 19h. Comptez 30 € par personne.
Deux mille ans d'histoire séparent les deux salles de ce restaurant. En haut, un bâtiment du XIXe siècle, en bas, les murs antiques du théâtre de Pompée. L'occasion donc de dîner dans la pénombre d'un site hautement historique puisque c'est à quelques mètres de là, dans la cour du théâtre où se réunissaient les sénateurs, que Jules César aurait été assassiné. Dans l'assiette, une cuisine romaine joliment préparée. La même famille tient ce restaurant depuis les années 1920. On y croise plus de touristes que de Romains.

FORTUNATO AL PANTHEON
Via del Pantheon, 55
✆ +39 06 679 27 88
www.ristorantefortunato.it
info@ristorantefortunato.it
Ouvert de 12h30 à 16h et de 18h45 à 23h30. Fermé le dimanche. Repas de 35 à 45 €.
Les célébrités locales et les politiciens aiment s'attabler à ses nappes blanches pour des spécialités de poisson. Alors si les plats de la mer vous tentent, c'est le moment de vous mettre sur votre 31 !

IL FALCHETTO
Via di Montecatini 12
✆ +39 06 679 1160
www.ristoranteilfalchetto.com
info@ristoranteilfalchetto.it
Compter environ 40-50 €/personne boissons non comprises. Ouvert tous les jours de 12h à 23h.
Elevé au rang d'institution romaine, Il Fachetto a vu défiler les plus grandes personnalités politiques et du cinéma qui voulaient savourer sa cuisine traditionnelle de terroir. En plus des recettes romaines, une carte de spécialités de fruits de mer et de poissons est proposée. Une collection de vins de premier choix accompagne la dégustation tandis que le propriétaire et chef pâtissier, M. Gerry, propose de délicieux desserts.

IL GIARDINO ROMANO
Via del Portico d'Ottavia, 18
✆ +39 06 68 80 9661
www.ilgiardinoromano.it
ilgiardinoromano@tiscali.it

Salle du restaurant Obicà.

Ouvert de 12h à 16h et de 19h à 23h tous les jours sauf mercredi. Comptez 12 € le primo et 14 € le secondo.
Le chef concocte ici des classiques de la cuisine romaine tels que la queue de bœuf, les fleurs de courgette frites, le filet de morue... mais aussi de la tradition hébraïque, car nous sommes en plein ghetto, comme les artichauts frits à la juive ou des falafels. Ici le menu est à prix unique pour chaque type de plat (*antipasti*, pâtes, plat de résistance ou dessert) laissant les papilles décider plutôt que le porte-monnaie. De plus, le cadre est charmant : le sol est pavé de petites mosaïques et un romantique jardin se cache à l'arrière.

OBICÀ MOZZARELLA BAR
Piazza Campo dei Fiori, 16
✆ +39 06 68 80 23 66
www.obica.com
campodeifiori@obica.com
Du lundi au vendredi de 7h30 à minuit, le samedi de 8h à 2h et le dimanche de 8h à 1h. Compter 30 € pour un repas.
Le décor très design et les présentoirs évoquent les bars à sushis. Mais ici, point de poisson cru, c'est la mozzarella (*di bufala* comme il se doit pour respecter l'AOC) qui est à l'honneur. Si vous ne connaissez que la mozzarella en sachet, vous risquez d'être surpris par l'onctuosité et le goût très fin de ce fromage présenté en quatre déclinaisons d'affinage. La mozzarella peut être accompagnée de légumes grillés, de salades de pâtes et de charcuterie, souvent d'origine biologique. Les desserts sont excellents et les vins bien choisis. Le top : y venir pour un apéritif dînatoire (*aperitivo*) ou pour le brunch du dimanche. Le concept fait fureur et les grandes villes d'Italie ainsi que Londres, New-York et Tokyo ont leur bar Mozzarella Obicà.

Autres adresses : Via dei Prefetti, 26a (Piazza del Parlamento) • Via Guido d'Arezzo, 49 (Parioli)

PESCI FRITTI

Via di Grotta Pinta, 8
Piazza dei Satiri
✆ +39 06 688 061 70
www.pescifritti.it
Ouvert tous les jours sauf le lundi et le dimanche soir. Addition 30-40 €.
Voici une *trattoria* très prisée pour ses spécialités de fruits de mer. Sa terrasse sur le bord du trottoir pourrait être celle d'une taverne au bord de la mer, avec ses tables et chaises aux dégradés de bleu. Le service professionnel et assiette appétissante ; à tester la *parmigiana* de thon et aubergines.

PIERLUIGI

Piazza de Ricci, 144
✆ +39 06 686 87 17
www.pierluigi.it
info@pierluigi.it
Ouvert tous les jours de midi à 15h30 et de 19h à minuit. Le plat 24/35 €.
Sa situation est idéale, sur une placette en face d'un palais Renaissance, un peu en retrait de l'agitation du Campo dei Fiori. Aux beaux jours, les tables, en extérieur, drapées de blanc, sont prises d'assaut par les romains les plus chics et les touristes en mal de fine gastronomie. Les préparations aux fruits de mer ont la cote et, si vous n'avez pas encore goûté de *spaghetti alle vongole* (aux palourdes), c'est peut-être le moment. L'ambiance est romantique à souhait et les serveurs aux petits soins.

PIPERNO

Via Monte dei Cenci, 9
✆ +39 06 688 066 29
www.ristorantepiperno.it
Ouvert du mardi au samedi, midi et soir. Le dimanche uniquement le midi. Carte entre 40 et 50 €.
Le top en la matière ! Les Romains viennent de loin pour ses spécialités d'artichaut, les *carciofi alla giudia* en premier lieu. L'étape est sincère et généreuse, la cuisine colorée et toujours finement réalisée.

RISTORANTE LA REGOLA

Piazza di San Paolo alla Regola, 40
✆ +39 06 6600 6852
www.ristorantelaregola.it
direzione@ristorantelaregola.it
Compter environ 30-35 € sans les boissons. Ouvert tous les jours sauf le mercredi, de 12h30 à 15h et de 19h à 22h30.
A quelques pas du fameux Campo dei Fiori se trouve ce charmant restaurant où la propriétaire et chef transmet son

amour et ses origines liguriennes dans l'exécution de ses recettes. La simplicité et l'élégance du lieu font le reste.

RISTORANTE SANTA CRISTINA AL QUIRINALE
Via della Cordonata, 21
✆ +39 06 699 254 85
ristorantesantacristinaalquirinale.it
Ouvert tous les soirs à partir de 19h. Compter environ 20 € par plat.
Risotto à la citrouille, tiramisu, pâtes aux courgettes et les fameux artichauts à la juive sont à la carte de ce restaurant situé dans une petite rue. Certes, il n'est pas si simple à trouver, mais le résultat vaut le détour. Pour éviter une déception, réservez à l'avance.

SORA LELLA
Via Ponte Quattro Capi, 16
Isola Tiberina
✆ +39 06 6861601
www.soralella.com
Info@trattoriasoralella.it
Fermé le dimanche. Addition : 35-55 €. Réservation conseillée.
Quoi de plus romantique qu'une petite escapade sur l'île Tibérine dont le Sora Lella est l'unique restaurant ? Un cadre élégant, une cuisine romaine raffinée avec des plats comme le flan d'aubergine aux crevettes, les *tagliatelle al ragù* et une glace aux amandes nappée d'un sirop de cédrat qui vous garantissent une soirée réussie.

VINERIA IL CHIANTI
Fontaine de Trevi
Via del Lavatore, 81
✆ +39 06 678 7550
www.chiantiosteriatoscana.it
info@chiantiosteriatoscana.it
Ouvert tous les jours de midi à 1h. Comptez 10 € la salade, 15 à 25 € le plat.
Sa carte de spécialités toscanes est presque dépaysante après plusieurs jours de plats romains. Le fromage *Tomino* rôti au four avec ses croûtons et sa confiture de figues ou la purée de haricots à la chicorée sautée peuvent précéder un lapin chasseur, un agneau grillé ou un cochon de lait à la mode de Firenze, arrosé d'un bon chianti bien sûr. Terrasse agréable et service rapide, près de la fontaine de Trevi.

LUXE

CASA COPPELLE
Piazza delle Coppelle, 49
✆ +39 06 688 917 07
www.casacoppelle.it
info@casacoppelle.it
Ouvert tous les jours midi et soir. Menus à partir de 55 € le midi, 90 € le soir. À la carte 45/90 €.
On se sent comme à la maison dans ce restaurant géré par un couple franco-italien et situé sur une petite place animée, à mi-chemin entre la piazza Navona et le Panthéon. La carte propose des plats traditionnels de la cuisine romaine, mais aussi des mets plus originaux comme le *risotto* aux fraises ou le jarret de porc aux légumes glacés.
Quelques plats inspirés par la cuisine française sont également au menu. Le pain et les gâteaux sont faits maison.

IL CONVIVIO TROIANI
Vicolo dei Soldati, 31
✆ +39 06 686 9432
www.ilconviviotroiani.com
info@ilconviviotroiani.com
Ouvert du lundi au samedi de 19h30 à 23h. Compter entre 80 à 150 € un repas sans les vins.

L'une des tables les plus raffinées de la Cité éternelle, maintes fois distinguée dans la presse et les concours. Le chef, originaire de la région des Marches, vous propose des recettes audacieuses réinventant les plats traditionnels. Tous les ingrédients de la cuisine italienne sont là, savamment combinés, parfois détournés, souvent saupoudrés d'exotisme. A privilégier pour un dîner romantique.

■ IL PAGLIACCIO

Via dei Banchi Vecchi, 129/a
✆ +39 06 688 095 95
www.ristoranteilpagliaccio.it
info@ristoranteilpagliaccio.it
Ouvert de 12h30 à 14h et de 19h30 à 22h. Fermé le dimanche, le lundi et le mardi midi. Menus : 85 €, 165 € et 185 €.
Anthony Genovese est né et a exercé en France ainsi que dans de nombreux pays d'Asie avant d'arriver à Rome. Francesco de Lorenzo, son second, a quant à lui fait ses preuves en Italie et en Autriche. Ils ont uni leurs talents culinaires et leur créativité pour offrir à leurs hôtes un repas inoubliable. La salle est charmante, le service au top et les vins savamment sélectionnés.

SHOPPING

Pas besoin de courir de tous les côtés de la ville pour un shopping réussi, le centre de Rome regroupe un grand choix de boutiques pour la mode, la déco et toutes sortes de souvenirs. En plus, la beauté des lieux est souvent une attraction en soi.

■ ALTROQUANDO

Via del Governo Vecchio, 83
✆ +39 06 6879 825
www.altroquando.com
comunica@altroquando.com
Ouvert tous les jours de 10h30 à 1h30 du matin.
Nino Manfredi, Vittorio Gassman, Nanni Moretti sont ici déclinés en livres,

Le chef Anthony Genovese.

posters et autres cartes postales, pour tous les amoureux du septième art. Une mine d'or.

BARTOLUCCI

Via dei Pastini, 96/98
✆ +39 06 6919 0894
www.bartolucci.com
info@bartolucci.com
Ouvert du lundi au samedi de 9h à 18h.
Approchez-vous de la vitrine et vous y verrez un Pinocchio en bois, taille humaine, assis sur un banc. Ce qui provoque bien sûr de nombreuses sessions photo chez nos amis les touristes. A l'intérieur, des jouets en bois par centaines, de Pinocchio évidemment à la petite voiture, en passant par l'avion ou la coccinelle. Une très jolie boutique, idéale pour rapporter de petits cadeaux aux enfants.

CARTOLERIA PANTHEON

Via della Maddalena, 41
✆ +39 06 677 0586
www.pantheon-roma.it
cartoleriapantheon@gmail.com
Tous les jours de 10h à 20h.
A découvrir ici des produits de la région de Rome, dont de très beaux objets en cuir. Du protège-livre au portefeuille, en passant par le porte-carte, les sacs en cuir et les carnets de voyages, ce magasin regorge de trésors pour qui aime la papeterie.

- **Autre adresse :** Piazza Navona 42.

GALLERIA ALBERTO SORDI

Piazza Colonna
✆ +39 06 8535 5431
www.galleriaalbertosordi.it
direzione@galleriaalbertosordi.it
Ouvert tous les jours de 8h30 à 21h (jusqu'à 22h le samedi et à partir de 9h30 le dimanche).
La superbe verrière de l'ancienne galerie Colonna, un petit bijou d'Art nouveau construit avant les années 1920, a été totalement rénovée et rouverte en 2003. Nommée d'après le célèbre acteur Alberto Sordi décédé la même année. Idéale pour une session shopping chic et une pause cappuccino dans une élégance tout italienne.

IBIZ

Via dei Chiavari, 39
✆ +39 06 683 072 97
www.ibizroma.it
info@ibizroma.it
Ouvert du lundi au samedi de 9h30 à 19h30.
Du très bel artisanat qui honore le savoir-faire des tanneurs italiens. A dénicher : des sacs en cuir, des chaussures, des protège-livres, des porte-clés, des ceintures... le tout très coloré.

LEONE LIMENTANI

Via Portico d'Ottavia, 47
✆ +39 06 68 30 7000
www.limentani.com
info@limentani.com
Du lundi au vendredi de 9h à 13h et de 16h à 19h30, samedi de 10h à 19h30.
Autre adresse : Via Po, 146.
Une aventure commencée en 1820 par Leone Limentani : ce marchand avisé a réussi à transformer sa boutique de vaisselle au cœur du ghetto en temple romain des arts de la table. La boutique à elle seule mérite la visite, entre colonnes de marbre et moulures, voici des services de table entiers créés sur mesure pour les papes et les personnalités. Alessi, Christofle, Baccarat, Richard &amp ; Ginori et les autres sont tous représentés.

Marché de la Piazza Campo dei Fiori.

LIBRERIA STENDHAL

Piazza San Luigi dei Francesi, 23
✆ +39 06 683 07 598
www.librairiefrancaiserome.com
contact@libreriastendhal.com
Bus 30, 70, 81, 87, 116, 186, 492, 628.
Du lundi au samedi de 10h à 19h. L'été de 10h à 14h et de 15h30 à 19h30.
Librairie française du Centre Saint-Louis-des-Français. Tous les meilleurs derniers titres parus en France, ainsi que de beaux ouvrages d'art et d'histoire.

MARCHÉ DE LA PIAZZA CAMPO DEI FIORI

Campo de' Fiori, 44
Voir page 19.

NATURASI

Piazza Farnese 99-100
✆ +39 06 68 30 16 14
www.naturasi.it
info@shop.naturasi.it
Du lundi au samedi de 9h à 20h.
En dépit de la cuisine romaine extrêmement gourmande, le bio gagne des points à Rome. Ce supermarché très *green attitude* offre tout genre de produits de l'agriculture biologique, y compris des pâtes et des fromages italiens.

- **Autre adresse :** Via dei Prefetti 13

ONORATI DOLCIUMI E FRUTTA SECCA

Corso del Rinascimento, 8
✆ +39 06 68 65 268
Du lundi au samedi de 9h à 13h et de 15h à 20h. Ouvert également le dimanche en période de Noël.
Un confiseur d'autrefois dans une boutique exquise qui regorge de bonbons et de douceurs en tout genre. Parmi les chocolats, les dragées, les fruits confits bien rangés dans le comptoir en bois, trouverez-vous votre bonheur ?

PATRIZIA PIERONI

172 Via del Pellegrino
✆ +39 06 6880 2424
www.patriziapieroni.it
info@patriziapieroni.it
Ouvert du lundi au samedi de 10h à 19h30 (fermé le lundi matin).

Patrizia Pieroni met son savoir-faire au service d'une collection de robes et d'accessoires aux allures très londoniennes. Les Romaines chics et branchées se disputent les faveurs de Patrizia.

STILO FETTI

Via degli Orfani, 82
✆ +39 06 67 89 662
www.stilofetti.it – info@stilofetti.it
Ouvert le lundi de 15h à 19h, du mardi au samedi de 9h à 19h.
L'univers de la plume et du stylo depuis 1893. Une adresse historique installée dans une ancienne stalle à chevaux, dont l'activité se poursuit depuis quatre générations. Lettres d'or sur l'enseigne de la porte et lambris intérieurs sont toujours d'origine.

T-NOBILE

Via dei Pettinari, 47
✆ +39 06 683 922 05
t_nobile@tiscali.it
Ouvert du lundi au vendredi de 11h à 19h30.
Près du petit pont Sisto, cette boutique couvre deux grandes salles, et propose une multitude de créations originales en cuir coloré. Modernes et pratiques, il y en a pour tous les goûts et tous les style : sacs, portefeuilles, sacoches, porte-monnaie, sac ordinateur ou à tablette... la gamme est large. Et si vous n'avez besoin de rien, vous craquerez au moins sûrement pour ces petites fleurs réalisées en cuir à accrocher à votre sac ou à votre poche !

SORTIR

Le quartier entre Campo de' Fiori et piazza Navona abrite un grand nombre de cafés, bars et bars à vin, fréquentés par une clientèle à la fois d'étudiants, de touristes et d'employés de quartier. Mais enfoncez-vous dans les petites rues adjacentes pour trouver les adresses fréquentées par les Romains. Pause cappuccino en journée ou apéro prolongé, les bons lieux ne manquent pas. Périmètre historique oblige, la plupart ferment à 2h du matin.

CAFÉS - BARS

L'ANGOLO DIVINO

Via dei Balestrari, 12
✆ +39 06 686 44 13
www.angolodivino.it
angolo.divino@tiscali.it
Ouvert du mardi au samedi de 11h à 15h et tous les jours de 17h à 0h30 (1h le vendredi et le samedi).
Table en bois et sol terracota, ce bar à vin chaleureux qui existe depuis 1946 est un havre de paix pour un apéro dînatoire à deux pas du Campo dei Fiori. On fait son choix parmi plus de 1 000 étiquettes à accompagner de fromages, charcuteries, salades, bruschette ou même d'un plat chaud comme le *baccalà alla romana*. Bons desserts également.

BAR DEL FICO

Piazza del Fico, 26
✆ +39 06 68 89 13 73
www.bardelfico.com
info@bardelfico.com
Ouvert du lundi au samedi de 8h à 2h. Plats entre 6 € et 12 €.
Dans un lieu si touristique, on se demande comment la piazza del Fico et son bar ont pu ainsi préserver leurs allures de village. C'est bien simple : c'est notre bar préféré dans les environs. On y va pour un café, un sandwich, un dîner... Et on y passe la journée, tellement l'endroit est paisible et sympathique.

CAFFÈ CAMERINO

Largo Arenula, 30
✆ +39 06 689 2166
Ouvert toute la journée.
Face à la station de tram Argentina, on fait ici comme les italiens : on avale son expresso au comptoir en deux ou trois gorgées rapprochées ! Un large choix de viennoiseries fraîches pour le petit déjeuner, une ambiance sympathique et un service efficace, tout pour plaire.

DOM

Via Giulia, 131
www.domhotelroma.com
Tous les jours à partir de 18h.
Pour un apéro servi « sur les toits » de Rome au 4e étage de l'hôtel Dom le long de la très centrale via Giulia, avec une vue à couper le souffle. Coup d'envoi à 18h avec les cocktails du mixologiste Patrizio Boschetto pour accompagner les spécialités culinaires du chef à croquer en mini-bouchées : tartines, carpaccio de poisson, club sandwichs gourmets et ainsi de suite. DJ sets, musique live et performances artistiques.

THE DRUNKEN SHIP

Piazza Campo dei Fiori, 20-21
✆ +39 06 683 005 35
www.drunkenship.com
info@drunkenship.com
Ouvert tous les jours de 11h à 2h.
Ce pub est populaire auprès des jeunes Romains qui aiment se mêler aux Anglo-Saxons de passage. Certains soirs, l'ambiance déborde largement sur le trottoir. La bière coule à flots et, lorsque le « bateau ivre ferme », la soirée se prolonge souvent sur le Campo dei Fiori.

ENOTECA CUL-DE-SAC

Piazza Pasquino, 73
✆ +39 06 68 80 10 94
www.enotecaculdesacroma.it
enoteca.culdesac@libero.it
Ouvert tous les jours de 12h à 0h30.
Plus de 1 500 étiquettes de vins italiens, ça donne soif ! Pour savourer le vin dans les règles de l'art, on l'accompagnera d'une assiette de jambon ou de fromage, sur le pouce. Une œnothèque branchée et bien achalandée.

© L'ETABLI

La chaleureuse salle de l'Etabli.

L'ETABLI

Vicolo delle Vacche, 9
✆ +39 06 976 166 94
www.etabli.it – info@etabli.it
Ouvert du lundi au mercredi de 7h à 1h, du jeudi au samedi de 7h à 2h, le dimanche de 9h à 1h.
Le style industriel est à la mode. Voici ce que dit ce bar branché, qui vous sert un verre de vin entre deux caisses de bois et un bar en ciment. On peut aussi dîner sur place.

GRAN CAFFÉ LA CAFFETTIERA

Piazza di Pietra, 65
✆ +39 06 679 8147
www.lacaffettieraroma.it
Ouvert tous les jours de 7h30 à 22h.
Sur l'une des places les plus pittoresques de la ville, ce café amène l'arôme du vrai café napolitain au cœur des vestiges antiques romains. Jolie salle et jolie terrasse estivale, mais surtout un café «artistique» servi dans la traditionnelle cafetière en cuivre à manche long. Coup de cœur pour les pâtisseries dont le baba au rhum et les gâteaux au citron qui sentent bon la Méditerranée.

I DOLCI DI NONNA VINCENZA

Via Arco del Monte, 98a
✆ +39 069 259 43 22
www.dolcinonnavincenza.it
serviziocIienti@dolcinonnavincenza.it
Tous les jours 7h30-21h, vendredi et samedi ouverture à 8h.
Le temple des douceurs sucrées siciliennes. Ses nombreux points de vente à travers Rome sont la conséquence de son succès. Près de Campo dei Fori, la boutique est divisée en deux. D'un côté, on déguste sur place un café cornetto à la crème ou autres pâtisseries traditionnelles. De l'autre, on choisit sur la grande table en bois ou dans les armoires, de petits paquets enrubannés pour rapporter chez soi, bonbons et petits gâteaux secs.

IL GOCCETTO

Via dei Banchi Vecchi, 14
✆ +39 06 68 64 268
Lundi de 18h à 0h, du mardi au samedi de 12h à 0h, fermé dimanche.
Un bar à vin très couru (sauf par les touristes) qui ne désemplit pas de 19h à minuit. Et pour cause ! L'ambiance délicieusement *dolce vita* fait penser à un bar des années 1960. Les étagères en bois recouvertes de bonnes bouteilles et le cadre rétro donnent à penser qu'ici le temps s'est écoulé moins vite.

OPEN BALADIN

Via degli Specchi, 6
✆ +39 06 68 38 989
www.openbaladinroma.it
Ouvert tous les jours de midi à 2h du matin.
Le temple de la bière italienne....Cette brasserie sert toutes les variétés italiennes, possibles et imaginables, dans le quartier Campo dei Fiori, c'est une adresse de locaux !

PROSCIUTTERIA CANTINA DEI PAPI

Via del Governo Vecchio, 21
✆ +39 06 83804576
www.cantinadeipapi.com
Tous les jours de 11h à 23h, le week-end de 11h à minuit.
Armez-vous de patience car il faut presque toujours attendre ici pour avoir une table. Vous serez récompensé une fois face aux planches géantes de charcuterie et de fromage qui vous seront servies avec un bon verre de vin. Trois tailles au choix : small, medium et large, à déguster dans un esprit convivial et bon enfant.

RIMESSA ROSCIOLI

Via del Conservatorio, 58
✆ + 39 06 68803914
www.roscioli.com
info@salumeriaroscioli.com
Tous les jours de 17h30 à 23h30.
Une institution du goût dans la capitale, avec plus de 50 étiquettes et des cocktails à tomber. On prend son temps à l'heure de l'apéro, en croquant dans toute une sélection d'amuse-gueules à base de charcuterie et de fromage de première qualité. On prend place sur de grandes tablées ou au comptoir izakaya face à une cuisine ouverte dernière mode. Un menu appétissant attend qui voudrait s'arrêter dîner.

SANT'EUSTACHIO IL CAFFÈ

Piazza di Sant'Eustachio, 82
✆ +39 06 688 020 48
www.santeustachioilcaffe.it
info@santeustachioilcaffe.it
Ouvert tous les jours à partir de 8h30, jusqu'à 1h du dimanche au jeudi, 1h30 le vendredi, 2h le samedi.
Rien de plus typique pour une pause cappuccino du côté du Panthéon. Touristes et Romains se mêlent dans ce très célèbre café au décor d'époque sur une place charmante. On peut y acheter le fameux café maison en grains. Une institution depuis 1938 !

TAZZA D'ORO

Via degli Orfani, 84
✆ +39 06 678 9792
www.tazzadorocoffeeshop.com
info@tazzadorocoffeeshop.com
Ouvert de 7h à 20h du lundi au samedi et de 10h30 à 19h30 le dimanche.
Après de multiples sondages parmi nos amis les Romains, Tazza d'Oro se détache parmi les meilleurs endroits pour déguster la subtile boisson chaude, si prisée des Italiens, le café. Jouez des coudes et commandez au comptoir. Goûtez aussi à la *granita* au café et à la crème chantilly, de la pure gourmandise !

VIVI BISTROT

Piazza Navona, 2
✆ +39 06 6833779
Voir page 65.

CLUBS ET DISCOTHÈQUES

SHARI VARI

Via de' Nari, 14
✆ +39 334 253 2673
www.sharivari.it
info@sharivari.it
Ouvert tous les jours de 8h30 à 4h, le lundi jusqu'à 19h. Buffet le midi 11,50 €.
Une discothèque très chic en plein cœur de Rome, qui attire une clientèle souvent assez jeune. Cadre moderne et convivial, idéal pour boire un verre en soirée. Musique plutôt commerciale avec de bons DJ.

SPECTACLES

TEATRO ARGENTINA

Largo di Torre Argentina, 52
✆ +39 06 684 000 311
www.teatrodiroma.net
En 1816 y fut donnée la première représentation du *Barbier de Séville.* Ce grand et beau théâtre accueille encore les représentations des plus grandes pièces du répertoire dramatique classique, ainsi que des adaptations plus modernes.

COLISÉE, FORUM ET CAPITOLE

IMMANQUABLE DANS CE QUARTIER

- S'imaginer à l'époque des jeux dans le Colisée.
- Contempler les temples du forum romain.
- Visiter le monumental Il Vittoriano sur la piazza Venezia.
- S'étonner de la grandeur des thermes de Caracalla.
- Visiter les basiliques du Capitole et du Palatin.

Musée
Curiosité
Gare ferroviaire
Edifice religieux
Station de métro
M. VIMINALE
MONTE ESQUILINO
MONTE PALATINO
Piazza d'Esquilino
Cavour
Colosseo
Palais de Venezia, musée central du Risorgimento
Musée des Cires
Basilica San Marco
Piazza Venezia
Piazza S. Marco
Piazza Grazioli
Piazza Mad. di Loreta
Col. de Trajan et Forum
Largo Magnanapoli
Marché de Trajan
Forum d'Auguste
Monument V. Emanuele II
Forum de César
Piazza d'Aracoeli
S. Maria in Aracoeli
Carcere Mamertino
Forum de Nerva
Campidoglio
Musée du Capitole
Monte Capitolino
Teatro di Marcello
San Nicola in Carcere
Piazza di Consolazione
Forum romain
Santa Francesca Romana
Antiquarium Forense
Jardins Farnèse
Arc de Constantin
Colisée
Temple de Cybèle
Domus Augustana
Musée Palatino Loggia Mattei
Piazza Bocca della Verità
Eglise Santa Maria in Cosmedin
. Tibérine
Ponte Palatino
TEVERE
Circo Massimo
Parco di San Alessio
Parco Savello
Piazza di Porta Capena
S. Gregorio Magno
Antiquario del Celio
Casa Romane
Temple du Divin Claude
Piazza S. Pietro in Vincoli
S. Pietro in Vincoli
Cisterna delle Sette Sale
DOMUS AUREA
Thermes de Trajan
Jardins de Colle Oppio
Via del Corso
Via d. Muratte
Via d. Plebiscito
V. Battisti
Via IV
Nov.
Via Nazionale
Mazzarino
Via Panisperna
Via dei Serpenti
Via de Boshetto
Via Cavour
Via 4 Cantoni
Via Giovanni Lanza
V. di Statuto
Via Merulana
Via Leopardi
Via Leonina
Via Baccina
Via M. dei Monti
V. To. de Conti
Via Alessandrina
Via dei Fiori Imperiali
Via Frangipane
Via degli Annibaldi
Viale di Sette Sale
Viale del Monte Oppio
Via dei Colosseo
V. N. Salvi
Viale delle Domus Aurea
Viale Mecenate
Via A. Poliziano
Via Rug. Bonghi
Via P. Villari
Viale Manzoni
Via Labicana
Via di San Giovanni in Laterano
Via di Ss. Quattro
Via di Capo
d'Africa
Via Francesco Giambullari
Via Celio
Via Claudia
Via Annia
Via Celimontana
Via S. Paolo di Croce
Via di San Stefano Rotondo
Via della Navic
Via di San
Gregorio
Via dei Delfini
Via Teatro di Marcello
Via di Consolazione
Via di Foraggi
Via di S. Teodoro
Via Petroselli
Lungo di Pierleoni
Lungotevere Ripa
Lungotevere Aventino
Via Dei Cerchi
Via del Circo Massimo
Via di Valle Murcia
Via G. B.

COLISÉE, FORUM ET CAPITOLE
AVENTINO
MONTE CELIO
APPIO LATINO
Piazza di Tempio di Diana
Via di term
Fronte di Fauno
Viale Aventino
Via Porta Lavernale
Via San Alessio
Via San Anselmo
Via Marmorata
Viale L. Gelsomini
Largo Manlio Gelsomini
Parco della Resistenza dell'8 Sett.
V. Marmorata
Viale di Piramide Cestia
Piazza di Porta San Paolo
Pyramide de Caio Cestio
Porta S. Paolo
Monte Testaccio
Piramide
Station Roma-Lido di Osta
Viale del Campo Boario
Via Ostiense
Via B. Bossi
Piazzale dei Partigiani
Station Roma-Ostiense
Via Pell. Matteucci
Via F. Negri
Via Marco Polo
Viale Marco Polo
Via Girolamo Dandini
Via G. Mani
Viale di Porta Adreatina
Via Annia Faustina
Via Pontelli
Via Palladio
Via Salv. Rosa
Via Ponzio
Via B. Peruzzi
Via Aventina
Via Giotto
Largo E. Fioritto
Via G. Bacelli
Via Antonina
Parco di Porta Capena
Via di Terme di Caravalla
Thermes de Caracalla
Viale Guido Bacelli
Viale Antoniniana
Via Lucio Fabio Cilone
Viale di Porta Ardeatina
Viale O. Beccari
San Saba
Viale di terme di Caracalla
Largo terme di Caracalla
S. Cisto Vecchio
Piazzale Numa Pompilio
Via Druso
Parco Egero
Pizza di Porta Metronia
Via della Ferratella
Piazzale Ipponio
Via Galia
Viale Pannonia
Viale Metronio
Via di Porta S. Sebastiano
Via di Porta Latina
Via Latina
Parco degli Scipioni
Tombeau des Scipions
Via Appia Antica
Via Cilicia
0
300 m
N

COLISÉE, FORUM ET CAPITOLE

Ici eurent lieu les grandes heures de Rome. Ce quartier de visite comprend l'essentiel de la Rome antique. Le Colisée, et les sites prestigieux qui l'entourent, représente le cœur de cette zone qui s'étend de la colline du Capitole jusqu'à la via San Giovanni in Laterano et englobe la colline du Palatin, l'ouest du Celio et, plus au sud vers le Tibre, celle de l'Aventin. La colline du Capitole est la plus petite des sept collines de Rome. Elle fut habitée dès l'âge du bronze, donc bien avant la fondation de la ville. Elle comprenait à l'origine deux sommets (le Capitolium et l'Arx) dont la cuvette centrale a été comblée par l'actuelle place du Capitole (le Campidoglio). La colline, par sa position surplombant le Forum, était de la plus haute importance pour les Romains qui y avaient construit de nombreux temples. Aujourd'hui, elle est occupée par la mairie de Rome, les magnifiques musées capitoliens et l'église Santa Maria d'Arcoeli. En bas se trouvent la piazza Venezia et la via dei Fori Imperiali qui mène au Colisée. Au-dessus des Forums impériaux, le quartier de Monti (avec la commerçante via Cavour qui grimpe vers la gare Termini) est le plus ancien de la ville. C'est un quartier à l'ambiance familiale avec beaucoup de trattorias, de bars et de boutiques, délimité par la via Panisperna au nord. Il se situe sur le versant sud de l'Esquilin. Son relief plutôt vallonné lui a donné son nom.

Surplombant également le Forum au sud-est du Capitole, la colline du Palatin est le véritable berceau de la Cité éternelle puisque c'est là que Rémus et Romulus fondèrent la ville après avoir été nourris par la louve dans l'une de ses grottes. Plus tard, les empereurs y établirent leur résidence. On peut aujourd'hui faire d'émouvantes promenades au milieu des ruines et des jardins.

Au sud du Colisée, le verdoyant Circo Massimo et les thermes de Caracalla bordent le mur d'enceinte d'Aurélien jusqu'au tombeau des Scipions alors que, derrière la belle porte San Sebastiano, la via Appia Antica file vers la campagne romaine. Cette partie de la Rome antique est bien sûr un des quartiers les plus touristiques, sinon le plus touristique, en raison de la présence massive de monuments et sites archéologiques pour lesquels il faut prévoir au moins une journée de visite. Le Colisée, le Forum romain, le Palatin sont absolument incontournables, tout comme les musées du Capitole et l'élégante place dessinée par Michel-Ange. Ajoutez-y l'église Santa Maria d'Aracoeli, celle de Santa Maria in Cosmedin (avec sa célèbre « bouche de la vérité ») ou encore les thermes de Caracalla et le tombeau des Scipions. En revanche, et même si la vue du Colisée illuminée est un moment inoubliable, ce n'est a priori pas là que vous passerez vos soirées,

le quartier n'étant pas l'épicentre de la fête romaine. Cela dit, on trouve de bonnes adresses pour déjeuner ou boire un verre dans le quartier de Monti, d'autres également entre le Colisée et l'église San Giovanni (*ce quartier est traité dans la partie « Termini, Celio, Esquilin »*). Dans tous les cas, il est bon de s'attarder dans le coin jusqu'en fin de journée pour profiter de la douce lumière du soleil couchant sur les ruines antiques. Pas grand-chose à signaler non plus côté shopping (mais qu'importe !) en dehors des souvenirs un peu kitsch type Colisée sous la neige et porte-clés. Dans le même genre, notez que d'authentiques faux gladiateurs vous proposent de prendre la pose (mais ils demandent ensuite une dizaine d'euros !).
Aucun souci pour rejoindre la ville antique. Pratiquement tous les bus de la ville passent par la piazza Venezia, et une station de métro (ligne B) se trouve juste en face du Colisée et rejoint le Circo Massimo. Pour rejoindre directement le quartier de Monti : métro Cavour.

VISITER

Ruines antiques, musées et églises vous réjouiront durant une bonne journée. Essayez de vous promener sur la colline du Palatin en fin d'après-midi pour vivre des instants magiques lorsque le soleil décline et éclaire de sa lumière dorée les vestiges des villas impériales. Une véritable plongée dans la Rome antique vous attend.

AVENTINO ★

M° Circo Massimo.
L'Aventin est la colline de la Rome antique qui fait suite au Palatin, le long du Tibre vers le sud. Cette colline est constituée par deux sommets, l'Aventin majeur et l'Aventin mineur, mieux connu sous le nom de San Saba. Zone plébéienne à l'époque républicaine, l'Aventin fut le théâtre de la première grève avérée de l'Histoire. De nos jours, l'Aventin est un quartier résidentiel élégant et boisé, silencieux et très peu fréquenté, où la jet set habite dans de splendides villas au milieu de nombreux couvents paléochrétiens sur le sommet de la colline (S. Sabina, S. Saba, S. Prisca).

Colosseo (Colisée).

L'arc de Constantin au Forum.

ARCO DI COSTANTINO ★★

Via di San Gregorio
Entre le Colisée et le Palatin
A côté de l'entrée du Colisée se trouve l'un des monuments antiques les mieux conservés de la Ville éternelle. Haut de 21 m et large de 26 m, il célèbre la victoire de l'empereur Constantin sur Maxence à la bataille du pont Milvius en 312 apr. J.-C. A l'époque, l'Empire est appauvri et, pour construire de nouveaux monuments, on récupère les matériaux sur les anciens. Ainsi, les statues de la face nord de l'arc représentant des prisonniers daces proviennent du forum de Trajan, les bas-reliefs qui les entourent viennent d'un monument à Marc Aurèle et les médaillons ronds illustrent la passion d'Hadrien pour la chasse. Idem sur la face sud, les bas-reliefs sont des scènes de chasse de Marc Aurèle. Du coup, ce monument du IVe siècle offre un bel échantillon de l'art du IIe siècle, et son influence sur l'art de la Renaissance fut aussi grande que celle du Colisée.

PAR LE TROU DE LA SERRURE...

Regarder par le trou de la serrure est bien malpoli dit-on... Un seul cas fait exception : au sommet de l'Aventin, au bout de la jolie via Santa Sabina, voici la piazza dei Cavalieri di Malta décorée de trophées militaires et bordée de cyprès. Ici s'élève le siège romain de l'ordre des Chevaliers de Malte dans une superbe villa du XVIIe siècle. Penchez-vous sur le trou de la serrure de l'imposant portail, vous y apercevrez la coupole de la basilique Saint-Pierre parfaitement encadrée par une allée bordée de haies. Une découverte magique !

LES FORUMS IMPÉRIAUX

Cet ensemble de grandes esplanades monumentales se trouve face au Forum romain (il *Foro*), de l'autre côté de la via dei Fori Imperiali. Il n'en reste pas grand-chose, mais voici les quelques vestiges épargnés par les siècles :

■ FORO DI AUGUSTO ★

Piazza del Grillo, 1
Forums Impériaux
« Viaggio nei fori » : billet combiné forum de César + forum d'Auguste : 25 €. Billet un seul forum : 15 €.
Bâti par Auguste en 31 apr. J.C. pour agrandir l'espace des deux précédents forums (romain et de César) désormais trop exigu, le forum d'Auguste reprend le plan de celui de César. Un grand temple central, ici dédié à Mars Vengeur, entouré par une cour de bâtiments bordés de portiques à colonnes. A l'intérieur du temple, l'épée de César était conservée comme une relique, tandis que une statue colossale d'Auguste s'élevait à l'extrémité du portique nord. Tribunaux, commerces et fontaines se trouvaient dans les bâtiments du pourtour. Juste derrière, délimité par un grand mur en brique, commençait le quartier populaire de Suburra, à la réputation douteuse.

■ FORO DI CESARE ★

Forums impériaux
« Viaggio nei fori » : billet combiné forum de César + forum d'Auguste : 25 €. Billet un seul forum : 15 €.
Trois colonnes et un podium sont les seuls vestiges de ce temple dédié à Venus Genitrix, mère d'Enée, que César comptait parmi ses ancêtres.

Les marchés de Trajan.

LES FORUMS IMPÉRIAUX

■ FORO DI NERVA ★

Forums impériaux

Peu de choses encore subsistent de ce forum entrepris par l'empereur Nerva à la fin du Ier siècle. Au centre se dressait un temple dédié à la déesse Minerva. Malheureusement, dès le XVIe siècle, le forum servit de carrière pour alimenter les nombreux chantiers princiers alors en cours.

■ FORO DI TRAIANO ★

Forums impériaux

Sa colonne est célèbre. Haute de 10 pieds romains, correspondant à 30 m, elle relate sur 17 anneaux de marbre les campagnes victorieuses de Trajan contre la Dacie, la Roumanie actuelle. Les 2 500 scènes qui ornent la colonne donnent de très précieuses indications sur les techniques et équipements militaires de l'époque. Des moulages exposés à l'EUR-musée de la Civilisation romaine permettent d'en analyser les détails. Le socle de la colonne abritait l'urne funéraire de l'empereur Trajan.

■ MERCATI DI TRAIANO – MUSEO DEI FORI IMPERIALI ★

Via 4 Novembre, 94
Forums impériaux
✆ +39 06 060 608
www.mercatiditraiano.it
info@mercatiditraiano.it
M° Cavour ou Colosseo. Bus 40, 60, 64, 70, 117, 170.
Tous les jours de 9h30 à 19h30. Entrée : 16 € avec l'exposition. Vidéoguide : 6 €.
Ici se tenait ce que l'on pourrait appeler le grand centre commercial de la Rome antique. On peut imaginer les boutiques, les rues et voir les ruines de la basilique Ulpia et le seul vestige resté en bon état : la colonne de Trajan. Le tout évoque un peu les bazars orientaux. Les marchés de Trajan abritent aujourd'hui le musée des Forums impériaux, c'est-à-dire les vestiges des divers forums impériaux (statues, chapiteaux, colonnes...). En sortant du marché, on suit le forum d'Auguste, on passe devant la maison des chevaliers de Rhodes et l'arc de Pantani.

BASILICA DI SANTA MARIA IN ARACOELI ★

Piazza Campidoglio, 55
Bus 46, 64, 916. M° Colosseo.
Ouvert de 9h à 18h30 de mars à septembre, de 9h30 à 17h30 d'octobre à avril.
C'est l'une des églises les plus célèbres de Rome, une petite merveille du patrimoine historique et culturel. Selon la légende, l'empereur Auguste aurait construit là un autel après qu'une sibylle lui eut prédit l'avènement du Christ. Au VIe siècle, au même emplacement fut construit un monastère, puis une église. On y accède par un escalier de 124 marches de marbre, offert en ex-voto à la Vierge pour la remercier d'avoir sauvé la ville de la peste en 1346. De la terrasse de l'église, une très belle vue s'offre sur la ville et la place du Capitole. On entre dans l'église par une porte latérale surmontée d'une mosaïque représentant la Vierge et l'Enfant. C'est l'œuvre des Cosmates, célèbre famille de marbriers, actifs du XIIe au XIVe siècle, dont les mosaïques ornent les églises romaines du Moyen Age. L'intérieur de l'église est richement décoré avec notamment au plafond, un ex-voto illustrant la bataille de Lépante gagnée contre les Turcs, don de Marcantonio Colonna après la victoire. Dernière église à adopter le plan basilical, sa nef est bordée de 22 colonnes antiques provenant du Forum et du Palatin. Plusieurs tombeaux, dont celui de l'archidiacre Giovanni Crivelli, se trouvent là. Sa pierre tombale datée de 1432 est l'œuvre délicate de Donatello.

BASILICA DI SANTA SABINA

Piazza Pietro d'Illiria, 1
Aventin ✆ +39 06 57 94 01
Ouverte de 7h15 à 20h.
Merveilleuse basilique d'allure solennelle, parmi les plus belles églises paléochrétiennes de Rome. Fondée par Pietro d'Illiria en 422, elle est agrandie d'abord au IXe siècle et ensuite en 1216, avant d'être confiée à l'ordre des dominicains. On remarquera d'ailleurs, au centre de la nef centrale, l'impressionnante pierre tombale de Munio di Zamora, fondateur de la règle destinée au Tiers Ordre. Profitez de la promenade pour rejoindre la basilique le long de la pittoresque via Santa Sabina.

Basilique Sainte-Marie d'Aracœlioeli.

BASILICA DI SANTA MARIA IN COSMEDIN ★

Piazza Bocca della Verità, 18
L'Aventin
Ouverte de 9h30 à 18h.
De loin déjà, on est charmé par son élégant campanile élancé vers le ciel. Cette petite église dont l'origine remonte au VIe siècle – mais dont la forme actuelle date du XIIe siècle – est l'une des plus émouvantes de la ville. Les trois nefs de plan basilical abritent des colonnes antiques et de très belles mosaïques qui restituent bien l'atmosphère des églises médiévales.
Mais ce qui attire les foules, c'est une plaque ronde sculptée, représentant sans doute la face de Neptune et percée en son milieu d'une bouche béante, la *Bocca della Verità*, censée mordre les menteurs qui présenteraient leur main. Vous pourrez donc tester votre sincérité et votre courage.

COLOSSEO (COLISÉE) ★★★★

Piazza del Colosseo
Voir page 11.

CIRCO MASSIMO – CIRCUS MAXIMUS

Via del Circo Massimo
www.circomaximoexperience.it
Ouvert de 9h30 à 19h30 (16h30 en hiver). Entrée : 5 €. Circo Massimo Experience : 12 €.
C'était le plus grand édifice du monde antique, devant l'hippodrome de Byzance. Installé dans le Val Murcia qui sépare le Palatin de l'Aventin, il fut réalisé par les Tarquins au VIIe siècle av. J.-C. pour les fêtes religieuses et les courses de chars. Long de 700 m et large de 200 m, il pouvait accueillir près de 250 000 Romains, tribuns du côté du Tibre, peuple en face. Le soutien sportif était semblable à celui d'aujourd'hui. Des bagarres et des altercations naissaient souvent parmi les supporters des diverses factions.
Au centre se trouvait l'obélisque que l'on voit aujourd'hui sur la place Saint-Jean-de-Latran. Le dernier spectacle fut offert aux Romains par Totila en 549.

Santa Maria in Cosmedin.

Circo Massimo.

DOMUS ROMANE DI PALAZZO VALENTINI ★

Via Foro Troiano, 85
Face à la colonne de Trajan
✆ +39 0622761280
www.palazzovalentini.it/domus-romane
Ouvert tous les jours, sauf le mardi, de 9h30 à 18h30. Entrée 12 €, réduit 8 €. Réservation conseillée.

Des ruines d'anciennes maisons romaines ont été découvertes sous le Palais Valentini. Après avoir été mises au jour et préservées, elles sont désormais accessibles. Elles réservent au visiteur un passionnant voyage de l'Antiquité au Moyen Age. On présume que ces maisons appartenaient à des sénateurs, qui les avaient faites décorer de mosaïques et moulures encore visibles.

BASILICA EMILIA ★

Via della Salara Vecchia, 5/6
Forum romain

Troisième des basiliques du Forum avec la basilique Julia et la basilique de Maxence et Constantin, on la remarque sur la droite le long de la via Sacra en rentrant par la via dei Fori Imperiali. Immense (100 m de long par 40 m de large), elle accueillait commerces, salles de justice et centres d'affaires. Ce sont de véritables halles antiques édifiées en 179 av. J.-C., seul édifice de ce type de l'époque républicaine parvenu jusqu'à nous. Après avoir subi de nombreux remaniements, son état actuel date du Ier siècle apr. J.-C. Entourée d'un portique à colonnades et divisée en plusieurs nefs, la basilique était décorée par des matériaux précieux.

FORO ROMANO (FORUM ROMAIN) ★★★

Via dei Fori Imperiali
✆ +39 06 06 08
Voir page 13.

MUSEI CAPITOLINI ★★★

Piazza del Campidoglio
✆ +39 06 06 08
Voir page 15.

Il Vittoriano, monument dédié à Victor-Emmanuel II.

IL VITTORIANO ★★★

Piazza Venezia
Entrée par via San Pietro in Carcere
✆ +39 06 6793 598
www.risorgimento.it
istituto@risorgimento.it
Ouvert tous les jours de 9h30 à 19h30. Entrée au musée : 5 €. Ascenseurs panoramiques 10 €.

C'est d'abord le monument, dédié au roi Vittorio Emanuele II que l'on aperçoit. Cet imposant autel, construit entre 1885 et 1888, rend hommage aux conquêtes du roi Vittorio Emanuele II, que l'on peut voir représenté devant le bâtiment, juché sur son cheval. Le monument est plus couramment appelé Altare della Patria ou simplement Vittoriano. En son sein, le musée de l'histoire moderne italienne présente une multitude de documents qui retracent les événements aboutissant à l'unification et à la naissance de la République. Une installation vidéo illustre aussi les performances de l'armée italienne durant la Première Guerre mondiale.

PIAZZA VENEZIA ★★

Piazza Venezia

C'est la place incontournable de Rome, un énorme carrefour routier qui, au centre de la ville, permet de rejoindre le Colisée, la gare Termini, la fontaine de Trevi... On y passe souvent, et on s'y arrête au moins une fois pour monter au Capitole.

La place est dominée, ou plutôt même écrasée, par le Vittoriano, monument dédié à Victor-Emmanuel II qui, en 1861, avec la création de l'Etat italien, avait pris le titre de roi d'Italie. Cet édifice grandiloquent, qui subit moult critiques, est affublé de divers surnoms : la machine à écrire, mais aussi le dentier ou la pièce montée. De nombreux éléments sont là pour symboliser l'Italie réunifiée comme les seize statues du fronton pour les régions et les fontaines pour les deux mers baignant la Botte.

Autour de la place, on trouve le palais Venezia et en montant au Capitole l'église Santa Maria d'Aracoeli.

Dôme sur la piazza Venezia.

Le Palatin.

PALATINO ★★

Tous les jours de 8h30 à 16h30 ou 19h15 selon la période. Tarif 16 € (avec l'entrée pour le Colisée et le Forum romain).

Berceau de Rome, cette colline a vu naître la Ville Eternelle. La légende veut que Romulus ait posé les premières fondations de la cité en 753 av. J.-C. Sur le flanc ouest de la colline, en direction du Tibre, les archéologues ont retrouvé les traces d'un village primitif (cabanes de Romulus) qui remonte à l'âge du bronze. Le Palatin deviendra ensuite la résidence des empereurs, d'abord Auguste, puis Néron et, vers la fin du Ier siècle de notre ère, Domitien qui fit construire la *Domus Flavia* et un immense stade. La colline sera abandonnée au VIe siècle après les invasions barbares. Siège de quelques couvents au Moyen Age, c'est à la Renaissance que les Farnèse, puis les Barberini, redonnent vie à la colline, notamment avec le jardin Farnèse (*Orti Farnesiani*) considéré comme le premier jardin botanique du monde. Les jardins sont aujourd'hui ouverts à la visite, tout comme les vestiges romains des palais, du stade et du village primitif.

TEATRO DI MARCELLO ★

Via del Teatro di Marcello
M° Colosseo.

Ouvert tous les jours de 9h au coucher du soleil.

Amis poètes, ne manquez pas ce lieu merveilleusement situé entre le Ghetto et le Capitole. Il s'agit là du plus important des théâtres romains, dédié à Marcel, le gendre de l'empereur Auguste. Il remonte à la fin du Ier siècle av. J.-C. et pouvait contenir plus de 10 000 spectateurs. Il fut fortifié au Moyen Age, puis transformé en palais par les Orsini au XVIe siècle. De la construction antique, il ne subsiste que deux étages, visibles sous le palais et, juste à côté, trois magnifiques colonnes en marbre blanc, vestiges d'un temple dédié à Apollon. Au milieu d'un parterre de coquelicots, dominé par la silhouette de la synagogue et entouré de maisons populaires, le site ne manque pas de caractère. Coup de cœur assuré !

TERME DE CARACALLA (THERMES DE CARACALLA) ★★

Viale delle Terme di Caracalla 52
L'Aventin
✆ +39 06 399 677 00
www.coopculture.it
info@coopculture.it
M° Circo Massimo. Bus 60, 75, 271, 118, 160, 628, 673.
Ouvert tous les jours de 9h à 19h15, sauf le lundi de 9h à 14h. Fermeture à 16h30/17h en basse saison. Entrée 8 €.

De loin les thermes les plus majestueux et les mieux préservés de Rome. Bien que dépouillés de leurs marbres et de leurs mosaïques, ils offrent un exemple important de l'architecture romaine : plan axial, symétrie et fonctionnalisme. Avec une superficie de 120 000 m², les thermes de Caracalla pouvaient recevoir simultanément 1 500 personnes. Ils comprenaient gymnase, bibliothèque, salle de spectacles et de musique, ainsi que de grands jardins. L'enceinte en forme de portique a disparu (il fallait bien trouver quelque part les forêts de colonnes antiques qui ornent les églises de Rome), on entre donc aujourd'hui par ce qui fut le frigidarium. Sur la droite se trouvaient les vestiaires et un gymnase. De là, on passait dans une salle sèche, très chaude, puis dans le caldarium où l'on prenait un bain chaud pour se laver, ensuite au tepidarium, piscine d'eau tiède, et au frigidarium, grande piscine froide. Construits sous le règne de Caracalla, de 212 à 217 apr. J.-C., les thermes restèrent en service jusqu'au VIe siècle, époque durant laquelle les Goths détruisirent l'aqueduc qui les alimentait. De nombreuses œuvres d'art ont été retrouvées ici dont l'*Hercule Farnèse* et la plupart des mosaïques exposées au Vatican.

Spectacle. L'été (juin-août) les thermes de Caracalla se transforment en scène de spectacle pour accueillir opéras et ballets de l'Opéra de Roma. Renseignements sur www.operaroma.it.

Thermes de Caracalla.

SE RESTAURER

Entre les monuments et les voies de circulation, le quartier n'est pas le plus propice pour se restaurer. Vous trouverez néanmoins quelques adresses, en particulier dans le rione Monti et derrière le Colisée (voir aussi, pour les ruelles allant vers San Giovanni, le quartier du Celio). Quelques établissements assez chics offrent une vue spectaculaire sur les ruines, mais, côté gastronomique, on trouve bien mieux dans d'autres quartiers !

SUR LE POUCE

■ ANTICO FORNO AI SERPENTI

Via dei Serpenti, 122
✆ +39 06 45 42 79 20
www.anticofornoaiserpenti.it
Ouvert tous les jours à partir de 8h (9h le dimanche) jusqu'à 21h45 ou 22h45 le vendredi et le samedi.
Une boulangerie simple et stylée, où trouver autant du salé que du sucré à toutes les heures de la journée, du petit-déjeuner à l'*aperitivo*.

■ LA BOTTEGA DEL CAFFÈ

Piazza Madonna dei Monti, 5
Monti ✆ +39 06 47 41 578
M° Cavour.
Ouvert tous les jours à partir de 8h. A partir de 8 € pour une salade, des pâtes ou une pizza.
Un café au cœur du quartier Monti, sur la place principale, face à l'église. On y vient pour un déjeuner léger, de carpaccio ou de salade, ou pour un *aperitivo* de fin de journée.

■ CAFFÈ CAPITOLINO

Piazza Caffarelli, 4
c/o Musei Capitolini
✆ +39 06 691 905 64
Fermé le lundi. Ouvert de 9h30 à 19h.
Boire un café sur la terrasse d'un palais, en l'occurrence celui de Cafarelli, seule Rome peut vous offrir ce plaisir. La vue sur la ville y est exceptionnelle, le café délicieusement italien. *Perfetto* !

■ THEATRE CAFÈ

Via Quattro Novembre, 157A
✆ +39 06 699 414 62
M° Colosseo.
Ouvert tous les jours du matin au soir.
Pour une petite faim, tout près du Vittoriano mais à distance des hordes de touristes, ce petit café du théâtre peut être une solution. En salle, l'ambiance est un peu celle d'un café viennois. La terrasse, en retrait de la route, permet de profiter de la vue sur le Foro Traiano. La cuisine est simple, juste ce qu'il faut. En été, dévorez-y une belle tranche de pastèque !

PAUSE GOURMANDE

■ CIURI CIURI

Via Leonina, 20
Monti
✆ +39 06 454 445 48
www.ciuri-ciuri.it
info@ciuri-ciuri.it
Ouvert tous les jours de 8h30 à minuit (vendredi et samedi jusqu'à 2h).
A Monti, on ne jure que par lui. Le glacier Ciuri Ciuri ravive le palais de ses saveurs siciliennes. Des glaces sont à déguster bien sûr, mais aussi des petits gâteaux, aux noms doucereux, *cassata siciliana, cioccolato di Modica, pasticini di mandorla*... à base d'amandes, de ricotta...

▸ **Autre adresse :** Via Labicana, 126-128 (Celio)

VERSION NUMÉRIQUE
OFFERTE
Obtenez votre guide numérique en scannant le QR code
ou rendez-vous sur le site
www.ebookfute.com
avec le code avantage
MHBF5U
petit futé
2021 2022
ROME
SPÉCIAL WEEK-END ET COURT SÉJOUR
OFFRE VALABLE JUSQU'À L'ARRÊT DE COMMERCIALISATION DU TITRE EN FRANCE MÉTROPOLITAINE ET DANS LE MONDE ET SOUS RÉSERVE QUE LE NOMBRE DE TÉLÉCHARGEMENTS SOIT INFÉRIEUR OU ÉGAL AU NOMBRE D'EXEMPLAIRES DE GUIDES PAPIER IMPRIMÉS. FORMATS DISPONIBLES POUR SMARTPHONES, TABLETTES, LISEUSES ET ORDINATEURS PC OU MAC.
© PERFECTLAB - SHUTTERSTOCK.COM

Grezzo raw chocolate.

FLOR

Via Cavour, 259
✆ +39 06 679 69 95
www.gelatiflor.it – info@gelatiflor.it
Ouvert tous les jours de 10h à minuit. A partir de 2,50 € la glace.

La nouvelle chaîne de glaciers romains possède déjà 4 boutiques dans Rome et compte bien ne pas s'arrêter là ! Son ambition semble justifiée aux vues du nombre de romains et de touristes qui se pressent chaque jour autour de sa devanture. Les litres de crèmes glacées aux saveurs multiples sont savamment travaillées, à la spatule, avant d'être servis, sur de petits cônes biscuités. Flor est également passé maître dans l'art du yaourt frais, au fruit ou nature.

Autre adresse : Via Cavour, 337

GROM

Via della Maddalena, 30
✆ +39 06 682 10447
Ouvert tous les jours de 10h30 à 23h30, jusqu'à 00h le vendredi et le samedi.

Glaces artisanales sans conservateurs, arômes, colorants et édulcorants : résultat des sorbets peu sucrés, préparés avec des fruits de saison ou des crèmes glacées délicieuses.

Autres adresses : Piazza Navona 1, angle via Agonale ; via Tuscolana 1370 ; Gare de Termini.

GREZZO RAW CHOCOLATE

Via Urbana, 130
✆ +39 06 48 34 43
www.grezzoitalia.it
info@grezzoitalia.it
Ouvert tous les jours de 10h à 23h (minuit les vendredis et samedis). 3 € la truffe, 3 € le petit pot de glace.

« Raw Chocolate ». Voilà la dernière adresse pour les fondus de chocolat, Via Urbana où tout est bon et *hype*. Glaces bio, ganaches percutantes à 70 % de cacao, on repart de Grezzo avec un marqueur indélébile dans le cerveau : « Hum, ce chocolat ! »

BIEN ET PAS CHER

ANGELINO AI FORI DAL 1947

Largo Corrado Ricci, 40
✆ +39 06 67 91 121
www.angelinoaifori.com
info@angelinoaifori.com
Ouvert tous les jours dès 8h30. Addition autour de 20 €.

Un peu touristique peut-être, cette sympathique brasserie de quartier mérite tout de même le détour entre une visite et l'autre. Le chef sert une cuisine qui ne déçoit pas. Sous la pergola ou en salle, mozzarella, légumes grillées, *bucatini*, *risotti* et grillades de poisson, frais, sains et bien cuisinés.

Angelino ai Fori Dal 1947.

CAVOUR 313

Via Cavour, 313
✆ +39 06 678 5496
www.cavour313.it
info@cavour313.it
Ouvert tous les jours de 12h30 à 14h45 et de 18h à 23h30, minuit le vendredi et le samedi. 19h-23h le dimanche.

Pour une restauration rapide et légère le midi ou pour déguster un bon verre de vin accompagné de charcuterie et de fromage à l'apéritif, voici un établissement de référence, à quelques pas du Forum.

Cavour 313.

LA CICALA E LA FORMICA
Via Leonina, 17
Monti
✆ +39 06 481 7490
Ouvert de 12h à 15h30 et de 18h30 à 23h. Addition autour de 20-25 € boissons non comprises.
Ce restaurant à l'ambiance très sympathique se trouve au cœur du quartier Monti. La cuisine de la maison est majoritairement issue du terroir romain, même si on y ressent des influences venues d'Ombrie, de Toscane, Campanie, des Pouilles. Le pain, les pâtes et tous les desserts sont faits maison !

GRAZIE A DIO É VENERDÍ
Via dei Capocci, 1
Monti
✆ +39 06 488 25 85
www.grazieadioevenerdi.com
grazieadioevenerdi@libero.it
M° Cavour.
Ouvert tous les jours à partir de 18h30.
Dieu merci c'est vendredi : voici le nom de cette sympathique pizzeria de quartier. Pizzas au feu de bois bien fines et croquantes, à des prix corrects. Bon week-end !

LA TAVERNA DEI MONTI
Via del Boschetto, 41
Monti
✆ +39 06 481 7724
M° Cavour.
Ouvert tous les jours midi et soir, de 12h à 15h et de 18h à 23h. Addition : 20-30 €.
Le quartier général des habitants de Monti, qui viennent ici manger en famille. Un petit tour par le buffet d'antipasti vous met en appétit, avant d'attaquer les pâtes *cacio e pepe* (fromage de brebis et poivre), *all'amatriciana* (guanciale et tomates) ou *alle vongole* (palourdes). Comme tout Romain qui se respecte.

BONNES TABLES

CAFFÈ PROPAGANDA
Via Claudia, 15
Colisée
✆ +39 06 94 53 42 55
www.caffepropaganda.it
info@caffepropaganda.it
Primi 11/16 €, secondi 11/19 €, dessert 8/10 €. Du mardi au dimanche de 8h30 à 2h.
Si vous cherchez un endroit différent des *trattorie* typiques de Rome, voici un véritable bistrot « parisien » original où l'on sert une savoureuse cuisine, simple mais raffinée.
On choisit son plat sur un journal : l'œuf à la coque cuit à 65 °C au parmesan et légumes du potager, le poulpe aux amandes et haricots, la bulle de sucre au yaourt et fruits rouges sont de véritables petites prouesses culinaires. Service attentionné et chaleureux.

IL BOCCONCINO
Via Ostilia, 23
Colisée
✆ +39 06 7707 9175
www.ilbocconcino.com
M° Colosseo.
Ouvert de 12h30 à 15h30 et de 19h30 à 23h30, sauf le mercredi. Addition 25-40 €.
Une excellente *trattoria* où manger absolument, à quelques pas du Colisée, en retrait de la via San Giovanni Laterano. Elle est dotée d'une petite terrasse et d'une agréable salle climatisée, au décor rustique et simple. On aime cette cuisine typique, qui

s'adapte aux saisons et respecte les traditions culinaires romaines.

OSTERIA CIRCO

Via dei Cerchi, 79
✆ +39 06 31 07 8932
Ouvert tous les jours, midi et soir. Comptez entre 30 € et 40 € par personne.
Une bien jolie adresse, juste en face du Circo Massimo. La décoration est tendance, le service souriant et les plats goûteux ! On a eu un véritable coup de cœur pour les pâtes au *ragù* de pintade et à la truffe. Quant au tiramisu, il est à tomber ! Un vrai bon plan dans le quartier, bien loin des *trattorie* touristiques que l'on pourrait y trouver.

SA TANCA CROSTACERIA

Via Palermo, 57
✆ +39 06 486 549
www.satancacrostaceria.com
satancacrostaceriaroma@gmail.com
Menu dégustation 45 € par personne, plat à la carte de 13€ à 48 €. Ouvert tous les soirs de 19h à 23h30.
La carte de ce restaurant ravira les amateurs de poissons, et surtout de spécialités crues (tartare, ceviche, carpaccio), car ici le chef qui manie les richesses de la mer à la perfection a créé une carte spéciale de plats crus. Le décor est un peu rococo avec des dorures et du velours rouge dans une ambiance tamisée.

LA TAVERNA DEI FORI IMPERIALI

Via della Madonna dei Monti, 9
Monti
✆ +39 06 679 8643
www.latavernadeiforiimperiali.com
M° Cavour ou Colosseo.
Ouvert du mercredi au lundi de 12h30 à 15h et de 19h à 22h30, fermé le mardi. Addition : 35-50 €.
Nous l'avons dit, dans cette zone c'est à Monti qu'il faut déjeuner. A vérifier dans cette excellente *trattoria*, où *prosciutto* avec du melon ou *mozzarella di bufala* sont à la carte. A faire suivre par des *pâtes a la carbonara* ou des crevettes sautées au citron. En accompagnement, on ne manquera pas les courgettes (*zucchine*) et les artichauts (*carciofi alla romana*).

LE TAVERNELLE

Via Panisperna, 48
Monti
✆ +39 06 474 0724
www.letavernelle.it
M° Cavour.
Fermé le lundi et trois semaines en août. Ouvert de 12h30 à 15h et de 19h30 à 23h. Comptez 30 € par personne.
Vous êtes dans l'un des plus anciens restaurants de Rome, dont la réputation n'a jamais failli. Federico Felllini avait ici sa place réservée (en témoigne son authentique chaise de metteur en scène accrochée au mur). Le chef Nicola Ambrosini a aussi reçu Robert De Niro et même le pape Jean-Paul II, comme en attestent les photos sur le mur. Le poisson est à l'honneur sur la carte. En dessert, le gâteau Dolce Vita, est réalisé par le chef en hommage à Fellini.

TEMAKINHO

Via dei Serpenti, 16
✆ +39 06 4201 6656
www.temakinho.com
info@temakinho.com
Ouvert de 12h30 à 15h30 et de 19h à minuit. Temaki entre 7 et 15 € environ, sushis à la carte entre 6 et 10 €.

Un lieu qui est coloré et jeune, papier peint imprimé ananas et chaises en bois aux couleurs primaires. Le chef réalise un véritable tour de force en fusionnant la cuisine japonaise et la cuisine brésilienne, pour un résultat aussi original qu'abouti. Alternative originale aux *trattorie* du quartier.

SHOPPING

C'est dans le quartier de Monti où en flânant à travers les ruelles, on rencontre des boutiques originales et tendance, délaissées des touristes. Sachez toutefois qu'à Monti, les loyers sont parmi les plus chers de la capitale et les boutiques suivent donc le pas !

MERCATO CAMPAGNA AMICA

Via di S.Teodoro, 74
www.mercatocircomassimo.it
segreteria@campagnamica.it
Le samedi et le dimanche, de 8h à 15h.
Tous les week-ends, on retrouve au Mercato Campagna Amica le meilleur des produits du Latium. Les cultivateurs locaux, tous associés à la Coldiretti (l'association des agriculteurs italiens), viennent vendre leur production (fromages, charcuterie, fruits et légumes, miel...). C'est aussi l'endroit idéal pour manger un plat de pâtes ou un sandwich à la *porchetta* dans la grande cour des halles qui se transforme en véritable cantine animée !

MERCATO MONTI

Via Leonina, 46
Grand Hotel Palatino
www.mercatomonti.com
info@mercatomonti.com
M° Cavour.
Tous les week-ends de septembre à juin de 10h à 20h.
Stylistes, artisans, vintagistes se retrouvent ici pour proposer leurs collections à un public jeune et alternatif.

PIFEBO

Via dei Serpenti, 141
✆ +39 06 89015204
www.pifebo.com
pifeboshop@gmail.com
M° Cavour.

© MERCATO MONTI

Mercato Monti.

Du lundi au samedi de 11h à 20h ; dimanche de 12h à 20h. On peut aussi commander en ligne.
L'une des plus célèbres boutiques vintage de Rome. Articles colorés pour un prêt-à-porter frais et décontracté.

Autre adresse : Via dei Valeri,10 (San Giovanni)

SUPERODRA
Via Leonina, 42
✆ +39 06 9826 6450
www.superodra.com
info@superodra.com
Ouvert du lundi au samedi de 10h30 à 20h. Le dimanche, l'après-midi.
Super, un magasin ultra-snob. On finissait par croire que Rome était en retrait, mais grâce à Super, elle rattrape Milan et impose un style contemporain, alternant pièces vintage et créations originales. Vêtements, accessoires et meubles.

SORTIR

CAFÉS – BARS

AL VINO AL VINO
Via dei Serpenti, 19
✆ +39 06 485 803
Ouvert de 11h à 13h30 et de 17h à 1h.
Un très grand bar à vin tout en bois, céramiques et terracotta au cœur du quartier de Monti. Petit jardin à l'intérieur et très bonne sélection de vins (plus de 600 étiquettes dont des vins doux, les *passiti*). Possibilité de manger sur le pouce des plats de charcuterie, de fromages et de bonnes pâtes. Les prix sont un peu plus élevés qu'ailleurs, mais c'est une adresse de référence.

AI TRE SCALINI
Via Panisperna, 251
✆ +39 06 489 074 95
www.aitrescalini.org
bottiglieria@aitrescalini.org
Ouvert tous les jours de 12h30 à 1h.
On croit venir ici pour un seul verre et on finit par faire la fermeture de ce bar à vins, qui a la bonne idée de vous nourrir en même temps qu'il vous abreuve. Les rencontres sont presques incluses dans le prix, car ici, c'est aux vrais Romains que l'on se frotte.

LA BARRIQUE
Via del Boschetto, 41B
✆ +39 06 4782 5953
M° Cavour.
Ouvert tous les soirs de 18h à 1h du matin, sauf le dimanche.
Monti, encore et toujours, ne cesse de nous séduire par ses petits bars traditionnels qui attirent pourtant une clientèle plutôt à la pointe. Dans un décor minimaliste en bois brut, on sirote une production du Latium, en *aperitivo* très prolongé ou un plat de pâtes.

CAFFÈ CAPITOLINO
Piazza Caffarelli, 4
c/o Musei Capitolini
✆ +39 06 691 905 64
Voir page 98.

LA CASETTA
Via della Madonna dei Monti, 62
✆ +39 06 482 7756
Ouvert tous les jours à partir de 8h.
Café agréable avec une verrière de petits carreaux dans la verdure. On vient prendre son café avec des petits gâteaux. Mais aussi ginseng, smoothies, spritz, spremuta d'arancia, vins et bières artisanales taillées pour l'apéro.

CHARITY CAFÉ JAZZ CLUB
Via Panisperna, 68
✆ +39 06 478 258 81
www.charitycafe.it
info@charitycafe.it
Ouvert tous les jours de 18h à 2h.
Besoin de se détendre après une longue journée de visite ? Essayez donc ce café dédié au jazz qui propose des concerts à partir de 22h ou plus tôt, pendant l'apéro le dimanche. Une ambiance chaleureuse, une centaine d'étiquettes de vins et une bonne sélection de cocktails à accompagner comme il se doit de charcuterie et fromage.

FAFIUCHÉ
Via Madonna dei Monti, 28
✆ +39 06 699 0968
www.fafiuche.it
Ouvert du lundi au samedi dès 18h.
Ce bar à la mode cultive une ambiance venue du nord de l'Italie, du Piémont particulièrement, notamment grâce à ses vins et ses plats consistants servis à l'apéritif. De quoi faire un voyage à Turin, en une seule gorgée !

ENOTECA CAVOUR
Via Cavour, 313
✆ +39 06 678 5496
www.cavour313.it
info@cavour313.it
Ouvert tous les jours de 12h30 à 14h30 et de 19h à 23h. Repas environ 15 €.
Un établissement sympathique à quelques pas du Forum. On s'y restaure rapidement et légèrement, grâce à un grand choix d'antipasti que l'on accompagne d'un bon verre de vin.

SACRIPANTE ART GALLERY
Via Panisperna, 59
✆ +39 06 4890 3495
M° Cavour.
Ouvert de 18h à 2h. Fermé le lundi.
Galerie d'art dédiée au mouvement *lowbrow*, voici un endroit original où siroter un cocktail entouré par des œuvres d'art et par des pièces de mobilier vintage, pop et surréaliste. Curieux, le comptoir tiré d'un meuble à tiroirs des années 1920.

UN OPÉRA SOUS LES ÉTOILES

Les amateurs d'art lyrique (et même les autres) qui se rendent à Rome en plein été auront la chance de vivre une soirée inoubliable, comme seule la Cité éternelle peut en offrir. En effet, depuis 1937, l'Opéra de Rome se délocalise sur le site antique des thermes de Caracalla pour des représentations en plein air des plus grands chefs-d'œuvre du répertoire classique. Un événement cher au cœur des Romains. Quand *Carmen* ou *La Tosca* entonnent leurs plus grands airs devant les ruines éclairées, on touche à la perfection. On se souvient notamment du sublime spectacle, intitulé *Les Trois Ténors*, joué en 1990, où José Carreras, Luciano Pavarotti et Placido Domingo ont rivalisé de voix pendant plusieurs heures au cœur des thermes. Pensez à réserver vos billets ! www.operaroma.it.

PIAZZA DI SPAGNA ET VILLA BORGHÈSE

© S.BORISOV / SHUTTERSTOCK.COM

IMMANQUABLE DANS CE QUARTIER

- S'asseoir sur les marches de la Trinità dei Monti.
- Découvrir le musée Galleria Borghese (l'art antique).
- Visiter le musée d'art moderne et contemporain.
- Se balader dans le parc de la Villa Borghese.
- Déguster une glace sur la piazza del Popolo.

PIAZZA DI SPAGNA ET VILLA BORGHESE

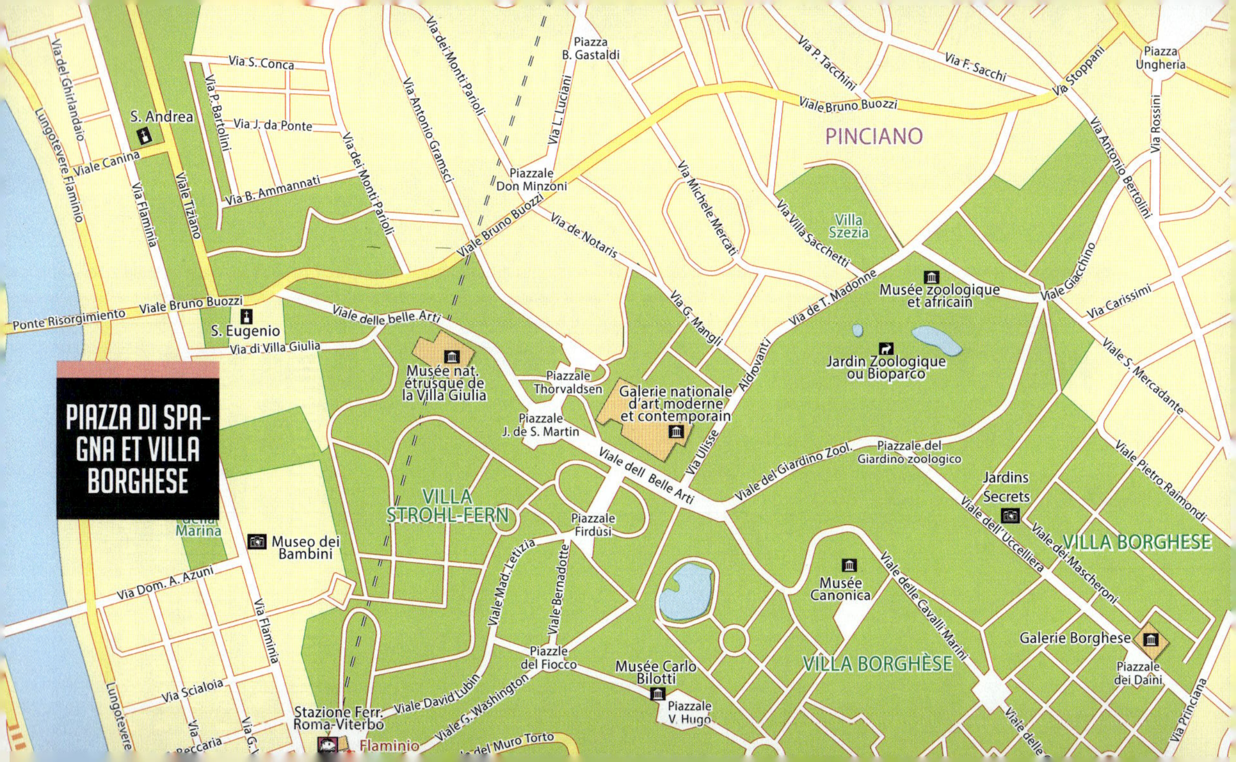

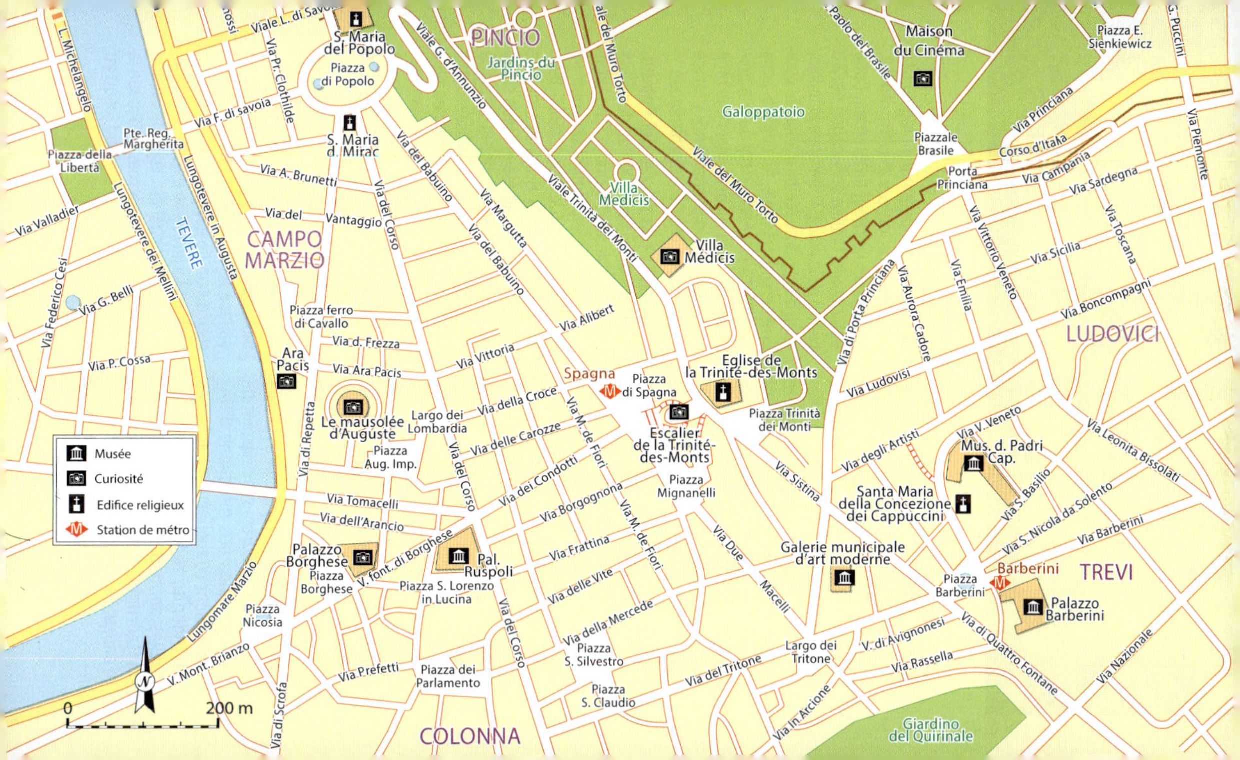
PINCIO
Jardins du Pincio
Galoppatoio
Maison du Cinéma
Piazza E. Sienkiewicz
Piazzale Brasile
Porta Princiana
Villa Medicis
Villa Médicis
CAMPO MARZIO
LUDOVICI
TREVI
COLONNA
TEVERE
S. Maria del Popolo
Piazza di Popolo
S. Maria d. Mirac
Ara Pacis
Le mausolée d'Auguste
Piazza Aug. Imp.
Largo dei Lombardia
Piazza ferro di Cavallo
Spagna
Piazza di Spagna
Eglise de la Trinité-des-Monts
Piazza Trinità dei Monti
Escalier de la Trinité-des-Monts
Piazza Mignanelli
Mus. d. Padri Cap.
Santa Maria della Concezione dei Cappuccini
Galerie municipale d'art moderne
Barberini
Piazza Barberini
Palazzo Barberini
Largo dei Tritone
Giardino del Quirinale
Palazzo Borghese
Piazza Borghese
Pal. Ruspoli
Piazza S. Lorenzo in Lucina
Piazza Nicosia
Piazza dei Parlamento
Piazza S. Silvestro
Piazza S. Claudio
Piazza della Libertà
Pte. Reg. Margherita
Viale L. di Savoia
Via Pr. Clothilde
Via F. di savoia
Via A. Brunetti
Via del Vantaggio
Via del Corso
Via del Babuino
Via Margutta
Viale G. d'Annunzio
Viale del Muro Torto
Viale Trinità dei Monti
Via Alibert
Via Vittoria
Via della Croce
Via delle Carozze
Via dei Condotti
Via Borgognona
Via Frattina
Via delle Vite
Via della Mercede
Via del Tritone
Via M. de Fiori
Via Due Macelli
Via Sistina
Via di Porta Princiana
Via Aurora Cadore
Via Emilia
Via Vittorio Veneto
Via Ludovisi
Via degli Artisti
Via V. Veneto
Via Leonita Bissolati
Via S. Basilio
Via S. Nicola da Solento
Via Barberini
Via di Quattro Fontane
Via Nazionale
V. di Avignonesi
Via Rassella
Via In Arcione
Via Boncompagni
Via Sicilia
Via Toscana
Via Sardegna
Via Campania
Corso d'Italia
Via Princiana
Via Piemonte
G. Puccini
Paolo del Brasile
Via d. Frezza
Via Ara Pacis
Via di Repetta
Via Tomacelli
Via dell'Arancio
V. font. di Borghese
Via Prefetti
Via di Scrofa
V. Mont. Brianzo
Lungomare Marzio
Lungotevere in Augusta
Lungotevere dei Mellini
L. Michelangelo
Via Valladier
Via Federico Cesi
Via G. Belli
Via P. Cossa
Musée
Curiosité
Edifice religieux
Station de métro
0
200 m
N

PIAZZA DI SPAGNA ET VILLA BORGHÈSE

La zone s'étend au nord du quartier historique, après la fontaine de Trevi et le Quirinal. Elle forme un rectangle bordé à l'ouest par le Tibre et englobant tout le périmètre de la villa Borghèse. Elle comprend le quartier très vivant qui s'étend entre la piazza di Spagna et la piazza del Popolo (et un peu au nord vers le quartier de Flaminio) et forme un contraste saisissant avec le calme des jardins de la villa. C'est en quelque sorte une ville idéale où l'on peut dans la même journée faire du vélo au vert, visiter l'un des plus beaux musées au monde, lécher les vitrines des plus grandes enseignes de mode et dîner dans une *trattoria* typique ! Les bonnes adresses n'y manquent pas.

Au nord, la piazza del Popolo (place du Peuple) a été conçue sous les Médicis comme la porte d'entrée monumentale de la ville. Le pèlerin suivait la via Ripetta pour traverser le Tibre et se rendre au Vatican, le commerçant prenait la via del Corso pour aller faire son négoce dans le centre tandis que les nobles empruntaient la via del Babuino pour rejoindre la Place d'Espagne. Ces trois rues partant de la place dans des directions différentes sont communément appelées le Tridente, zone dans laquelle les ruelles abritent de nombreux cafés, restaurants, boutiques, magasins d'antiquaires et galeries d'art contemporain. De part et d'autre du Corso, deux églises apparemment identiques font fonction de portes. En réalité, leurs coupoles sont différentes, l'une octogonale, l'autre dodécagonale. Au centre de la place, l'obélisque Flaminio, venu d'Egypte au temps d'Auguste pour orner le Grand Cirque, fut érigé là, sous Sixte V (1589). Fermée par deux hémicycles, la place est désormais une zone piétonne, lieu d'événements publics (concerts en été) et de promenade.

Au sud de la piazza del Popolo, la piazza di Spagna est l'un des lieux les plus animés de Rome. Touristes et Romains s'y côtoient puisque sa station de métro dessert aussi bien le parc de la villa Borghèse que le quartier des boutiques les plus chics de la capitale. Donnant sur la place d'Espagne, la via Condotti avec ses enseignes de luxe est l'une des plus connues de Rome. Ne pas manquer de se promener dans la très arty via Margutta et de visiter l'Ara Pacis et son musée près du Tibre.

A l'est de la via del Babuino se trouve la célèbre villa Borghèse. Lieu de détente et de promenade, véritable poumon de la ville, c'est aussi un espace de grande importance culturelle qui abrite des musées majeurs : la galerie Borghèse, le musée Canonica, le Musée national étrusque, la Galerie nationale d'art moderne... Il occupe la hauteur du Pincio et s'étend jusqu'au balcon du même nom qui domine la piazza del Popolo. Il englobe les jardins de la villa Giulia au nord du Pincio. Ce parc faisait partie du vaste ensemble que constituaient les grands domaines d'agrément des nobles Romains, domaines qui pour la plupart n'ont pas résisté à l'explosion immobilière d'après 1870. Le parc est agrémenté de nombreuses statues, copies d'antiques pour la plupart, et d'innombrables petits édifices, comme ces temples dédiés à Adonis, à Faustina, à Diane ou encore la fontaine aux Hippocampes.

Au sud de la villa Borghèse, la via Vittorio Veneto part de la piazza Barberini puis monte, en faisant un large coude, jusqu'aux remparts d'Aurélien qui s'ouvrent par la porta Pinciana et le parc de la villa Borghèse. Ce sont les Champs-Elysées de Rome, en plus étroits et plus courts. Tout le quartier est élégant et aéré. Sur ce symbole de la *dolce vita* des années 1960, on trouve d'agréables terrasses de café à la française, des hôtels de luxe et certains cafés historiques.

Accès : *M° Spagna ou Flaminio. Nombreux bus également (117, 119...).*

VISITER

BIOPARCO

1 Viale del Giardino Zoologico
Villa Borghese
✆ +39 06 360 8211
www.bioparco.it
info@bioparco.it
Tram n° 19 Bioparco. Bus : 3, 52, 53, 926, 217, 360, 910. M° Piazzale Flaminio, Via Veneto, Spagna.
Ouvert tous les jours de 9h30 à 17h, 18h d'avril à octobre, 19h le week-end en été. Entrée : 16 €, enfant : 13 €.
Un lieu à ne vraiment pas manquer si vous êtes à Rome avec vos enfants. Inauguré en 1911, le jardin zoologique situé au nord de la villa Borghèse a longtemps été considéré comme l'un des plus beaux beaux zoos d'Europe. Les constructions présentes sont d'une rare beauté et d'un grand intérêt historique. A voir absolument, la volière, réalisée en 1935 par l'architecte De Vico. Dans ce Bioparco vivent par ailleurs 200 espèces animales (mammifères, oiseaux, reptiles) au milieu de plantes des zones méditerranéennes et exotiques. A l'entrée, jetez un œil sur le portail avec ses statues en forme de lion et d'éléphant.

VIA MARGUTTA

Réservez-vous un peu de temps pour parcourir la via Margutta. Cette ravissante rue, à l'abri de la foule des grandes artères commerçantes, semble tout droit sortie d'un film. Le long des façades ocre des immeubles d'époque, le lierre court joliment. C'est au n° 110 que Fellini habita jusqu'à sa mort et c'est au n° 54 que les Futuristes italiens tinrent leur première conférence sur la peinture de leur mouvement. Difficile de ne pas percevoir encore l'air bourgeois-bohème qui flotte dans la rue.

CHIESA DI SANTA MARIA DELLA CONCEZIONE DEI CAPPUCCINI ★

Via Vittorio Veneto, 27
✆ +39 06 8880 3695
www.cappucciniviaveneto.it
segreteria@cappucciniviaveneto.it
M° Barberini.

Ouvert tous les jours de 9h à 19h. Entrée 8,50 €, tarif réduit 5 €. Audioguides en italien, anglais et espagnol.

La crypte de l'église de Santa Maria della Concezione, construite dans les années 1620 par le pape Urbain VIII pour l'ordre des capucins, est probablement la plus étrange des cryptes romaines : sa décoration est réalisée à partir d'ossements humains de près de 4 000 moines. Les squelettes de quelques moines ont même été momifiés et revêtus de leur robe de bure... Plutôt macabre, âmes sensibles s'abstenir. En complément, un petit musée relate l'histoire de l'ordre des capucins et conserve une toile attribuée au Caravage.

Chiesa di Santa Maria del Popolo.

CHIESA DI SANTA MARIA DEL POPOLO ★★★

Piazza del Popolo, 12
www.santamariadelpopolo.it

Ouvert de 7h30 à 12h et de 16h à 19h. Le samedi, de 7h30 à 19h. Dimanche et jours fériés : 7h30 à 13h30 et 16h30 à 19h.

Cette église, presque cachée au fond de la place et appuyée sur la colline du Pincio, fut commencée à la fin du XIe siècle grâce à la contribution financière du peuple romain. Achevée en 1477, sous le règne de Sixte IV Della Rovere, de nombreux artistes y travaillèrent. On retrouve à l'intérieur l'ordonnance Renaissance à trois nefs, troublée par les statues en stuc que le Bernin y ajouta près de deux siècles plus tard. Dans la nef de droite, la première chapelle présente une *Nativité* du Pinturicchio. Dans le transept de droite, le chœur est un projet du Bernin, et sur les murs, le long de l'autel majeur, se trouvent des sculptures d'Andrea Sansovino. Les fresques de la voûte sont de Pinturicchio. La chapelle Cerasi, dans le transept de gauche, est un trésor avec son *Assomption* d'Annibal Carrache et, deux tableaux du Caravage, la *Conversion de saint Paul* et la *Crucifixion de saint Pierre.* Par le traitement de la lumière, le réalisme trivial des personnages sacrés, ils constituent une révolution dans l'art religieux. En continuant, la chapelle Chigi mérite aussi une halte. Les mosaïques de la coupole sont de Raphaël. Les tombes latérales, de forme pyramidale, sont aussi un projet de Raphaël, modifié par le Bernin.

LA VILLA BORGHÈSE ET SES MUSÉES

La villa Borghèse est un lieu magique où les Romains se réfugient l'été pour trouver un peu de fraîcheur.
Vous aimerez y pique-niquer, y louer une barque et glisser devant le petit temple d'Esculape, aller au zoo, faire du vélo... et surtout visiter ses magnifiques musées. L'autre nom de la villa n'est-il pas le Parco dei Musei ?

Bus et vélo. Les différents sites de la villa sont reliés par plusieurs bus (ligne électrique 116 et bus 88, 95, 490, 495, 49). Location de vélo à l'entrée du parc (4 € de l'heure).

GALLERIA BORGHESE (GALERIE BORGHESE) ★★★★
Piazzale del Museo Borghese, Villa Borghese
✆ +39 06 328 10 – galleriaborghese.beniculturali.it/it
Réservation en ligne ou par téléphone obligatoire. 20 € + 2 € de réservation.
Ouvert du mardi au dimanche, de 9h à 19h.
Voir page 22

GALLERIA NAZIONALE D'ARTE MODERNA E CONTEMPORANEA ★★
Viale delle Belle Arti, 131
Villa Borghese ✆ +39 06 322981
www.lagallerianazionale.com – gan-amc@beniculturali.it
Ouvert du mardi au dimanche de 8h30 à 19h30. Entrée galerie : 10 €. Audioguide italien ou anglais : 5 €.
La Galerie nationale d'art moderne siège dans un palais monumental d'inspiration néoclassique et elle est consacrée à la peinture et à la sculpture italienne et européenne des XIXe et XXe siècles. Au rez-de-chaussée sont exposées les collections permanentes ; dans la cour et le corridor, on trouve des expositions temporaires ; le premier étage est dédié à la photographie. On salue l'approche didactique de la muséographie avec une présentation des œuvres par courants régionaux. Parmi les œuvres à ne pas manquer, qui ne sont pas toutes italiennes, *Les Trois Ages* de Gustave Klimt, *Le Jardinier* de Van Gogh et un buste de femme en bronze d'Auguste Rodin.

MUSEO CANONICA
Viale Canonica, 2
Villa Borghese
✆ +39 06 06 08
www.museocanonica.it – info@museocanonica.it
M° Flaminio.
Entrée libre. Du mardi au dimanche, d'octobre à mai, ouvert de 10h à 16h ; de juin à septembre : de 13h à 19h.
Ce bâtiment du XVIIe siècle fut transformé au XVIIIe siècle en petit château d'inspiration médiévale. En 1927, le sculpteur piémontais Pietro Canonica (1869-1959) en fit sa maison et son atelier. Y est exposée une collection de ses sculptures, peintures et esquisses.

LA VILLA BORGHÈSE ET SES MUSÉES

■ MUSEO CARLO BILOTTI ARANCIERA DI VILLA BORGHESE

Viale Fiorello La Guardia, Villa Borghese
✆ +39 06 06 08
www.museocarlobilotti.it
museo.bilotti@comune.roma.it
Ouvert du mardi au vendredi de 10h à 16h, le week-end de 10h à 19h. L'été, de 13h à 19h la semaine. Entrée libre.
Aménagé dans l'ancienne orangerie de Villa Borghese, le musée expose les collections d'art du mécène Carlo Bilotti. Parmi les œuvres à ne pas manquer, l'ensemble de 18 peintures de Giorgio De Chirico et les portraits de la femme et de la fille de Bilotti par Andy Wharol.

■ MUSEO NAZIONALE ETRUSCO DI VILLA GIULIA ★★

Piazzale di Villa Giulia, 9
✆ +39 06 322 6571
www.museoetru.it
Ouvert du mardi au dimanche de 9h à 20h. Entrée 10 €, réduit 2 €.
Une visite incontournable pour les amoureux des civilisations antiques. Cette très belle villa du XVIe siècle présente une collection d'archéologie étrusque provenant de fouilles effectuées en Toscane. Les 33 salles abritent le plus riche patrimoine au monde sur la civilisation étrusque, la première grande civilisation d'Italie (VIIIe-Ier siècle av. J.-C.), bien avant la naissance de Rome.
On y admirera des objets de la vie quotidienne (amphores, assiettes, vases à parfum), mais aussi des bijoux et des statuettes en bronze ou en terre cuite. Parmi les chefs-d'œuvre, le *Sarcophage des Epoux*, où les deux époux en terre cuite s'enlacent allongés sur un lit de banquet, affichant un sourire serein défiant toute éternité, l'*Apollon de Véies* et la *Cista Ficoroni*, exemplaire unique de coffret de mariage du IVe siècle av. J.-C.

La Villa Borghèse.

Museo dell'Ara Pacis.

MUSEO DELL'ARA PACIS ★★

Lungotevere in Augusta
A l'angle de la via Tomacelli
✆ +39 06 06 08
www.arapacis.it
info.arapacis@comune.roma.it
M° Spagna.
Tous les jours de 9h30 à 19h30. Entrée : 10,50 €, avec l'expo 17 €. L'Ara come era : 12 €.

Construit par ordre du Sénat en 13 av. J.-C. en l'honneur d'Auguste, l'Ara Pacis célèbre le retour de la paix ramenée par l'empereur dans l'Empire après de longues années de guerre, et la suprématie de Rome sur le monde. Cet autel monumental entouré d'une enceinte de marbre décorée de bas-reliefs se présente comme un grand rectangle de 11 m par 10 m où l'on reconnaît l'histoire des jumeaux et de la louve, Enée sacrifiant les Pénates, une personnification de la Terre parmi l'Eau et l'Air, ainsi que des personnages de la famille impériale : Agrippa, Caïus César (fils de l'empereur), Livie (sa femme). A l'origine situé près de la piazza San Lorenzo in Lucina, il formait avec le mausolée d'Auguste et l'obélisque situé aujourd'hui devant le Parlement italien un ensemble unique. Cette construction grandiose était pourvue d'une horloge solaire, laquelle, le 23 septembre, jour de l'anniversaire de l'empereur, projetait son ombre dans le mausolée. Au XVIe siècle, des fouilles permirent d'en retrouver les traces, perdues depuis des siècles. En 1937, on créa l'emplacement actuel sur les rives du Tibre. La reconstitution de ce chef-d'œuvre du « siècle d'or » a été possible après la récupération des marbres originaux exposés à Florence, au Louvre et aux musées du Vatican. Il est aujourd'hui abrité par un bâtiment moderne construit par l'architecte Richard Meier.

PIAZZA DI SPAGNA ★★★

Voir page 22.

PINCIO ★★★

Emprunter les escaliers à côté de l'église Santa Maria del Popolo sur la place.

Surplombant la piazza del Popolo, les jardins du Pincio permettent d'entrer dans la villa Borghèse. Aménagés sur la petite colline du même nom au temps de l'occupation napoléonnienne d'après les plans de Giuseppe Valadier, ils sont couverts de chênes, de pins parasol et de palmiers. Ils offrent surtout depuis le belvédère une très belle vue sur la ville particulièrement appréciée en fin de journée. Mais attention, ça grimpe !

VIA VITTORIO VENETO

Le Casino Ludovisi est visitable uniquement en groupe de 15 personnes minimum. 20 € par personne.

Emblématique de la *dolce vita* des années 1960, elle est exagérément appelée les « Champs-Elysées de Rome ». La rue est en fait bien plus étroite et plus courte, et aussi beaucoup plus calme malgré la présence des hôtels de luxe, des cafés d'époque et de quelques boutiques. La *via* Vittorio Veneto (du nom d'une victoire des Italiens sur les Autrichiens en 1918) fut tracée au centre d'un nouveau quartier créé dans le parc du domaine des Ludovisi. Il ne reste de cette propriété que le Casino Ludovisi (visites le dimanche matin), qui fut décoré par le Guerchin.

VILLA MEDICI ★★

Viale Trinità dei Monti, 1
Villa Borghese
✆ +39 06 67 611
www.villamedici.it
standard@villamedici.it

Visite guidée + jardin + expo temporaire : 12 €, réduit : 6 €. Ouvert du mardi au dimanche de 9h30 à 19h.

La Villa Médicis est le siège de l'Académie de France à Rome. Occupant les anciens jardins du poète Lucullus, la première construction de style Renaissance fut érigée en 1570 à l'initiative d'un cardinal italien, avant de passer entre les mains des

Villa Médicis et panorama de Rome.

Médicis. L'Académie de France à Rome fut fondée par Louis XIV, mais c'est Napoléon qui l'installa dans la villa Médicis en 1803. C'est là que résidaient les fameux Prix de Rome. Ce titre a disparu de nos jours, mais des artistes de toutes disciplines sont toujours accueillis comme pensionnaires à la Villa. Ils y restent un an, deux ans ou six mois pour parfaire leur formation. La Villa organise régulièrement expositions, conférences et concerts, jouant un rôle important dans la vie culturelle romaine.

SE RESTAURER

C'est dans cette partie de la ville que vous trouverez la plus forte concentration de restaurants design, tendance nouvelle cuisine, qui attirent les Romains les plus branchés. Mais, heureusement, ils n'ont pas encore fait disparaître les petites trattorias traditionnelles ! En fait, vous n'aurez que l'embarras du choix pour manger de ce côté de la ville où l'on trouve peut-être moins d'attrape-touristes que dans le centre. Soyez tout de même attentif !

SUR LE POUCE

FORNO PANIFICIO CERULLI 1937
Via di S. Nicola da Tolentino, 53
✆ +39 06 488 2627
Ouvert de 7h à 15h du lundi au vendredi. Salades et pizzas entre 5 et 8 €, panini 4 €.
Près de Barberini : salades gourmets à emporter, pizzas cuites au feu de bois et panini, pratique pour prendre un pique-nique dans son sac à dos ou déjeuner dans un parc.

LA PECORA PAZZA
Via della Mercede, 18
✆ +39 06 6920 0252
Ouvert tous les jours sauf le dimanche.
Une des pizzerias romaines qui remporte le plus de suffrages auprès des locaux. A tester sans plus attendre !

PAUSE GOURMANDE

ROSATI
Piazza del Popolo, 5A
✆ +39 06 322 58 59
www.barrosati.com
info@ristoranterosati.net
Ouvert tous les jours de 8h à 23h.
Ce bar, glacier, pâtissier, et depuis peu restaurant, existe depuis les années 1920. C'était un lieu populaire pour les stars de la télévision italienne dans les années 1960 et 1970. Aujourd'hui, les hommes d'affaires aiment y déjeuner, relayés le soir par la jeunesse dorée qui vient en Porsche ou en Maserati s'offrir une douceur tardive. Passez y boire un café gourmand ou une glace pour observer ce joli petit monde.

LA STREGA NOCCIOLA
Via della Vite, 100
✆ +39 6 890 17096
www.lastreganocciola.it
info@lastreganocciola.it
Tous les jours de 10h30 à minuit, le vendredi et le samedi jusqu'à 1h. Cône à partir de 3,50 €. Desserts à 3,50 €.
Situé à seulement quelques mètres de la piazza di Spagna, ce glacier convainc aussi bien les Romains que les touristes de passage. Les glaces sont crémeuses et artisanales et le goût de la maison « Strega Nocciola », à la noisette, est à tomber !

© GINGER

Ginger Sapori E Salute.

BIEN ET PAS CHER

CANTINA BELSIANA
Piazza di Spagna
Via Belsiana 15
✆ +39 06 6994 1577
Ouvert tous les jours de 12h30 à 23h30.
Jolies salades, planches mixtes, carpaccios racés et quelques plats du jour à l'ardoise, souvent de délicieuses lasagnes dans ce micro-restaurant bien connu des Romains. Tout cela, à quelques pas de la piazza di Spagna, que demander de plus ?

GINGER SAPORI E SALUTE
Via Borgognona, 43-46
✆ +39 06 6994 0836
www.gingersaporiesalute.com
borgognona@gingersaporiesalute.com
Ouvert tous les jours de 10h à minuit. Addition : 30 €.
Le Ginger joue la carte du bio et du gourmet... Le cadre est minimaliste et branché. Les jus de fruits frais et smoothies allient exotisme et nutrition. Grandes salades, charcuteries fines, vins bio... le choix est large mais toujours de qualité.

OSTERIA ST. ANA
Via della Penna, 68
✆ +39 06 361 0291
www.osteriastana.it
ristorantestana@yahoo.it
Fermé le midi et le dimanche toute la journée. Addition : 25-35 €.
A quelques pas de la piazza del Popolo, nichée dans une rue calme en bordure du Tibre, cette petite osteria traditionnelle vaut le détour. Depuis 1968, on y sert une cuisine savoureuse qui suit les arrivages du marché, fidèle à la plus pure tradition gastronomique romaine. Goûtez aux *carciofi alla giudia,* parmi les meilleurs de la capitale.

TRATTORIA SETTIMIO ALL'ARANCIO
Via dell'Arancio, 50
✆ +39 06 687 6119
www.settimioallarancio.it
settimioarancio@hotmail.it

Ouvert tous les jours de 12h à 16h et de 19h à 0h. Repas à la carte entre 20 et 40 €.
Une trattoria authentique, sans autre prétention que de vous mitonner de bons petits plats qui ne soient pas synonymes d'addition vertigineuse. Essayez les spécialités du restaurant : les *tonnarelli* au bar et à la poutargue ou les raviolis à l'orange.

BONNES TABLES

AD HOC

Via di Ripetta, 43
✆ +39 06 323 3040
www.ristoranteadhoc.com
info@ristoranteadhoc.com
Ouvert tous les soirs de 19h à minuit. Compter de 40 à 70 € par repas.
On ne tarit pas d'éloges sur cet excellent restaurant, qui propose un menu de grande qualité, avec une section entièrement consacrée à la truffe. Les portions sont généreuses, les ingrédients savamment choisis et le service particulièrement attentionné. Réservation fortement recommandée.

L'ANTICA ENOTECA

Piazza di Spagna
Via della Croce 76
✆ +39 06 679 0896
Comptez environ 15 € le plat, et 30 € une bonne bouteille. Ouvert tous les jours midi et soir jusqu'à 1h.
Rendez-vous d'esthètes ouvert depuis 1726 qui voue un culte à Bacchus, l'*enoteca* propose sa large sélection de petits producteurs comme des grands crus italiens, spécialement du Lazio, tous triés sur le volet. On accompagne son vin de spécialités romaines, comme le *baccala alla romana*, le tout sur l'agréable terrasse extérieure dans la rue piétonne, ou sur le long comptoir en bois et marbre veillé par des angelots et des centaines de bouteilles.

GUSTO

Piazza di S. Apollinare, 41
✆ +39 06 68134221
www.gusto.it – gustoal28@gusto.it
Ouvert tous les jours de 12h45 à 15h et de 19h45 à minuit. De 30 à 50 € par personne.
Restaurant, pizzeria, bar à vins et à fromages, et café, Gusto est tout cela à la fois, avec quatre adresses autour de la place Augusto Imperatore. A l'osteria (via della Frezza) : ambiance détendue et stylée, avec ses tables années 1930, ses divans moelleux et sa musique lounge. Le brunch servi le week-end connaît un vif succès.

IL MARGUTTA VEGGY FOOD & ART

Via Margutta, 118
✆ +39 06 326 505 77
www.ilmargutta.bio
info@ilmargutta.bio
Ouvert tous les jours de 9h30 à 23h30. Comptez de 25 à 40 € par personne. Menu gastronomique le soir : 35-60 €.
Ce restaurant végétarien branché a ouvert ses portes dans la sublime via Margutta, elle-même déjà très arty. Les antiquaires et artistes du quartier viennent ici déjeuner d'houmous et de tofu, dans un cadre entièrement dévoué à l'art. Stylé.

IL VERO ALFREDO

Piazza Augusto Imperatore, 30
✆ +39 06 687 8734
www.ilveroalfredo.it
info@ilveroalfredo.it
Ouvert de 12h30 à 15h30 et de 19h30 à 23h30, fermé le lundi midi. Comptez 35 € par repas.

Retour sur l'histoire des *fettucine* d'Alfredo, prisées des stars hollywoodiennes et originellement cuisinées via della Scrofa. Vous êtes ici dans le second restaurant d'Alfredo, celui qu'il a dirigé ensuite, après avoir séduit Douglas Fairbanks et Mary Pickford. Les *fettucine*, les vraies, seraient donc à manger ici. A vous de juger.

MATRICIANELLA
Via del Leone, 3
✆ +39 06 683 2100
www.matricianella.it
Ouvert de 12h30 à 15h et de 19h30 à 23h, fermé le dimanche. A partir de 30 € par personne.
Cantine sans prétention appréciée autant par les Romains que par les touristes, elle sert une cuisine de terroir populaire, généreuse et savoureuse, dans l'art des recettes d'antan. Les incontounables *bucatini all'amatriciana (*des pâtes avec une sauce à base de joues de porc séchées et de pecorino) côtoient des plats d'agneau de lait (*abbacchio*). Comme le veut la tradition, le restaurant propose à l'ardoise des *quinto quarto* (des abats) le mercredi, des *gnocchi* le jeudi, de la morue le vendredi et des tripes le samedi.

OSTERIA BARBERINI
Via della Purificazione, 21
✆ +39 06 47 43 325
www.osteriabarberini.com
info@degustibusroma.com
M° Barberini.
Ouvert de 12h30 à 14h30 et de 18h30 à 22h30. Fermé le dimanche. Addition autour de 35 €.
Excellent rapport qualité-prix pour cette *osteria* bien qu'elle soit située dans un quartier huppé. On y propose des plats typiques de la cuisine romaine et méditerranéenne (pâtes, soupes et *secondi* à base de poisson). Mais l'endroit est surtout réputé pour ses plats à base de truffes ! Ambiance familiale chaleureuse. Les desserts sont faits maison.

OSTERIA MARGUTTA
Via Margutta 82
✆ +39 06 323 1025
www.osteriamargutta.it
info@osteriamargutta.it
Ouvert midi et soir du mardi au samedi, le dimanche midi et le lundi soir. Prix moyen 40 €.
Un lieu délicieusement chic, au cœur du quartier des artistes et des galeries d'art. La déco, lampes et rideaux rouges, vaisselle bleue, parquet en bois et miroirs dorés, le fait ressembler à un vieux théâtre aux murs couverts de tableaux et dessins laissés par des artistes connus. On y mange une cuisine romaine savoureuse et créative en écoutant du jazz. Une adresse qui mérite bien que l'on y consacre une soirée.

PESCERIA BARBERINI
Barberini
Via di San Nicola da Tolentino, 23
✆ +39 6 4290 3789
www.pesceriaroma.it
info@pesceriaroma.it
Ouvert non-stop de midi à minuit du lundi au samedi. Comptez de 25 à 45 € par personne.
Récemment ouvert, ce restaurant-poissonnerie est un nouveau concept : il suffit de montrer du doigt son futur plat, car ici le poisson est vendu au poids à emporter ou à déguster sur place. Deux menus gastronomiques :

« froid » et cru (une succession de ceviches et tartares de haute volée) et « chaud ». Une autre adresse à Rome, via Appia, 234.

RISTORANTE AL 34
Via Mario dei Fiori, 34
✆ +39 06 679 5091
www.ristoranteal34.it
ristorante34@yahoo.it
Ouvert lundi de 17h30 à 23h, du mardi au dimanche de 12h30 à 23h. Comptez entre 12 et 26 € le plat.
Nicola Casalini a créé un menu de spécialités romaines avec une grande variété de viandes et poissons. En entrée, on peut découvrir les fleurs de courgette et chicorée frites, suivies d'un filet de porc en croûte d'amandes et pistaches sur fromage fumé, ou des rouleaux de crevettes et d'espadon avec du fromage aux truffes... Prix raisonnables, service chaleureux. Un coup de cœur.

LUXE

CADORIN
Via Vittorio Veneto, 70
✆ +39 06 47871
www.grandhotelpalacerome.com
info.rome@millenniumhotels.com
Menus 60 €, 27 € (uniquement le midi), carte autour de 48 €.
Un cadre unique : le restaurant du Grand Hôtel Palace aux fresques décorées par un artiste vénitien des années 1920, Guido Cadorin.
Elégants et élégantes en grand costume vous regardent vous attabler autour d'un menu où une cuisine raffinée marie les saveurs locales à quelques exotismes. Pour un dîner romantique dans une ambiance recherchée.

FIORE CUCINA FLEXITERIANA
Via Boncompagni 31
✆ +39 06 4202 0400
www.fiore.roma.it
info@fiore.roma.it
Addition : 35/50 €. Ouvert de 12h30 à minuit tous les jours.
La cuisine « flexitarienne », vous connaissez ? Ici les légumes et les fruits sont à l'honneur sans pour autant faire l'impasse sur le poisson et la viande, mais en quantité moindre que dans les assiettes classiques. Dans une grande salle ou sur la terrasse à l'étage, on peut opter pour des plats de *raw food* (à base d'ingrédients crus), des plats à la vapeur, mais aussi des plats de cuisine méditerranéenne pensés avec des ingrédients nobles.

SHOPPING

Temple du shopping romain, le quartier est aussi le paradis des fashionistas. Mais si vous décidez de vous lancer sur leurs traces, mieux vaut prévoir un sacré budget, car ici pas d'enseignes populaires ! La plupart des boutiques se situent dans les rues du Tridente entre la piazza di Spagna et la piazza del Popolo. Les enseignes moins chics se trouvent sur la via del Corso, tandis que les grands noms de la haute couture internationale, ceux de l'avenue Montaigne ou de la 5th Avenue, sont sur la célèbre via Condotti. Des boutiques d'antiquaires sont regroupées le long de la via del Babuino. On trouve aussi dans le quartier pas mal de *concept stores* dédiés à la déco. Même si vos moyens ne vous permettent pas de folies, mêlez-vous tout de même à la foule du quartier, entre touristes en short et promeneurs griffés de la tête aux pieds.

BULGARI
Via dei Condotti, 10
✆ +39 06 696 261
www.bulgari.it
info@bulgarihotels.com
Ouvert du lundi au samedi de 10h à 19h30, le dimanche de 11h à 19h.
Bulgari s'installa en premier via dei Condotti et a ébloui immédiatement les Romains de ses diamants et perles. Sublimement italien.

FENDI
Largo Goldoni
Palazzo Fendi
✆ +39 06 334 501
www.fendi.com
Ouvert tous les jours de 10h30 à 19h30.
Si vous vous demandez ce qu'implique l'adjectif *fendissimo*, rendez-vous dans l'une des multiples boutiques Fendi de la via Borgogna. Pour une fourrure, un parfum ou de la lingerie chic. L'adresse principale loge dans un palais du XVIIIe siècle transformé en un lieu branché.

FURLA
Piazza, di Spagna, 22
✆ +39 06 67 97 159
www.furla.com
De 10h à 20h du lundi au samedi, de 10h30 à 20h le dimanche.
Les sacs à main griffés Furla sont l'un des emblèmes de la maroquinerie de luxe italienne de très haute volée.

GALLERIA ALBERTO DI CASTRO
Piazza di Spagna, 5
✆ +39 06 679 2269
www.dicastro.com
info@dicastro.com
Ouvert du lundi au vendredi de 9h à 13h et de 15h30 à 19h30, le samedi de 9h à 13h.
La référence pour dénicher de belles antiquités. Meubles, sculptures, mosaïques, camées, marbres, bronzes et tableaux de l'époque médiévale au néoclassique sont présentés sur deux étages dans un magnifique espace avec cour intérieure. Beaucoup d'autres boutiques se trouvent aussi sur la via del Babuino.

GALLERIA MIA
Via di Ripetta, 224
✆ +39 06 97 8418 92
www.galleriamia.it
info@galleriamia.it
Du mardi au samedi de 10h30 à 14h et de 15h30 à 19h30.
Temple de la mode où les grands noms du design côtoient les créations de jeunes artistes sur 200 m². On déambule entre les pièces uniques de déco de Gaetano Pesce ou de Gio Ponti (pour ne citer qu'eux) et celles de stylistes en devenir.

GIORGIO SERMONETA
Piazza di Spagna, 61
✆ +39 06 679 1960
www.sermonetagloves.com
info@sermonetagloves.com
Ouvert de 10h à 19h30. Une autre boutique via delle Carrozze.
Le spécialiste des gants à Rome depuis 1960 a désormais des boutiques un peu partout dans le monde. Sa clientèle compte les plus grandes stars et les politiciens qui aiment glisser leurs mains dans ses gants déclinés de toutes les couleurs et doublés de soie, cachemire ou fourrure. La fabrication d'une paire de gants requiert le talent de dix artisans !

Autre adresse : Leonardo da Vinci Airport, terminal T3, sect. D – Area Transiti

© GALLERIA MIA

Galleria Mia.

■ **GUCCI**
Via Condotti, 6-8
✆ +39 06 679 0405
www.gucci.com
Ouvert de 10h à 19h30. Le dimanche jusqu'à 19h.
Le summum du chic italien, avec son indémodable style des années 1970. Les mocassins à mors, grands classiques de la marque, sont déclinés en plus de trente coloris. La boutique historique, inaugurée en 1938, redessinée il y a quelques années par la directrice artistique Frida Giannini qui a pour l'occasion signé une collection vendue exclusivement à Rome.

■ **MAX MARA**
Via Condotti, 17/20
✆ +39 06 69 92 21 04
www.maxmara.com
Ouvert de de 10h à 20h.
Avec pas moins de trois boutiques (dont une consacrée à sa griffe « jeune » Max & Co), Max Mara compte certainement le plus vaste espace de vente dans le quartier. Clientèle très classe pour tendance chic et intemporelle dans des matières nobles et naturelles.

Autres adresses : Via Frattina, 28 • Via Ugo Ojetti, 31

■ **MERCATINO DELL'ANTIQUARIATO**
Piazza Borghese
Ouvert tous les jours de 10h à 19h.
Ce marché historique de livres et gravures existe depuis 1947. Entièrement restructuré, c'est le paradis pour les amateurs d'éditions originales.

■ **MISSONI**
Piazza di Spagna, 78
✆ +39 06 679 25 55
www.missoni.com
Du lundi au samedi de 10h30 à 19h30 (19h le dimanche).
La célèbre marque à l'imprimé en maille unique de toutes les couleurs tient sa boutique sur la piazza di Spagna. Articles et accessoires que toute *fashion victim* se doit de posséder dans sa garde-robe.

LA PERLA
Via Bocca di leone, 28
✆ +39 06 699 419 34
www.laperla.com
Le plus belle ligne de lingerie féminine en Italie. Des modèles somptueux mais certainement pas économiques.

POMELLATO
Piazza San Lorenzo in Lucina, 38
✆ +39 06 688 097 90
www.pomellato.it
Ouvert du lundi au samedi de 10h à 19h. Et le dimanche après-midi.
Ses petits pendentifs en forme d'animaux sont désormais devenus des icônes ! Le célèbre joaillier italien tient une belle boutique au cœur de Rome. Ses bijoux ornés de pierres de couleur et de diamants se caractérisent par leur sensualité et leur modernisme.

SALVATORE FERRAGAMO
Via Condotti, 73/74
✆ +39 06 679 1565
www.ferragamo.com
Ouvert de 10h à 19h30. Le dimanche jusqu'à 19h.
Le célèbre chausseur florentin travaille sur mesure pour habiller les pieds les plus chics d'Italie. Cette boutique est pour les femmes, les hommes iront au n° 65 de la même rue.

STUART WEITZMAN
Via dei Condotti, 27
✆ +39 06 454 205 10
www.stuartweitzman.com
Ouvert tous les jours de 10hà 19h. À partir de 11h le dimanche.
Les chaussures préférées des acteurs oscarisés ou en passe de le devenir. S'ils sont vendus en Italie, les modèles sont imaginés aux Etats-Unis et assemblés en Espagne. Une fabrication internationale pour une réussite totale.

Antico Caffé Greco (Via Condotti).

SORTIR

CAFÉS – BARS

ANTICO CAFFE GRECO
Via dei Condotti, 86
✆ +39 06 679 1700
www.anticocaffegreco.eu
info@caffegreco.it
Ouvert tous les jours de 9h à 21h.
Archiconnu et touristique, ce café du XVIIIe aux tentures pourpres a accueilli parmi ses tables en marbre et ses fauteuils veloutés les grands de l'époque : Stendhal, Wagner, Goethe… Le service est froid, les prix sont outrageusement chers, mais l'atmosphère hors du temps sent bon les rendez-vous littéraires du passé.

BABINGTON'S ENGLISH TEA ROOM
Piazza di Spagna, 23
✆ +39 06 678 6027
www.babingtons.com

© PHILIPPE GUERSAN – AUTHOR'S IMAGE

Bars sur les quais du Tibre près de Ponte Sisto.

Ouvert tous les jours de 9h à 21h30. Thé entre 8 € et 14 €.
Lorsque l'établissement fut fondé en 1893, le thé à Rome ne se trouvait qu'en pharmacie ! Depuis, le thé n'a pas détrôné le café dans le cœur des Romains, mais les artistes et les intellectuels en quête d'intimité aiment se réfugier ici pour travailler.
Le décor n'a presque pas changé et le service est resté très *british*. Une bonne adresse pour un *five o'clock* décalé.

CAFÉ COLBERT

Viale della Trinità dei Monti, 1
Villa Medicis
✆ +39 331 123 0260
www.caffecolbert.it
info@caffecolbert.it
Ouvert du mardi au dimanche de 10h à 18h30. Plats 14/18 €. Réservation conseillée pour le déjeuner.
L'élégant café de la Villa Médicis saura en séduire plus d'un avec sa jolie terrasse, son décor de statues de marbre et ses bons petits plats. Un cadre unique pour un déjeuner ou pour un verre, loin de l'agitation des grands axes.

CAFFÈ MUSEO CANOVA TADOLINI

150 A-B Via del Babuino
✆ +39 06 321 107 02
www.canovatadolini.com
Café ouvert tous les jours de 8h à minuit, restaurant ouvert de 12h à 23h. Addition 25-40 €.
L'ancien atelier du sculpteur Antonia Canova est aujourd'hui devenu un charmant salon de thé, au décor Belle Epoque. On y vient pour boire un cappuccino au milieu des statues et des esquisses de Canova. Chic et désuet.

CIAMPINI

Piazza di San Lorenzo in Lucina 29
✆ +39 06 687 6606
www.ciampini.com
ciampinisnc@virgilio.it
Tous les jours 8h30-22h (23h vendredi et samedi). Fermé lundi.

Terriblement italien, voici un café incontournable pour ses *gelati* gourmands. On y passe à toute heure pour un *espresso* ou en fin d'après-midi pour un *aperitivo*. Belle terrasse qui donne sur la charmante place de San Lorenzo in Lucina.

STRAVINSKY BAR

c/o Hôtel de Russie
Via del Babuino, 9
✆ +39 06 32 88 88 74
www.roccofortehotels.com
Ouvert tous les jours de 9h à 1h. Pantalons exigés pour les messieurs.
Envie d'une soirée chic ? Rendez-vous dans le bar de l'Hôtel de Russie. A l'intérieur du bâtiment, on découvre une superbe cour intérieure, agrémentée d'un charmant jardin où se tient le bar. Bien sûr, le verre est un peu cher, mais au moins il vient avec de petites assiettes de tapas.

CLUBS ET DISCOTHÈQUES

ART CAFÉ

Via del Galoppatoio, 33
Villa Borghese
✆ +39 06 454 334 87
www.art-cafe.it
info@art-cafe.it
Le club à la mode qui fait danser les Romains et les Romaines les plus *fashion*, un vrai défilé ! Au sein même de la villa Borghèse, qui imaginerait trois salles bourdonnantes de R&B-latino, house et revival ? Autant dire que ça se trémousse sévère dans les carrés VIP ! Les barmen aussi mettent l'ambiance et, pour recharger les batteries, pâtes et pizzas sont offertes vers 3h du matin. Vous l'aurez compris, pour avoir une infime chance d'entrer, il faudra soigner votre look comme jamais.

PIPER CLUB

Via Tagliamento, 9
✆ +39 06 855 5398
www.piperclub.it
Ouvert vendredi et samedi soir.
Pour se trémousser sur de la House Music, dans une ambiance soignée et légèrement branchée. La salle est au sous-sol, l'éclairage est donc plutôt sombre et le son est de bonne qualité. Dommage que le service soit plutôt déplorable.

SPECTACLES

CASA DEL CINEMA

Largo Marcello Mastroianni, 1
Parc de Villa Borghese
✆ +39 06 42 36 01
www.casadelcinema.it
2 500 m2 de cinéma, livres, expositions, conférences de presse, salles de projection et DVD en accès libre. Le temple des cinéphiles et l'occasion pour les autres de rentrer dans la villa Borghèse.

TEATRO SISTINA

Via Sistina, 129
✆ +39 06 420 0711
www.ilsistina.it
marketing@ilsistina.it
Billetterie tous les jours de 10h à 19h (11h le dimanche). Spectacles du mardi au samedi à 21h, le dimanche à 17h.
Un théâtre dédié à la comédie musicale avec aussi des ballets modernes et parfois des spectacles pour enfants. Les pièces changent tous les mois, programme disponible sur le site Internet.

© DARIA SERDTSEVA – SHUTTERSTOCK.COM

VATICAN ET TRASTEVERE

IMMANQUABLE DANS CE QUARTIER

- Visiter l'impressionnante basilique Saint-Pierre.
- Admirer la Chapelle Sixtine au Musée du Vatican.
- Se balader dans les jardins du Vatican.
- Arpenter le pont et le château Sant'Angelo
- Prendre l'apéro en terrasse dans le Trastevere.

CAMPO MARZIO
PRATI
PONTE PARIONE
CITÉ DU VATICAN
La pinacothèque du Vatican
Musée du Vatican
Les Chambres de Raphaël
Chapelle Sixtine
Les appartements Borgia
Basilique Saint-Pierre
Information
Piazza S. Marta
PIAZZA SAN PIETRO
Parco Adriano
Château Saint-Ange
Mausoleo di Adriano
Musée national du château Saint-Ange
Mausolée d'Auguste
Tevere
Ottaviano-S. Pietro
Cipro-Musei Vaticani
Piazzale degli Eroi
Piazza S. Maria delle Grazie
Piazza del Quiriti
Piazza Cola di Rienzo
Piazza dei Risorgimento
Piazza Cavour
Piazza Adriana
Piazza Pia
Largo Gio. XXIII
Piazza S. Uffizio
Largo di Porta Cavalleggeri
Piazza S. Maria alle Fornaci
Piazza Borghese
Piazza Nicosia
Piazza Navona
Piazza della Chiesa Nova
Pte. reg. Margherita
Ponte Cavour
Ponte Umberto I
Pont Saint-Ange
Ponte V. Emanuele II
Ponte pr. Am. Sav. Aosta
Via Andrea Doria
Via R. di Lauria
Via Candia
Viale S. Veniero
Viale Vaticano
Via della Giuliana
Via Leone IV
Via Vespasiano
Via Ottaviano
Via Giulio cesare
Via Germanico
Via dei Gracchi
V. Cola di Rienzo
Via Fabio Massimo
Via Terenzio
Via Plinio
Via Boezio
Via Ezio
Via Cicerone
Via Lucrezio Caro
Via Valadier
Via E. Visconti
Via Gioachino
Via P. Cossa
Via Tacito
Via M. Dionigi
Lungotevere dei Mellini
Lungotevere in Augusta
Via di Ripetta
Via del Corso
Via Tomacelli
V. Clementino
Via Cresenzio
Via Porcari
Borgo Angelico
Via Alberico II
Via Vitelleshi
Via Tribonino
Via Ulpiano
V. V. Colona
Lung. Prati
Lung. Castello
Lungomare Marzio
V. d. Mte. Brianzo
Via Zanardelli
Via di Scrofa
Via di Porta Angelica
V.d. Mascherino
Borgo Vittorio
Borgo Pio
Borgo S. Angelo
Via di Conciliazione
Borgo
S. Spirito
Lungomare Tor di Nona
Via dei Coronari
Corso Vittorio Emanuele II
Corso di Rinascimento
Via D. Vecchia
Via Giulia
Lungomare s. Sangallo
Lungotevere Gianico
Via della Lungara
Sal. di S. Onofrio
Via Urbano VIII
Viale delle Mura Aureli
Via delle Fornaci
Via di Staz. Vaticana
Via Aurelia
Via di Pta. Cavalleggeri
V. d. Fabrica
Via di Porta
Via Paolo II
Clivo Monte

VATICAN ET TRASTEVERE
Musée
Curiosité
Information touristique
Edifice religieux
Station de métro
0
250 m
AURELIO
TRASTEVERE
LA COLLINE JANICULE
S.ANGELO
Tevere
Villa Doria Pamphili
Torre del Drago
Villa Abamelek
Villa Medici
Villa Aurelia
Parco Gianicolense
Piazzale G. Garibaldi
Largo di Pta. S. Pancrazio
Fontaine dell'acqua Paola
S. Pietro in Montorio
Museo di Roma in Trastevere
Villa Torlonia
Palazzo Corsini (galerie nationale d'art antique)
Villa Farnesina
S. Dorotea
S. Maria in Trastevere
San Crisogono
Madonna dell'Orto
San Francesco d'Assisi a Ripa
Eglise S. Cecilia
Villa Sciarra
Piazzale Wurts
Piazza S. Pancrazio
Piazza F. Borgoncini Duca
San Pietro
Piazza Farnese
Piazza Campo di Fiori
Piazza B. Cairoli
Piazza Mastai
Piazza Mercanti
Piazza di Pta. Portese
Piazza B. da Feltre
Piazza S. Cosimato
Piazza S. Callisto
Piazza S. Maria in Trastevere
Piazza di S. Egidio
Ponte Sisto
Ponte Garibaldi
Ponte Cestio
Ponte Fabricio
Ponte Sublicio
Via della Cava
Aurelia
Via Aurelia Antica
Via Nova delle Fornaci
Via delle Fornaci
Viale delle Mura Aurelie
Pass. dei Gianicolo
Pass. dei Gianicolo
Via Garibaldi
Via Giacinto Carini
Via G. Dezza
Via dei vascello
Via Quattro Venti
Via B. Bricci
Via Algardi
Via di S. Pancrazio
Via Vitella
Via G. Medici
Via Nicola Fabrizi
Viale Glorioso
Via Dandolo
Via G. Mameli
Via Morosini
Viale di Trastevere
V. Ascianghi
V. de' Settesoli
Via Anicia
Via di S. Michele
Porto di Ripa Grande
Via della Luce
Via d. Salumi
Via Lungarina
Via P. Peretti
Lungotevere Sanzio
Lungomare dei Censi
Lungomare d. Vallati
Lungomare dei Tebaldi
Lungotevere della Farnesina
Via Arenula
V. Torre Argentina
Via Pettinari
Via della Lungara
Via dei Riari
Francesco di Sales
Via di Mantellate
Via della Lungaretta
V. Modena
V. Politeana
Vic. d. Cinque
Via S. Dorotea
V. di Scala
Via S. Francesco
Via Luciano Manara
Via del Vago Terrione
Calendrelli
G. Mazzini
Giulia
Emanuele II

VATICAN ET TRASTEVERE

Voici les deux quartiers qui à coup sûr vous feront traverser le Tibre. Au nord, le Vatican, Etat pontifical comme chacun sait et, au sud, le Trastevere, dont le nom signifie « par-delà le Tibre ». Entre les deux s'étend la colline du Janicule.

D'un point de vue géographique, le Vatican s'étend de la plaine située au nord du Champ-de-Mars jusqu'à la colline du Vatican où se trouve la cité fortifiée du Vatican. Cette colline était utilisée par les augures étrusques pour faire leurs prédictions, les « vaticinations » qui ont vraisemblablement donné leur nom à la colline. Du temps de Néron, l'endroit était occupé par un stade privé que l'empereur avait hérité de son oncle Caligula. Plusieurs nécropoles s'y trouvaient, le long des voies Cornelia et Triomphlis. Néron y aurait fait construire un cirque. C'est là qu'aurait été martyrisé saint Pierre et, après lui, nombre de chrétiens. L'histoire du Vatican prend un tournant lorsque Constantin, premier empereur chrétien, fait construire là une première basilique qui deviendra Saint-Pierre-de-Rome. En 846, les Sarrasins envahissent Rome. L'année suivante, le pape Léon VI fait entourer le quartier de Saint-Pierre d'une première enceinte fortifiée qui sera régulièrement restaurée et renforcée jusqu'au XVIe siècle.

La Cité du Vatican, également appelée le Borgo, constitue la plus grande partie de l'Etat pontifical. Elle comprend donc la basilique Saint-Pierre, les palais du Vatican et les jardins. Hors de l'enceinte, vers l'est, se trouve le château Saint-Ange, relié au Vatican par la via della Conciliazione, et le quartier commerçant de Prati, traversé par la trépidante via Cola di Rienzo. Des boutiques plus ou moins chics et branchées et de très bons restaurants se trouvent dans le coin, tandis qu'en allant vers le nord le quartier se fait plus résidentiel.

Au sud du Vatican, la colline Janicule marquait la frontière du pays étrusque. Selon la légende, Janus, l'un des dieux de la fondation de Rome connu pour ses deux visages regardant dans des directions opposées, s'installa sur le Janicule. Il eut plusieurs enfants dont Tiber, qui donna son nom au fleuve de Rome. Le Janicule demeura longtemps en pleine campagne. Ce n'est qu'au XVIIe siècle qu'Urbain VIII fit construire une muraille autour, que Garibaldi ne put franchir lorsqu'il tenta de prendre la ville par le Janicule en 1849. Le Janicule est aujourd'hui, avec la villa Borghèse, le lieu de balade incontournable de la ville, en particulier pour les superbes panoramas qu'offre la colline.

Derrière le Janicule, le quartier de Trastevere fait face au centre historique, sur la rive opposée du Tibre. La partie la plus visitée par les touristes avec son lacis de ruelles se trouve du côté du Janicule, mais le quartier se prolonge bien plus bas le long du viale Trastevere, jusqu'au niveau du mont Testaccio et de la station ferroviaire Trastevere. L'origine du quartier est populaire. Durant l'Antiquité, attirés par le développement de la ville, les étrangers venaient y camper, Juifs et Syriens en particulier. L'empereur Auguste incorpora cette banlieue à la ville et Aurélien engloba le Trastevere dans les murs du IIIe siècle, mais les vestiges de bâtiments officiels de la Rome antique et impériale y sont rares. Du fait de cet isolement, le quartier a longtemps gardé son côté plébéien. Mais depuis une dizaine d'années, l'authenticité du Trastevere n'est plus un secret. De nombreux étrangers, surtout des Anglais et des Américains, s'y sont installés et les touristes affluent, ce qui a bien sûr porté un sérieux coup au folklore local. Les trattorie familiales sont encore bien présentes, mais certaines se sont un peu transformées en pièges à touristes, tandis que parallèlement s'installent des établissements de plus en plus branchés. Il n'empêche que l'on ne peut qu'aimer ce joyeux mélange de touristes et de Romains qui se retrouvent le soir dans les rues et sur les places dans une ambiance vraiment stimulante.

VISITER

Dans le quartier du Vatican, les objets de visite ne manquent pas. La basilique Saint-Pierre et les musées du Vatican, sans parler du château Saint-Ange, pourraient bien vous retenir une journée entière. Dans le Trastevere en revanche, à part la visite d'une ou deux églises et pour les passionnés d'art Renaissance la villa Farnesina, on passe surtout son temps à flâner dans les ruelles pour s'imprégner de l'ambiance. Venez-y en fin de journée quand les lumières sont les plus belles et quand le quartier commence à s'éveiller en prévision des réjouissances nocturnes. Ne manquez pas non plus de monter sur la colline du Janicule pour le coucher de soleil.

BASILICA DI SAN PIETRO ★★★★
Piazza San Pietro
Voir page 21.

VISITE DU VATICAN FUTÉ

Pour éviter la longue file d'attente devant les musées du Vatican, vous pouvez réserver vos billets coupe-file via le site Internet du Vatican (4 € de frais de prévente en sus). Sinon, essayez d'y aller le mercredi matin, tout le monde est alors réuni sur la place Saint-Pierre pour l'audience papale. Notez aussi que les musées sont ouverts (de 9h à 13h) et gratuits le dernier dimanche du mois ainsi que le 27 septembre. Sacrées économies en perspective, mais dire qu'en haute saison il y a foule est un doux euphémisme.

BASILICA DI SANTA MARIA IN TRASTEVERE ★★★

Piazza di Santa Maria in Trastevere
✆ +39 06 581 4802
Ouvert de 7h30 à 20h.

Sa fondation remonterait au IIIe siècle apr. J.-C. quand une petite communauté chrétienne obtint de l'empereur Septime Sévère la cession d'un terrain. Sous sa forme actuelle, l'église fut érigée à l'initiative d'Innocent II à partir de 1140 et fut maintes fois remaniée. Le clocher du XIIe siècle porte une niche décorée d'une mosaïque de la Vierge à l'Enfant, thème que l'on retrouve sur les mosaïques de la façade qui sont de la même époque. L'intérieur obéit à un plan basilical classique, avec deux rangées de colonnes récupérées sur des sites antiques. Comme toutes les églises de l'époque, les mosaïques ont encore un style très byzantin. Remarquez en particulier la voûte de l'abside avec son Christ et la Vierge assise sur un trône et, sur la partie basse, les mosaïques d'une grande finesse de Pietro Cavallini. Ce contemporain de Giotto participa au renouveau de la peinture et à son émancipation du style byzantin. Ici, il a réalisé six panneaux représentant des scènes de la vie de la Vierge. Le somptueux plafond du XVIIe siècle est peint par le Dominiquin. Enfin, l'inscription devant le chœur rappelle l'emplacement de la *Fons Oleia* et l'origine mythique de l'église : en 38 av. J.-C., une source d'huile aurait annoncé la naissance du Christ et serait devenue objet de pèlerinage.

BASILICA MONASTERO DI SANTA CECILIA IN TRASTEVERE ★★

Piazza Santa Cecilia, 22
Trastevere ✆ + 39 06 454 92739
www.benedettinesantacecilia.it
monastero@benedettinesantacecilia.it
De 10h à 12h30 (11h30-12h30 le dimanche) et de 16h à 18h. Pour les fouilles et fresques de Cavallini 2,50 € le matin.

L'une des églises les plus anciennes de Rome, érigée au IXe siècle. L'histoire de la sainte à qui elle est dédiée est absolument terrible : alors qu'elle était condamnée à la décapitation,

Église Santa Maria in Trastevere.

le bourreau tenta, à trois reprises, de lui décoller la tête. N'y parvenant pas, il cessa son office, comme le lui dictait la loi. Le cou à moitié tranché, sainte Cécile mit trois jours à mourir. L'église fut restaurée au XIIe siècle, puis remaniée sans trop d'égards envers le passé aux XVIe, XVIIe et XIXe siècles. Elle contient des trésors inestimables comme le ciborium du chœur et la statue de sainte Cécile de Stefano Maderno qui la représente dans la position dans laquelle elle fut trouvée à l'ouverture de sa tombe en 1599. Les admirables mosaïques de l'abside représentent le Christ entouré des saints, avec Pascal Ier sous une auréole carrée, signe que le pape était encore vivant. Le tableau de l'autel est de Guido Reni. Au sous-sol, on verra d'importants vestiges et des mosaïques du XIXe, plus byzantines que nature. Le cloître (visites le dimanche matin) conserve une bonne partie d'une fresque de Pietro Cavallini, un *Jugement dernier* peint dans les dernières années du XIIe siècle.

Monastère de Sainte-Cécile du Trastévère.

ENTREVUE AVEC LE PAPE

Le pape François maintient la tradition des audiences papales. Celles-ci ont lieu tous les mercredis à 10h30 sur la place Saint-Pierre ou bien dans la salle Paul VI en cas de mauvais temps. Les audiences sont gratuites, mais il est indispensables de réserver vos places, au moins 15 jours à l'avance. La demande est à soumettre par écrit uniquement par courrier postal ou par fax à la Prefettura della Casa Pontificia (Città del Vaticano, 00120, fax 06 69 88 58 63, www.vatican.va/various/prefettura) ou au Centre d'Accueil des Touristes et des Pèlerins (Via Santa Giovanna d'Arco 10, fax 06 68 19 24 64, www.centreaccueilrome.com). N'oubliez pas de préciser dans votre demande le nombre de personnes, votre nom, votre adresse postale et votre téléphone. Les billets sont à retirer la veille de l'audience de 15h à 20h ou le jour même à partir de 8h à la Porte de Bronze du Palais apostolique (place Saint-Pierre, colonnade de droite).

Sans cela, vous aurez également l'occasion d'apercevoir le pontife tous les dimanches à 12h (quand il est à Rome) lors de la célébration de l'Angelus : il donne en cette occasion une brève homélie suivie par une bénédiction, depuis son balcon qui donne sur la place Saint-Pierre.

Pont Sant'Angelo orné de statues baroques et château Saint-Ange.

CASTEL SANT'ANGELO (CHÂTEAU SAINT ANGE) ★★

Lungotevere Castello, 50
✆ +39 06 68 19 111
www.castelsantangelo.com
Bus 40.

Ouvert du lundi au mercredi, de 9h à 19h30 et du jeudi au dimanche, de 9h à 00h. Entrée : 15 € ; 7,50 € après 19h30.

Essayez donc d'y arriver par le Ponte Sant'Angelo, orné de ses statues baroques, dont les superbes anges de Bernin qui portent chacun un instrument du calvaire du Christ. On jouit en plus d'une très belle vue sur le Vatican. Le château fut conçu par l'empereur Hadrien pour servir de tombeau à sa famille, en 135 de notre ère. La base carrée de 89 m de côté porte un haut cylindre de 64 m de diamètre, surmonté d'un tertre boisé et d'un autel. A l'époque d'Aurélien, le château devient forteresse et prison, puis résidence papale au XVe siècle où est construit un corridor jusqu'à Saint-Pierre. Une précaution qui sera bien utile durant le sac de Rome ! Clément VII et Paul III se font ensuite construire (1520-1530) les superbes appartements que l'on visite aujourd'hui. A proximité de la bibliothèque, ne pas manquer un ensemble de coffres en bois contenant jadis les archives secrètes du Vatican. De là, on peut atteindre la terrasse supérieure surmontée de l'archange saint Michel en bronze. Tout en admirant le panorama et la vue de Saint-Pierre, vous vous souviendrez de la scène finale de *Tosca*, d'après l'opéra de Puccini, tournée par Franco Zeffirelli à cet endroit.

CHIESA DI SAN PIETRO IN MONTORIO

Piazza San Pietro in Montorio, 2
Trastevere
✆ +39 06 58 13 940
www.sanpietroinmontorio.it
Bus n° 44, 75, 710, 870, 115.

Ouvert de 8h30 à 12h et de 15h à 16h (sauf dimanche et jours fériés).

Un lieu de grande quiétude sur le Janicule. Eglise Renaissance construite pour le roi d'Espagne, Ferdinand II, au début du XVIe siècle, sur le lieu supposé du martyre de saint Pierre. Béatrice Cenci, celle qui fit assassiner son père, l'affreux Francesco, y repose. Dans la cour du couvent de l'église, Bramante a construit l'une des architectures les plus abouties de la Renaissance, le Tempietto (début XVIe siècle). Petit temple cylindrique, entouré d'une colonnade, il est l'archétype de la perfection des formes et des proportions par les humanistes de l'époque.

COLLE DEL GIANICOLO (JANICULE) ★

Trastevere

Il s'agit de cette colline qui borde Rome à l'ouest, entre le Vatican et le Trastevere, et qui marquait la frontière du pays étrusque. Janus, l'un des dieux de la fondation de Rome, s'installa sur le Janicule. Il avait deux visages qui regardaient dans deux directions opposées. C'était le dieu du Passage (d'où le mois de janvier) et de la Guerre. Les portes de son temple sur le Forum étaient ouvertes en temps de guerre et fermées en temps de paix. C'est aussi par le Janicule que Garibaldi attaqua Rome en 1849, sans pouvoir s'emparer de la ville, et c'est pourquoi on peut y voir sa statue.

FONTANA DELL'ACQUA PAOLA

Via Garibaldi

Trastevere

Sur le Janicule, à proximité de l'église San Pietro in Montorio se trouve la majestueuse fontaine dell'Acqua Paola, qui marque l'arrivée de l'aqueduc de Trajan. Erigée en 1612, elle se compose de trois arches constituant un seul et unique arc de triomphe qui rappelle la fontaine dell'Acqua Felice située en face de Santa Maria della Vittoria. Elle est du même artiste, Fontana. On salue au passage *Garibaldi sur son cheval*, en haut d'un socle monstrueux selon les habitudes grandiloquentes de l'époque (1895), avant d'atteindre l'Ospedale del Bambino Gesù et la petite église de Sant'Onofrio. C'est là que mourut le Tasse en 1595. Chateaubriand y versa des larmes, une longue citation des *Mémoires d'outre-tombe* est gravée sur la façade de l'église. La vue est splendide.

La place de Trastevere de Rome.

■ GALLERIA NAZIONALE D'ARTE ANTICA ★★

Palazzo Corsini
Via della Lungara, 10
Trastevere ✆ +39 06 688 023 23
www.barberinicorsini.org
Ouvert de 8h30 à 19h. Fermé le mardi. Billet combiné avec la Galleria Barberini 12 €.

Construit au XVe siècle par un neveu de Sixte IV, devenu ensuite propriété des Corsini, il fut la résidence à Rome de la reine Christine de Suède (qui d'ailleurs y mourut), puis de Joseph Bonaparte. Acquis par l'Etat italien en 1883, il abrite la collection d'œuvres d'art des Corsini avec des toiles d'artistes majeurs : le Caravage, Van Dyck, Poussin... Voir surtout *Salomé et la tête de Baptiste* de Guido Reni, ou le petit tryptique du *Jugement dernier* de Fra Angelico. Le palais est également le siège de l'Académie des Lynx, la plus ancienne des académies de Rome dont Galilée fut membre (1603) et qui est connue pour sa fabuleuse bibliothèque de plus de 100 000 volumes.

■ MUSEI VATICANI ★★★★

Viale Vaticano
✆ 39 06 6988 4676
Voir page 16.

■ MUSEO DI ROMA IN TRASTEVERE ★

1 B Piazza Sant'Egidio
✆ +39 06 06 08
www.museodiromaintrastevere.it
museodiroma.trastevere@comune.roma.it
Bus 125.
Ouvert du mardi au dimanche de 10h à 20h. Entrée 6 €, réduit 5 €.

Situé dans l'ancien monastère de Sant'Egidio, l'édifice a été transformé en musée en 1976 et rénové en 2000. Les expositions permanentes sont dédiées à la vie quotidienne dans la Rome des XVIIIe et XIXe siècles. Métiers traditionnels (l'écrivain public, le pharmacien, le tavernier), traditions festives et religieuses sont présentés à travers gravures, aquarelles, dessins et personnages en cire. Au rez-de-chaussée, des expositions temporaires

Galleria Nazionale d'Arte Antica.

Piazza di Santa Maria in Trastevere.

sont également organisées, avec une grande place accordée à la photographie.

PIAZZA SANTA MARIA IN TRASTEVERE ★★

Piazza Santa Maria in Trastevere
Trastevere

Vous y passerez forcément lors d'une balade dans le Trastevere. La piazza de Santa Maria avec sa jolie fontaine de Bernin, son église et son décor du XVIIe siècle en est le centre.

C'est le lieu de retrouvailles des familles en quête de fraîcheur, des touristes qui se prélassent en terrasse et des fêtards le soir. De là, partez vous perdre dans les *vicoli*, ces petits passages populaires suspendus dans le temps.

VILLA FARNESINA ★

Via della Lungara, 230
Trastevere
✆ +39 06 680 272 68
www.villafarnesina.it
farnesina@lincei.it

Ouvert du lundi au samedi de 9h à 14h et tous les deuxièmes dimanches du mois, de 9h à 17h. Entrée : 10 €.

Un joyau de la Renaissance ! Cette résidence entourée de jardins fut bâtie pour accueillir les fêtes du richissime Agostini Chigi, le banquier des papes. Elle fut plus tard rachetée par Alexandre Farnèse, d'où son nom. Les meilleurs artistes de l'époque ont participé à l'ouvrage. Son architecte Baldassare Peruzzi (qui a également construit le palais Corsini) a décoré les salons du premier étage de peintures en trompe-l'œil ainsi que les voûtes de la *Loggia di Galatea* sur le thème des constellations. Raphaël, le protégé de Chigi, y a réalisé deux de ses chefs-d'œuvre avec le *Triomphe de Galatée*, représentant la nymphe sur un char tiré par des dauphins, et les plafonds de la galerie Psyché. A voir aussi les travaux de Sebastiano Del Piombo (scénettes inspirées des *Métamorphoses* d'Ovide et les *Amours de Galatée avec le cyclope*) et du Sodoma (*Noces d'Alexandre et de Roxane*).

VILLA SCIARRA

Viale delle Mura Gianicolensi, 11
Trastevere

Il y a trois entrées qui se trouvent via Dandolo, viale delle Mura Gianicolensi et via Calandrelli.

Les amoureux des jardins vont se régaler ! Située entre le quartier du nouveau Monteverde et du Trastevere, la villa Sciarra est l'une des plus petites villas romaines, mais aussi l'une des plus belles. C'est un lieu de promenade idéal avec ses petits jardins reliés entre eux par de grandes allées bordées d'arbres, révélant des angles de vue insoupçonnés, surtout dans la partie haute du parc. Le parc a une superficie d'environ 8 000 m^2 et est essentiellement constitué d'espèces exotiques (58 espèces en provenance de l'Amérique et de l'Asie). Les arbres à fruits sont également nombreux, ainsi que les plantes typiques de la végétation méditerranéenne.

VILLA DORIA PAMPHILI ★★

Entrées via Aurelia Antica, via Leone XIII, via della Nocetta, via Vitellia et via San Pancrazio.

Seuls les parcs sont accessibles. Ouvert du lever au coucher de soleil. Entrée libre.

Avec ses 180 ha, c'est, à l'est du Trastevere, la plus grande des villas historiques de Rome et il faudrait bien une demi-journée pour en faire le tour ! Cela dit, il est possible de voir les principaux sites en deux heures : le lac situé au milieu du parc et ses canaux, le jardin du théâtre et le casino du Bel Respiro, le jardin des serres et les jardins secrets, la chapelle Doria Pamphili de style néogothique. Le noyau initial de la villa a été réalisé par Camillo Pamphili, neveu du pape Innocent X, au milieu du XVIe siècle. Le lieu avait été choisi en raison de la présence d'eau et surtout de sa proximité avec le Vatican, un passage souterrain reliait d'ailleurs Saint-Pierre avec l'édifice le plus important de la villa, le Casino.

SE RESTAURER

Les restaurants n'abondent pas dans le quartier du Vatican, en tout cas aux abords de la Cité où il n'y a pas grand-

Villa Doria Pamphili.

chose à faire en dehors des visites. Pour un peu d'animation, il faut vous diriger vers le Tibre dans le quartier de Prati où l'on trouve même des adresses branchées intéressantes. Ne parlons pas du Janicule qui est un lieu de promenade et non de vie. En revanche, dans le Trastevere, c'est tout l'inverse ! La concentration de restaurants est impressionnante dans la mouvance *trattoria* traditionnelle. Certaines adresses sont effectivement authentiques, mais attention on y trouve le meilleur comme le pire !

SUR LE POUCE

DUECENTOGRADI

Piazza del Risorgimento, 3
✆ +39 06 39 75 42 39
www.duecentogradi.it
info@duecentogradi.it
M° Ottaviano.
Tous les jours de 10h à 20h. Panini entre 4 et 7 €.
A 300 mètres de la place Saint-Pierre, une adresse de ce genre est une perle rare. Duecentogradi propose plus de 60 types de *panini*, tous nommés d'après une place romaine, dont le pain est fabriqué sur place et cuit (logiquement) à 200 °C. Les garnitures sont pléthoriques, de la fleur de courgette à la tranche de rôti de porc, en passant par les épinards et la *mortadella*.

PIZZARIUM BONCI

Via della Meloria, 43
Vatican
✆ +39 063 974 5416
M° Cipro.
Ouvert tous les jours de 11h à 22h, le diman-che à partir de 12h. Pizza au poids.
Concept original : après-guerre, Gabriele Bonci, boulanger futé, proposa de vendre aux ouvriers du quartier ses pizzas au poids et non à l'unité. Succès immédiat, pour une coutume qui continue de nos jours dans ce petit troquet où vous trouverez l'une des meilleures pizzas *al taglio* de la capitale. Garnitures uniques comme le poulpe, le roast beef ou du raisin.

Autre adresse : Panificio, Via Trionfale 36, ✆ +39 06 397 344 57, fermé le dimanche après-midi.

VULIÒ

Via degli Scipioni, 55
✆ +39 06 397 33825
www.vuliopuglia.it
Ouvert tous les jours de 11h à 22h. En hiver, en semaine, jusqu'à 20h. Addition : entre 7 et 10 €.
Vuliò est notre coup de cœur pour manger sur le pouce près du Vatican ! Les produits des Pouilles, dont sont originaires les propriétaires, sont mis en valeur sur des tartines de pain gourmandes ! Tout est frais et de saison. On trouve aussi des salades ou des soupes, selon la saison.

PAUSE GOURMANDE

BISCOTTIFICIO INNOCENTI

Via della Luce, 21
Trastevere ✆ +39 06 580 3926
Ouvert du lundi au samedi de 8h à 20h et le dimanche de 9h à 14h.
Frappe, castagnole, tozzetti con le mandorle sont quelques-unes des douceurs proposées dans cette caverne d'Ali Baba du biscuit au cœur du Trastevere. Les étudiants l'adorent ! Si vous préférez le salé, pas de problème, il y a aussi des petits fours et des mini-pizzas à emporter.

FELIZIANI

Via Candia, 61
Vatican
✆ +39 06 3973 7362
Ouvert tous jours sauf le dimanche de 7h30 à 20h30.
Pour bien commencer la journée, rien ne vaut un bon cappuccino accompagné d'une pâtisserie italienne chez Feliziani. Idéal également pour une pause déjeuner avant ou après la visite des musées du Vatican. Pizzas, sandwiches et salades à disposition. Apéritif à partir de 18h.

GELATERIA LA ROMANA

Via Cola di Rienzo, 2
✆ +39 06 32 60 92 51
www.gelateriaromana.com
Ouvert tous les jours de 11h à 0h. Glace à partir de 2,50 €. Plusieurs adresses à Rome, consultez le site.
Il y a des *gelaterie* qu'on n'oublie pas, et La Romana en fait partie ! C'est un véritable coup de cœur, même si les puristes de la glace contesteront son côté peut-être moins artisanal... Toutefois, La Romana propose des goûts à tomber et, en bonus, vous pourrez même ajouter du chocolat (gianduja ou blanc) dans votre cône !

OTALEG

Via di S. Cosimato, 14a
✆ +39 375 58 12 546
Ouvert tous les jours de midi à 22h (minuit le vendredi et le samedi).
Otaleg (comprenez *gelato* à l'envers) est selon nous l'un des meilleurs glaciers du Trastevere.
On utilise ici des produits de saison et les goûts sont originaux et toujours savoureux : la glace à l'arachide est à tomber !

BIEN ET PAS CHER

BIR&FUD

Via Benedetta, 23
✆ +39 06 5894016
Ouvert de 18h à 2h du lundi au jeudi, de 12h à 2h du vendredi au dimanche.
Une adresse de locaux, au cœur même du Trastevere ! Bir&Fud a réussi à séduire les Romains qui désertent souvent ce quartier touristique. Les pizzas sont bonnes et copieuses : le *calzone Porco pistacchio* à la mortadelle et au pesto de pistaches est plus que conseillé ! Vous trouverez aussi des hamburgers et des *antipasti fritti* succulents. La terrasse est charmante et, en attendant votre table, vous pourrez déguster une savoureuse bière artisanale au comptoir !

CAJO E GAJO

Piazza San Calisto
✆ +39 06 581 8256
www.cajoegajo.it – info@cajoegajo.it
Ouvert tous les jours de 10h à 2h. Comptez 10 € le plat de pâte et 6 € les artichauts à la juive.
Cette cantine moderne mise sur l'humour, la décontraction et une carte sans prétention avec une poignée de pizzas, salades, pâtes et antipasti simples et goûteux. Artichauts à la juive et autres spécialités romaines à prix abordables.

DA LUCIA

Vicolo del Mattonato, 2B
Trastevere ✆ +39 658 036 01
Ouvert du mardi au dimanche de 12h30 à 15h30 et de 19h30 à minuit. Comptez 20 € pour un repas.
Une adresse familiale authentique, plebiscitée par locaux et touristes. A la carte : assortiment d'antipasti (dont le *pecorino* accompagné de miel),

gnocchi, calamars aux pois gourmands et, pour les amateurs, un ragoût de lapin succulent. Le service est efficace et sympathique, les portions copieuses et les prix restent doux.

DA MEO PATACCA

Piazza dei Mercanti, 30
Trastevere ✆ +39 06 581 6198
www.ristorantedameopatacca.com
Ouvert tous les jours. Comptez entre 25 € et 30 € par personne.
Plus proche du cabaret que de l'expérience gastronomique, Da Meo Patacca vous réserve une soirée plus qu'originale, au milieu de serveurs en costumes, qui poussent la chansonnette à chaque plat. Divertissant, et un poil *too much*.

FABRICA

Via Savonarola, 8
Vatican
✆ +39 06 397 255 14
www.fabricadicalisto.com
fabrica.id1923@hotmail.it
M° Ottaviano San Pietro.
Ouvert tous les jours sauf le lundi de 8h à minuit. Le dimanche : brunch et high tea. Environ 15 €.
Une ancienne menuiserie à deux pas des musées du Vatican qui a évolué en un charmant petit restaurant à la déco industrielle. Le buffet est servi sur une longue table proposant quiches, *focacce*, moussaka, brioches, plumcake, tarte au chocolat… et bien d'autres surprises.

L'ISOLA DELLA PIZZA

Via degli Scipioni, 47
Prati
✆ +39 06 397 334 83
www.isoladellapizza.com
info@isoladellapizza.com
M° Ottaviano San Pietro.
Ouvert de 12h30 à 15h et de 19h30 à 00h. Fermé le mercredi et au mois d'août. Comptez 15 €.
Cette pizzeria se trouve au centre du quartier Prati, tout proche des Musées du Vatican. On vient ici surtout pour l'atmosphère, sonore mais sympathique. Depuis presque une vingtaine d'années, Vito et Adele gèrent remarquablement cet établissement dont la notoriété va aujourd'hui au-delà du quartier.

TONNARELLO

Trastevere
Via della Paglia, 1
✆ +39 06 580 6404
www.tonnarello.it
info@tonnarello.it
Ouvert tous les jours de 8h à 1h. Service en continu.
A la carte, des spécialités romaines comme des *polpette* (des boulettes) accompagnées de chicpoulette de pommes de terre, des plats populaires comme le bœuf *stracceti* au vin rouge et roquette, ou des *pinse romana*, de petites pizzas croustillantes et moelleuses typiques. Belle terrasse étalée devant une église sous une tonnelle.

TRATTORIA DA OLINDO

Trastevere
Vicolo della Scala, 8
✆ +39 06 581 88 35
Ouvert du lundi à samedi de 12h à 14h30 et de 19h30 à 23h, fermé le dimanche. Addition : 20-30 €.
Un petit restaurant familial loin des attrape-touristes du quartier. Au menu, une cuisine très simple à base de deux ou trois spécialités romaines dont notamment *gli spaghetti caccio et pepe*. Ambiance un peu cantine ou repas à la maison mais les prix sont très doux et les plats sont frais.

BONNES TABLES

AI BOZZI

Piazza Giuditta Tavani Arquati, 107
✆ +39 06 581 6640
www.ristorantetrastevere.it
Ouvert tous les jours de 10h à 15h et de 19h à minuit. Comptez 30 € par personne.
Les amateurs de poissons et de fruits de mer auront l'embarras du choix : ici on met les richesses marines à l'honneur. A la carte : du poulpe, un tartare de bar, un carpaccio de loup de mer, un risotto à l'encre de seiche et aux artichauts...

L'ARCANGELO

Via Giuseppe Gioacchino Belli, 59
✆ +39 06 3210992
www.larcangelo.com
info@larcangelo.com
Fermé samedi midi et dimanche. Addition 28-48 €.
Le restaurant feutré d'Arcangelo Dandini, un chef amoureux de son métier qui traduit par le mélange des saveurs tout son amour pour la cuisine romaine. Tentez le *raviolo di cipollata*, une recette de la Renaissance ou encore « l'Arcangelo aux enfers », un pigeon rôti à la moutarde et à l'encens. Aux murs des photos de la Rome d'autrefois.

LA CALETTA ST.PETER

Vatican
Via Aurelia 74, Porta cavalleggeri, Saint-Pierre
✆ +39 06 6440 0375
www.la-caletta.com
info@la-caletta.com
Ouvert de 12h30 à 15h30 et de 19h à 22h30, fermé le dimanche et le lundi midi. Comptez 40 € par personne.
Grâce à un arrivage quotidien privilégié de poissons et fruits de mer de Ponza, dans le golfe de Gaeta, la cuisine met à l'honneur les tartares, carpaccios et filets de poisson. Les assiettes sont généreuses, sophistiquées et créatives, l'addition un peu salée.

HOSTERIA DEI NUMERI PRIMI

Via del Politeama, 8
✆ +39 06 6456 2693
Ouvert tous les soirs sauf mardi de 19h30 à 23h. Comptez 40 € par personne minimum.
De l'extérieur, le restaurant ne paye pas de mine. En revanche les tables sont prises d'assaut par les Romains qui connaissent la saveur de ses assiettes, à prix égal à celui d'une trattoria classique. Allez-y un soir en semaine ou réservez pour avoir la chance de goûter à ses spécialités certes romaines, mais d'une originalité et d'une qualité remarquables. Mention spéciale pour le poulpe en réduction de vin et sa soupe de potiron en entrée, aux raviolis maison de burrata et gambas et à sa tranche de bœuf argentin aux pistaches, un délice.

LA SOFFITTA RENOVATIO

Piazza Risorgimento, 46A
✆ +39 06 688 929 77
www.lasoffittarenovatio.it
M° Ottaviano San Pietro.
Ouvert tous les jours sans interruption. Comptez environ 25 à 40 € par personne.
La pizzeria napolitaine dans toute sa splendeur. Tenue par la famille Di Michele, originaire des Abruzzes, l'établissement mise sur la tradition,

ce qui lui réussit plutôt bien ! Au menu : pizzas individuelles, à partager, plats de pâtes, de viande et de poisson.

ROMA SPARITA
Piazza Santa Cecilia, 24
Trastevere ✆ +39 06 580 07 57
www.romasparita.com
Ouvert de 12h30 à 14h30 et de 19h30 à 23h30. Fermé dimanche soir et lundi. L'été, dimanche et lundi midi.
Une belle terrasse, quelques tables en intérieur et une tradition romaine font la réputation de ce restaurant ! Pensez à réserver pour goûter aux classiques *coda alla vaccinara*, une queue de bœuf à la romaine qui baigne dans une savoureuse sauce tomate ou bien *les tagliolini cacio e pepe.* Ces pâtes sont ici servies dans une coque au pecorino, un régal !

LA TAVERNA TRILUSSA
Via del Politeama, 23
✆ +39 06 581 8918
www.tavernatrilussa.it
Ouvert uniquement le soir de 18h à minuit. Fermé le dimanche. Addition : 35-60 €.
Le service laisse parfois à désirer, mais cette table du Trastevere fait quasiment l'unanimité tant auprès des touristes que des Romains qui la fréquentent en nombre. On s'attable sous les vignes d'une magnifique terrasse devant des plats de pâtes qui font la réputation du lieu. Ne manquez pas les *buccatini alla gricia.*

TRATTORIA « DA PAOLO »
via San Francesco a Ripa, 92
✆ +39 06 58 00 540
Ligne 44.
Ouvert de 12h à 00h. Fermé le dimanche. Primi piatti à partir de 7 € (pasta à 8 €), secondi à partir de 10 €.

Taverna Trilussa dans le quartier de Trastevere.

Cuisine familiale et réputée, la Trattoria « da Paolo » est une valeur gustative sûre. Des plats du jour sont proposés et garantissent un dépaysement de saison. Tout est fait maison.

TRATTORIA DA TEO
Piazza Ponziani, 7A
Trastevere
✆ +39 06 581 83 55
Ouvert de 13h à 15h et de 20h à 23h30. Fermé le dimanche. Addition autour de 30 €.
Adresse favorite des Romains de tout âge, Da Teo garde l'attractivité authentique des vieux bistrots. Dans une rue tranquille à l'écart des rues touristiques, la réservation est ici vivement conseillée. A déguster, les fritures d'anchois, les pâtes au homard ou les tripes à la romaine. Voici une petite touche du Trastevere populaire d'autrefois.

VII COORTE

Piazza Sidney Sonnino, 29
✆ +39 064 544 5105
viicoorte@gmail.com
Ouvert tous les jours le soir, du lundi au vendredi et également le midi samedi et dimanche. Compter environ de 40 à 50 € sans boissons.

Ce restaurant se distingue par sa plaisante terrasse au premier étage et par sa carte qui fait la part belle aux spécialités de la mer. Le poulpe, la morue, les gambas, divers poissons, des calamars sont délicieusement préparés en *antipasti* comme en plat, suivant des recettes de cuisine romaine revisitées. On peut citer le *tonnarelli* de poulpe *pecorino* et *pachino* (tomate), ou les *paccheri all'amatriciana di mare*, des pâtes aux fruits de mer.

LUXE

ANTICA PESA

Via Garibaldi, 18
Trastevere ✆ +39 06 580 9236
www.anticapesa.it
info@anticapesa.it
Ouvert de 19h30 à 23h. Fermé le dimanche. A partir de 65 € par personne.

Une grande table, dotée d'un chef particulièrement talentueux. Ce restaurant, qui existe depuis 1922, déroule ses nappes blanches dans une jolie salle et en plein air dans un grand patio. Les plats sont sophistiqués, les saveurs originalement mariées. On peut citer le tentant poulpe grillé aux lentilles vertes et vinaigre rouge en préliminaire d'un carré d'agneau en croûte de sel et romarin avec ses fameuses *puntarelle alla romana*. Divin.

GLASS HOSTARIA

Vicolo del Cinque 58
✆ +39 06 583 359 03
www.glass-hostaria.com
infoglass@libero.it
Ouvert tous les soirs de 19h30 à 23h sauf le lundi. Menu de dégustation à 90 € à 150 €.

Décor sophistiqué et design pour une cuisine fusion, contemporaine et légère : telle est la recette du Glass Hostaria, le dernier restaurant chic et

Glass Hostaria.

branché de Trastevere, sous la houlette du chef Cristina Bowerman, étoilée au Michelin. Le menu suit les variations des saisons et varie progressivement. En hiver le filet de bœuf au chocolat, champignon et foie gras est une expérience gastronomique aussi osée que divine. Des menus dégustation, dont un végétarien, sont proposés aux palais les plus aventureux.

SHOPPING

Tout le long de la via della Conziliazone qui mène à la basilique Saint-Pierre, les magasins proposent des souvenirs et des articles religieux. Pour le shopping dans le quartier du Vatican, direction Prati et en particulier la via Cola di Rienzo. On y trouve des enseignes comme Guess, Diesel, Miss Sixty, Mango, Calvin Klein, beaucoup de magasins de chaussures, des épiceries fines... Autre ambiance dans le Trastevere dont les ruelles sont plutôt le repaire de quelques jeunes créateurs qui proposent leurs objets dans de minuscules boutiques. A ne pas manquer le dimanche matin, le marché aux puces de Porta Portese.

ARTIGIANINO

Vicolo de' Cinque, 49
Trastevere
✆ + 39 06 88 97 14 30
www.artigianino.com
alessiadori.artigianino@gmail.com
Ouvert la semaine, de 11h à 13h30 et de 16h à 21h. Jusqu'à 23h le samedi. Le dimanche, de 16h à 21h.
Toute une gamme colorée de portefeuilles, de sacs, de sacoches ou de mallettes et valises en cuir, made in Rome. Les lignes de certaines créations sont très originales, et d'autres plus classique. A chacun ses goûts ! Plusieurs boutiques dans Rome.

Autres adresses : Via Appia Nuova 187, M° Re di Roma • Via Appia Nuova, 133. M° Re di Roma

CASTRONI

Via Cola di Rienzo, 196
✆ +39 06 39723279
www.castroni.it – info@castroni.it
M° Ottaviano-S.Pietro.
Ouvert du lundi au samedi de 7h30 à 20h.
Epicerie à tout faire, cafétéria et quincaillerie, Castroni est un peu le bazar de la ville d'où l'on ressort toujours avec quelque chose. Entre bonbons et confitures, prendre un petit café au comptoir, histoire de se redonner du tonus.

Autres adresses : Via Frattina,79 • Via Nazionale, 71 • Via Ottaviano, 55

DROGHERIA INNOCENZI

Via Natale del Grande, 31
Trastevere
✆ +39 06 581 2725
Du lundi au samedi de 8h à 13h30 et de 16h30 à 20h. Fermé le samedi après-midi.
Un vrai bazar romain où, il faut bien l'avouer, il est difficile de s'y retrouver. Mais en fouillant bien, vous trouverez ici la liste complète des produits de l'épicerie fine italienne : pâtes, sauces, riz et risotti, liqueurs et conserves en tout genre.

MARCHÉ AUX PUCES DE PORTA PORTESE

Trastevere, Via di Porta Portese
Trastevere
www.portaportesemarket.it
portaportese@portaportesemarket.it
Tous les dimanches de 6h à 14h environ.

L'un des plus grands marchés au puces d'Europe, avec son lot de bonnes affaires et autres babioles en tout genre. C'est aussi le temple de la fripe à Rome ! Un vrai coup de cœur.

OUTLET GENTE

Via Cola di Rienzo, 246
✆ +39 06 689 2672
www.genteroma.it
customerservice@genteroma.it
Ouvert du mardi au samedi de 10h30 à 19h30, le lundi de 15h30 à 19h30, dimanche de 11h30 à 19h30.
Le meilleur de la mode italienne jusqu'à -50 % ! Cet outlet récupère les stocks Gente des années précédentes et les revend à bas prix. Une aubaine !

SECONDOME

Via Giovanni da Castel Bolognese, 81
Trastevere
✆ +39 06 87 72 86 50
www.secondome.biz
info@secondome.biz
Du lundi au vendredi de 10h à 19h.
Des pièces en édition limitée de jeunes créateurs italiens et étrangers vous attendent dans ce temple du design romain. Les prix sont élevés, mais l'originalité des formes et des couleurs vaut le détour.

SORTIR

On s'en doute, le quartier du Vatican, siège de l'Eglise catholique, n'est pas le meilleur endroit de la ville pour passer des soirées trépidantes. Une adresse à retenir toutefois, le club de jazz Alexanderplatz. Le Trastevere en revanche semble s'éveiller au coucher du soleil et draine les foules jusque tard dans la nuit. Les bars y sont nombreux, du petit troquet au grand café branché. Il est aussi bien agréable de flâner sur la place Santa Maria pour observer le manège. Mais, si vous avez prévu de danser jusqu'au bout de la nuit, il faudra retraverser le Tibre et descendre dans le quartier du Testaccio (hors les murs).

Restaurant dans une ruelle du Trastevere.

La basilique Saint-Pierre et le Tibre de nuit.

CAFÉS – BARS

ALEXANDERPLATZ JAZZ CLUB

Via Ostia, 9
Vatican
✆ +39 06 837 75604
www.alexanderplatzjazzclub.com
prenotazioni.alexanderplatz@gmail.com

Ouvert tous les jours à partir de 20h30. Réservation indispensable.

L'unique lieu de fête du Vatican, ou en tout cas le plus mythique. Vous pénétrez ici dans le plus ancien club de jazz d'Italie, où de nombreuses stars internationales ont joué. Les concerts débutent à 22h. En été, le club ferme et les concerts se déplacent au festival de jazz de Celimontana.

ANTICO CAFFÉ DEL MORO

Via del Moro, 38
Trastevere
✆ +39 06 581 6261

Ouvert tous les jours de 16h à 1h, du vendredi au lundi à partir de midi.

Alexanderplatz Jazz club dans le quartier du Prati.

Voici la plus vieille enseigne de Rome après celle du caffé Greco. Au croisement de deux ruelles vivantes de Trastevere, ce bar à l'ancienne sert des petits expressos bien corsés ainsi que des bons cocktails à l'heure de l'apéro.

BANCHINA 63

Via Emilio Faà di Bruno, 63
✆ +39 06 69412199
www.banchina63.it
info@banchina63.it

Ouvert tous les jours de 12h à 15h et de 19h30 à 1h.

Pour un apéro à base de poisson extra frais, arrivé tout droit des mers de Sicile, voici un « fish &amp ; cocktail bar » ouvert par deux copains qui rêvent de visiter le monde en bateau à voile. On s'assied au comptoir pour commencer une dégustation de crus de poissons, d'huîtres et de crustacés, accompagnés d'une flûte de champagne ou d'un cocktail préparé par un barman expert. Ceux qui souhaitent pourront poursuivre le repas au restaurant annexe.

BAR GIANICOLO

Piazzale Aurelio 5
✆ +39 06 580 6275

Ouvert de 9h à 17h tous les jours.

Le café du quartier, au sommet de la colline du Gianicolo, avec ses chaises en plastique, son comptoir très années 1980 et ses photos de footballers aux murs. Une vraie pépite hors des sentiers battus, pour une pause café 100 % romaine !

BIG MAMA

Vicolo di San Francesco a Ripa 18
✆ +39 06 581 2551
www.bigmama.it

Ouvert tous les jours de 21h à 1h30. Les concerts commencent à 22h30. Prix de l'entrée variable. Fermeture estivale.
Amateurs de blues, voici votre temple ! D'excellents musiciens de toutes les nationalités se produisent dans cette cave qui pourrait bien rivaliser avec les clubs de Harlem. Une ambiance très authentique donc. Certains soirs, la musique prend des consonnances jazz ou ethniques mais la qualité n'est jamais démentie. Ah, si ! Pensez à réserver pour être sûr d'avoir une table.

ENOTECA FERRARA
Plazza Trilussa, 41
Trastevere
✆ +39 06 58 33 39 20
www.enotecaferrara.it
info@enotecaferrara.it
Ouvert de 12h30 à 16h et de 19h30 à 23h. Bar de 18h à 2h.
Original, ce bar à vin tendance occupe les murs d'un ancien couvent. Peu ou pas signalé, trouver cette *enoteca* se mérite ; à l'intérieur un éclairage intimiste sous des voûtes centenaires, une carte de mille vins bien identifiés et une cuisine raffinée sont les clefs de la réussite de ce lieu auprès des Romains.

FRENI E FRIZIONI
Via del Politeama, 4
Trastevere
✆ +39 06 454 974 99
www.freniefrizioni.com
info@freniefrizioni.com
Ouvert tous les jours de 18h30 à 2h.
Pour passer une soirée branchée et se frotter à la jeunesse romaine, rendez-vous à l'heure de l'*aperitivo* dans ce bar à cocktails. Toutes les créations sont originales et bien dosées, surtout celles au rhum. Dans un décor industriel, on jouit d'un buffet bien garni et d'une bonne musique, encore plus appréciable en terrasse, l'été.

LIVE ALCAZAR
Trastevere
Via Cardinale Merry del Val, 14
www.livealcazar.com
info@livealcazar.com
Live de 19h à 2h.
Ce nouveau lieu de vie nocturne à Trastevere est palpitant. Du dimanche au mardi, ciné-club. Du lundi au samedi, en happy hour, *aperitivo* buffet, avec à la carte cocktails créatifs. Mercredi : théâtre, cabaret, piano show et DJ set. Jeudi : jam session. Vendredi et samedi : soul R&B, funk et jazz d'artistes locaux, internationaux et résidents. Plus tard, l'ambiance s'échauffe en mode club. Dimanche : brunch buffet musical jazz, jazz manouche et swing.

OMBRE ROSSE
Trastevere
Piazza di Sant'Egidio, 12
✆ +39 06 588 4155
www.ombrerosseintrastevere.it
info@ombrerosseintrastevere.it
Tous les jours 10h-2h.
Voilà une nouvelle adresse branchée de Trastevere, qui met autant de soin à préparer ses cocktails que choisir sa musique, car ici on peut assister à des concerts quasiment un jour sur deux. A la carte des burgers gourmets, des pâtes, des *antipasti* à prix plancher, et au son du jazz et du blues principalement.

PIMMS GOOD
Via Santa Dorotea, 8/9
Trastevere
✆ +39 06 972 77 979
www.pimmsgood.it
Ouvert tous les jours de 11h à 2h. Plats de 6 € à 15 €. Cocktail : 8 €.

Un bar à vins plutôt bien achalandé, dont la salle intérieure cultive une atmosphère tamisée. L'été, la terrasse est prise d'assaut. On aime s'y attabler, autour de petites assiettes de tapas gratuites (avec le verre de vin). Cafés, coktails et repas servis également.

SANTO TRASTEVERE

Via della Paglia, 40
✆ +39 06 5837 7020
www.santotrastevere.it
info@santotrastevere.it
De mardi à dimanche de 8h à 2h.
Ouvert en 2016 en tant que *cocktail bar* avec une palette de snacks réduite, aujourd'hui c'est une cuisine super bien équipée qui propose à l'apéro, comme au dîner, l'une des meilleures expériences culinaires de la ville. Ainsi des cocktails extravagants, imaginés par une barmaid talentueuse, ouvrent l'appétit pour le dîner accompagnés par quelques amuse-gueules en version tapas. A titre d'exemple : des calamars sautés avec des crackers au riz soufflé, sauce d'edamame, gelée d'oignon rouge au poivre et sauce teriyaki. Tout un programme !

SCIASCIA CAFFÉ

Via Fabio Massimo, 80/A
✆ +39 06 321 1580
M° Ottaviano – San Pietro.
Tous les jours de 7h à 20h. Autre adresse à Prati : via Sabotino, 35.
A quelques rues des Musées du Vatican, voici une adresse jalousement gardée par les Romains pour leur pause café. Depuis 1919, au Sciascia, on a pris le temps de bien s'entraîner à affiner les mélanges et à maîtriser l'art de faire mousser le lait. Des efforts bien récompensés car, en 2005, leur cappuccino a remporté le titre du meilleur d'Italie !

SPECTACLES

AUDITORIUM VIA DELLA CONCILIAZONE

Via della Conciliazone, 4
✆ +39 06 68 43 91
www.auditoriumconciliazione.it
info@auditoriumconciliazione.it
Programme en ligne.
L'Auditorium della Conciliazione est une prestigieuse salle de concerts, qui programme depuis les années 1930 les plus grands concerts de musique classique. Des chefs d'orchestre tels que Herbert Von Karajan ou Léonard Bernstein s'y sont produits.

NUOVO SACHER

Largo Ascianghi, 1
✆ +39 06 581 8116
www.sacherfilm.eu
sacherfilm@sacherfilm.eu
Les cinéphiles ne manqueront pas de se rendre dans ce cinéma de quartier dans le Trastevere, c'est l'antre du célèbre réalisateur romain Nanni Moretti. La programmation met en avant des films d'auteurs (italiens ou étrangers), projetés certains jours en version originale. Il y a également un bar, une librairie et des séances en plein air durant l'été. Une très jolie ambiance bohème y règne.

TEATRO INDIA

Lungotevere Vittorio Gassman, 1
✆ +39 06 684 00 0314
Temple de la performance et de la création, ce théâtre tient plus du centre d'expérimentation que de la salle classique. Pour les initiés et les curieux.

TERMINI, CELIO ET ESQUILIN

IMMANQUABLE DANS CE QUARTIER

- Visiter la basilique Saint-Jean-de-Latran.
- Visiter la Domus Aurea, la demeure de Néron.
- S'imaginer à l'époque des thermes de Dioclétien.
- Se recueillir dans la basilique de Santa Maria Maggiore
- S'arrêter devant la fontaine du Triton sur la piazza Barberini.

TERMINI, CELIO ET ESQUILIN
CITÉ UNIVERSITAIRE
MONTE VIMINALE
Musée
Curiosité
Gare ferroviaire
Edifice religieux
Station de métro
GARE CENTRALE DE TERMINI
Musée Nat. romain
Thermes de Dioclétien
Information
S. Maria d. Vittoria
Santa Susanna
Pal. Barberini
Aula Ottagona
S. Maria d. Angeli
Place de la République
Repubblica
Palazzo Massimo Musée Nat. romain
Termini
Teatro d. Opera
Palazzo delle esposizioni
Vers la fontaine des Tritons
Vers Open Colonna
S. Maria Maggiore
Pizza S. Maria Maggiore
S. Prassede
Vittorio Emanuele
Cavour
Largo Venosta
PIAZZA VITTORIO
Piazza Independenza
Piazza dei Cinquecento
Mura Serviane
Piazza S. Bernardo
Piazza d. Vinimale
Pizza d. Esquilino
Piazza M. Fanti
Piazza dei Siculi
Villa degli Ernici
Largo D. Osci
Piazza Immacolata
Via Leonica Bissolati
Via Barberini
Via XX Settembre
Via Torino
Via di Quattro Fontane
Via Modena
Via Nazionale
Via Napoli
V. Viminale
Via Palermo
Via Cesare Balbo
Via Urbana
Via S. Maria Magiore
Via Cavour
Via Paolina
V. di Olmata
V. Merulana
Via Giovanni Lanza
V. d. Statuto
Via Carlo Alberto
Via C. Cattaneo
Via Napoleone III
Via Principe Amedeo
Via Gioberti
Via Daniele Manin
Via Mendola
Via Giovanni Giolitti
Via L.
Viale E. De Nicola
Enaudi
Via Solferino
Via Volturno
Via Gaeta
Via Martino d'Batt
Via Vicenza
Via Marghera
Via Milazzo
Via Castro Pretorio
Via Palestro
Via Varese
Via Marsala
Via Storzesca
V. Mozambano
Viale dell'Università
Viale delle Scienze
Vialke Pietro Gobetti
Viale Pretoriano
Via dei
Frentani
Via dei Taurini
Viale Porta Tiburtina
Via dei Ramni
Viale Cesare de Lloris
Marrucini
Via dei Luceri
Via dei Corsi
Via Tiburtina
Via dei Volshi
Via degli Equi
dei Latini
Via Porta S. Lorenzo
V. Prin.
Via G. Giol
Via di

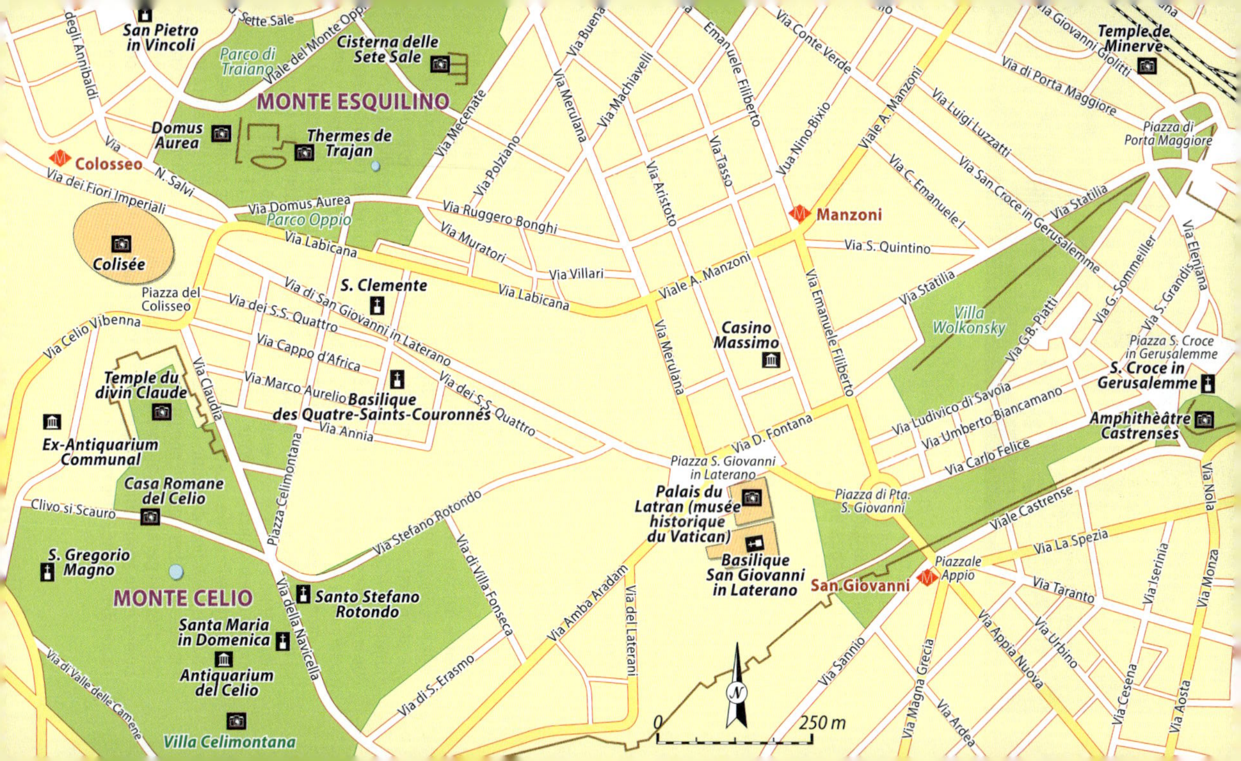
MONTE ESQUILINO
MONTE CELIO
San Pietro in Vincoli
Cisterna delle Sete Sale
Parco di Traiano
Domus Aurea
Thermes de Trajan
Colosseo
Colisée
Parco Oppio
S. Clemente
Basilique des Quatre-Saints-Couronnés
Temple du divin Claude
Ex-Antiquarium Communal
Casa Romane del Celio
S. Gregorio Magno
Santo Stefano Rotondo
Santa Maria in Domenica
Antiquarium del Celio
Villa Celimontana
Manzoni
Casino Massimo
Villa Wolkonsky
Temple de Minerve
Piazza di Porta Maggiore
Piazza S. Croce in Gerusalemme
S. Croce in Gerusalemme
Amphithéâtre Castrenses
Piazza S. Giovanni in Laterano
Palais du Latran (musée historique du Vatican)
Basilique San Giovanni in Laterano
Piazza di Pta. S. Giovanni
Piazzale Appio
San Giovanni
Piazza del Colisseo
Via dei Fiori Imperiali
Via Labicana
Via di San Giovanni in Laterano
Via Merulana
Viale A. Manzoni
Via Emanuele Filiberto
Via Statilia
Via San Croce in Gerusalemme
Via Celio Vibenna
Via Claudia
Via della Navicella
Via Stefano Rotondo
Via di Villa Fonseca
Via Amba Aradam
Via del Laterani
Via Appia Nuova
Via Magna Grecia
Viale Castrense
Via La Spezia
Via Taranto
Via Sannio
Via Ardea
Via Nola
Via Monza
Via Aosta
Via Cesena
Via Iserinia
Via Urbino
Via Carlo Felice
Via Umberto Biancamano
Via Ludivico di Savoia
Via D. Fontana
Via G.B. Piatti
Via G. Sommeiller
Via S. Grandis
Via Eleniana
Via di Porta Maggiore
Via Giovanni Giolitti
Via Luigi Luzzatti
Via C. Emanuele I
Via S. Quintino
Vua Nino Bixio
Via Conte Verde
Via Tasso
Via Aristoto
Via Machiavelli
Via Buena
Via Mecenate
Via Polziano
Via Ruggero Bonghi
Via Muratori
Via Villari
Via Domus Aurea
Viale del Monte Opp.
Sette Sale
degli Annibaldi
Via N. Salvi
Via dei S.S. Quattro
Via Cappo d'Africa
Via Marco Aurelio
Via Annia
Piazza Celimontana
Clivo si Scauro
Via di S. Erasmo
Via di Valle delle Camene
0
250 m

TERMINI, CELIO ET ESQUILIN

Pour beaucoup, c'est par la gare Termini que s'opère le premier contact avec la Ville éternelle. L'environnement est le même que dans toutes les gares d'Europe : larges avenues, circulation automobile, fast-foods. Pourtant, c'est autour de Termini, sur la colline de l'Esquilin, que l'on découvrira la plupart des églises paléochrétiennes de la ville !

Cette zone comprend d'abord l'axe reliant San Giovanni in Laterano à Santa Maria Maggiore, puis au palais Barberini, englobant la piazza della Repubicca, les thermes de Dioclétien et la partie nord de la via Cavour menant à la gare. C'est la face nord de la colline de l'Esquilin, qui est après le Quirinal voisin la plus haute colline de Rome. Le quartier de l'Esquilin, bien que choisi dans l'Antiquité comme lieu de résidence par des personnages comme Horace, Virgile et Properce, garda pendant des siècles une mauvaise réputation. Maudit et malsain à cause de la présence de marais, il était utilisé comme lieu de sépulture des esclaves, des prostituées et des condamnés à la peine capitale. Au Moyen Age, sorcières et nécromanciens le choisirent pour se réunir la nuit et célébrer leurs rites mystérieux. Ce n'est qu'après 1870 et l'élection de Rome comme capitale de l'Italie que l'Esquilin fut pris d'assaut par la spéculation immobilière et se transforma en quartier résidentiel constitué d'immeubles gris typiquement piémontais. Cependant, le quartier situé entre la gare Termini et la piazza Vittorio Emanuele garde encore une mauvaise réputation. La colline est dominée par l'église Santa Maria Maggiore ; au sud de celle-ci, l'Esquilin descend dans le quartier de Monti vers la via dei Fiori Imperiali.

Au nord de la gare de Termini, le quartier Castro-Pretorio doit son nom à la caserne de la garde prétorienne qui fut construite par Tibère. Il s'étend jusqu'à la via XX Settembre et la muraille d'Aurélien. En passant la porte Pia, on rejoint le quartier de Nomentana au nord et San Lorenzo à l'est. Le long de la via Marsala, qui longe la gare sur la face nord, se trouvent de nombreux hôtels, snacks et agences de voyage à destination des voyageurs à petit budget, tandis que la via Nazionale aligne magasins de mode et de chaussures bon marché.

Au sud-est de l'Esquilin, le mont Celio, également l'une des sept collines de la Rome antique, s'étend derrière le Colisée en direction de Saint-Jean-de-Latran. A l'époque romaine, il est occupé par de grands domaines patriciens et par des bâtiments militaires. Puis après le règne de Constantin, il devient le siège de l'Eglise catholique qui construit la plus grande église du monde, San Giovanni in Laterano. Dévasté par les Normands de Robert Guiscard au XIe siècle, puis délaissé par les papes qui s'exilent en Avignon puis se réinstallent au Vatican, le Celio est resté une zone quasi campagnarde à l'intérieur des murs. L'expansion urbaine de l'Italie du Risorgimento s'y est curieusement peu manifestée. Le quartier, très important du point de vue archéologique et historique, représente également une zone riche d'attractions et d'amusements. Dans les petites rues situées entre le Colisée et la basilique se trouvent de nombreux restaurants et trattorias romaines, restaurants internationaux et marchés de quartier à l'atmosphère typique. Pendant l'été, la villa Celimontana, l'une des villas les plus appréciées des Romains, devient un endroit où il est possible d'écouter de la musique (notamment un festival de jazz très connu) ou d'assister à des spectacles de cinéma en plein air. On trouve sur le Celio de vastes jardins, des couvents et des hôpitaux. C'est sans doute grâce à eux que les anciens édifices religieux ont été préservés. Au sud du Celio, derrière le viale delle Terme di Caracalla, on retrouve l'Aventino et la Rome antique qui se prolonge hors les murs vers la via Appia Antica et la colline du Testaccio.

VISITER

Entre les très nombreuses églises paléochrétiennes, des musées vraiment dignes d'intérêt et les jardins de la colline du Celio, voici un quartier de visite somme toute assez complet.

BASILICA DEI SANTI QUATTRO CORONATI ★

Via dei SS. Quattro Coronati
Celio
✆ +39 06 704 754 27
M° Colosseo.
Bus 85, 87, 117, 186, 571. Juste à côté de l'église San Clemente.
Ouvert de 9h à 12h30 et de 15h30 à 17h45.

La basilique des Quatre-Saints-Couronnés quasi fortifiée est à deux pas de San Clemente, sur les pentes du Celio. C'était en effet une défense avancée du Latran où résidait le pape. L'église primitive fut détruite en 1084 par Robert Guiscard, comme toutes ses voisines. L'édifice actuel fut construit au début du XIIe siècle par le pape Pascal II. Propriété des bénédictins jusqu'au XVe, il devint ensuite le domaine des sœurs augustines, qui l'occupent encore aujourd'hui, dans le couvent qui la jouxte. Elles y tiennent un hospice pour sourds-muets. Le porche du couvent franchi, il faut traverser une première cour avant d'atteindre l'église. Celle-ci, simple, à trois nefs, présente quelques belles fresques anciennes, sur le mur de l'entrée en particulier. L'abside a perdu ses mosaïques, remplacées au XVIIe siècle par des fresques qui racontent le martyre de quatre saints, sous Dioclétien. Mais, surtout, lors de la reconstruction, on a supprimé les anciennes nefs latérales, ce qui donne à l'abside des dimensions bizarres par rapport à la nef centrale et aux fresques du XVIIe, et quelque chose de démesuré.

BASILICA DI SAN CLEMENTE ★★

Piazza San Clemente
Celio
✆ +39 06 774 0021
www.basilicasanclemente.com
segreteria@basilicasanclemente.com
Entrée libre. Catacombes : de 9h à 12h30 et de 15h à 18h du lundi au samedi, le dimanche de 12h15 à 18h. Ticket : 10 €.

San Clemente est sans aucun doute l'un des monuments les plus représentatifs de l'époque paléochrétienne et médiévale à Rome. Elle mérite une longue visite et une étude approfondie. L'ensemble est complexe, puisqu'il comporte trois niveaux, qui donnent, soit dit en passant, une idée de l'élévation du niveau du sol au cours de l'histoire.
Le niveau inférieur est celui d'une habitation datant de l'époque républicaine, où fut installé au IIIe siècle un temple de Mithra, remplacé ensuite par un culte chrétien, probablement clandestin. Sur cette base, on construisit au IVe siècle une basilique dédiée au pape Clément (88-97 apr. J.-C.), le quatrième successeur de saint Pierre. Ravagée comme tous les environs par les Normands en 1084, elle fut reconstruite sur ses ruines au XIIe siècle, puis agrémentée au XVe et XVIIIe siècle.
L'église supérieure est une basilique à trois nefs, séparée par des colonnes antiques. Elle a conservé tous les éléments classiques des basiliques anciennes : le chœur, le presbyterium derrière l'arc triomphal et l'abside avec le siège épiscopal. Le pavement et la décoration du mobilier de marbre sont l'œuvre des Cosmates, mais les mosaïques de l'arc triomphal et de l'abside sont antérieures. Elles présentent un contraste entre les styles byzantin et romain. On peut voir l'agneau pascal entouré de douze agneaux représentant les apôtres avec, de part et d'autre, Jérusalem et Bethléem, l'Ancien et le Nouveau Testament. A côté, dans la chapelle de Sainte-Catherine d'Alexandrie, des fresques de Masolino Da Panicale qui datent de 1429 constituent l'un des rares témoignages à Rome de l'art florentin du début du XVe siècle.

BASILICA DI SAN GIOVANNI IN LATERANO ★★★

Piazza San Giovanni in Laterano, 4
San Giovanni
✆ +39 06 698 864 33
www.vatican.va
M° San Giovanni.

SAN LORENZO E IL PIGNETO, LES NOUVEAUX QUARTIERS À LA MODE

QUARTIERS SAN LORENZO ET PIGNETO ★

M° Castro Pretorio. Bus n° 38, 86, 92, 217, 360, 492.
San Lorenzo est un quartier situé au début de la via Tiburtina à côté de la gare Termini, à l'est du cœur historique. Quartier aux origines populaires et ouvrières, malgré une certaine « contamination » ces dernières années, il garde encore un style romain typique, et il suffit de s'y balader pour s'en apercevoir. En plein renouveau, il est adoré par un public d'étudiants qui trouvent ici de quoi sortir dans une bonne ambiance et à moindre coût. De même le quartier du Pigneto, au sud-est du centre, ancien quartier ouvrier, est aujourd'hui l'un des endroits les plus branchés de la capitale. Alternatifs, avant-gardistes et hipsters... l'animation est au rendez-vous pour tous.

Basilique San Giovanni in Laterano (Saint-Jean-de-Latran).

Ouvert tous les jours de 7h à 18h30. La sacristie est ouverte de 8h à 12h et de 16h à 18h. Entrée gratuite.
La plus ancienne église au monde, fondée en 311, est aussi le siège de l'archevêché de Rome. Rien à voir avec les églises intimistes anciennes et propices au recueillement qui vous ont été données de voir. Ici, l'Eglise triomphante affiche sa victoire sur le paganisme. C'est la cathédrale de Rome, et ce fut la première église de la chrétienté avant que les papes ne lui préfèrent le Vatican à leur retour d'Avignon. C'est Constantin, premier empereur catholique qui offrit le territoire du Latran à l'Eglise, qui resta jusqu'au début du XIVe siècle le siège de l'administration pontificale. Inutile d'insister sur les ravages opérés par les Barbares, les Normands, les tremblements de terre et l'abandon du XIVe siècle... A leur retour d'Avignon, bien qu'installés au Vatican, les papes Martin V, Léon X, Paul IV, et surtout Sixte Quint (1585-1590), remirent la basilique en état. C'est ce Latran maniériste et baroque que nous voyons aujourd'hui. La façade de 1738 en rajoute dans le grandiloquent. Sous le porche, à gauche, la statue de Constantin provient des thermes et les portes en bronze sont issues de la curie antique. Du plan basilical originel restent les cinq nefs. Mais Borromini a habillé les pilastres de marbre et a aménagé des niches pour les statues des douze apôtres. Au-dessus, on voit des médaillons aux armes d'Innocent X. Le transept représente le témoignage le plus parlant du maniérisme romain. Tout cela est très intimidant. La chapelle du Saint-Sacrement offre quatre colonnes antiques couvertes de bronze doré. Unique ! Dans l'abside, les mosaïques de Jacopo Torriti, du XIIIe siècle, sont un chef-d'œuvre de l'art médiéval. A sa gauche, on accède à l'ancienne sacristie, décorée par une Annonciation de Marcello Venusti d'après un dessin de Michel-Ange. Quant au cloître avec ses petites arcades posées sur des colonnes décorées de mosaïques, c'est une petite merveille.

Le baptistère. Fondé par Constantin au IVe siècle, il est, selon la tradition de l'époque, séparé de l'église, car les catéchumènes n'avaient pas accès au sanctuaire. C'est au Ve siècle que furent installées les colonnes de porphyre qui sont au centre de l'édifice. Le lanternon est du XVIe et les fresques du XVIIe. Mais les parties les plus intéressantes sont sans doute les chapelles attenantes : celle de Saint-Venance, de Sainte-Rufine et Seconde, ainsi que celle de Saint-Jean, à cause des mosaïques anciennes qu'elles ont conservées. En sortant du baptistère, on passe devant l'obélisque de granit rose, rapporté d'Egypte pour être placé au Circus Maximus et transporté au Latran par Sixte Quint.

BASILICA DI SAN LORENZO FUORI LE MURA ★★★

Piazzale del Verano, 3
San Lorenzo
✆ +39 06 698 64
Bus 71, 93, 163 ou M° Policlinico.

Ouvert de 7h à 12h et de 16h à 19h.
Un premier sanctuaire fut construit par Constantin vers 330, repris par Pélage à la fin du VIe siècle. L'église conserve un aspect ancien grâce à Pie IX qui, au XIXe siècle, fit enlever la plupart des adjonctions baroques. Le bombardement de 1943 endommagea fortement l'édifice, qui fut soigneusement restauré par la suite. Sous le porche se trouvent des sarcophages, dont un du IVe siècle. Les trois nefs sont séparées par des colonnes antiques dépareillées, surmontées de chapiteaux de Vassaletto. Dans la nef centrale, deux ambons des Cosmates. Le chœur, surélevé, est au niveau de la première église. L'autel est surmonté d'un ciborium également cosmatesque. L'arc triomphal de l'église de Pélage est orné d'une mosaïque représentant le Christ accompagné de Pierre, Laurent et Pélage portant son église. A voir également le trône de l'évêque, œuvre cosmatesque, et le narthex

Nef de la basilique Saint-Laurent-hors-les-murs.

de l'ancienne église où est enterré Pie IX. Par la sacristie, on accède à un charmant cloître romain.

BASILICA DI SAN PIETRO IN VINCOLI ★★

Piazza San Pietro in Vincoli, 4a
Monti
M° Cavour.
Ouverte tous les jours de 8h à 12h30 et de 15h30 à 19h (en hiver jusqu'à 18h).
Il ne reste pas grand-chose de la structure d'origine fondée en 442. Mais cette basilique est très célèbre pour deux raisons. La première : elle conserve sous l'autel principal une précieuse relique, celle des chaînes (*vincoli*) qu'aurait portées saint Pierre dans sa prison de Jérusalem. La seconde : elle abrite le célèbre *Moïse* de Michel-Ange qui orne le tombeau du pape Jules II dans la nef de droite. Selon la légende, une fois l'œuvre terminée, le sculpteur resta si admiratif devant le réalisme de la statue qu'il s'écria en interpellant Moïse : « Mais parle donc ! »

BASILICA DI SANTA CROCE IN GERUSALEMME ★

Piazza Santa Croce in Gerusalemme, 12
San Giovanni
✆ +39 06 706 130 53
www.santacroceroma.it
M° San Giovanni.
Ouvert tous les jours de 7h à 12h45 et de 15h30 à 19h30.
Non loin du Latran, à côté de la porte Santa Maria Maggiore, c'est l'une des sept basiliques de pèlerinage de Rome car, comme son nom l'indique, elle contient un fragment de la croix du Christ, ainsi que d'autres reliques ramenées par Hélène, mère de Constantin (qui, rappelons-le, fut

Église San Pietro in Vincoli (Saint-Pierre-aux-liens), le « Moïse » de Michel-Ange sur la tombe du Pape Jules II.

le premier empereur chrétien), de son pèlerinage à Jérusalem : des épines de sa couronne, un clou de la Passion et même un doigt de saint Thomas ! Cette église est en outre l'une des plus anciennes de Rome (on peut encore voir les colonnes de granit d'origine et le baptistère de Constantin récemment mis au jour), bien que fortement remaniée au XIIe siècle (témoin de cette époque le charmant campanile et le sol cosmatesque), puis au XVIIIe siècle baroque. On admire également de très belles fresques datées du XVe siècle relatant le pèlerinage de sainte Hélène.

BASILICA DI SANTA MARIA MAGGIORE ★★★

Piazza di S. Maria Maggiore
M° Cavour.
Ouverte tous les jours de 7h à 19h. Entrée libre.

C'est l'une des quatre grandes basiliques dites « patriarcales » avec Saint-Jean-de-Latran, Saint-Pierre du Vatican et Saint-Paul-hors-les-Murs. Le pèlerinage à Rome comportait des démarches pieuses dans ces quatre édifices pour bénéficier de toutes sortes d'indulgences. Depuis les accords de Latran, en 1929, ces quatre édifices font partie de l'Etat du Vatican. Il s'agit donc d'une basilique imposante, capable d'accueillir de grandes foules, mais qui, contrairement au Latran, a gardé une unité qui la rattache à son histoire. Le bâtiment est dégagé de tous côtés ; une vaste place s'étend devant la façade (Piazza Santa Maria Maggiore) et une autre, plus vaste encore, du côté de l'abside (Piazza dell'Esquilino). La façade du XVIIIe siècle est l'œuvre de Ferdinando Fuga, un architecte du baroque tardif proche de Fransceco Borromini. Fuga l'a construite sur une façade précédente sans effacer les mosaïques du XIIIe siècle, œuvre de Filippo Rustici. Les mosaïques racontent le rêve du pape Liber : le 5 août 358, la neige tomba sur l'Esquilin et, sur cette neige, le pape Liber traça le périmètre de la nouvelle église. Encore aujourd'hui, tous les 5 août, on fête à Rome le miracle des neiges et l'on fait tomber sur la place, en face de la basilique, de la neige artificielle. La basilique actuelle remonte au Ve siècle. Sa construction est liée au concile d'Ephèse de 431 qui proclama Marie, mère de Dieu.

BASILICA DI SANTA PRASSEDE ★

Via di Santa Prassede, 9a
Monti
✆ +39 06 488 2456
M° Cavour.
Ouvert tous les jours de 7h à 12h et de 15h à 18h30.
Sainte Praxède était fille de Pudens, sénateur romain qui aurait hébergé saint Pierre. Une église lui fut consacrée au Ve siècle, reconstruite

Basilique Sainte-Marie-Majeure.

par Pascal Ier (817-824) à l'époque de la grande restauration carolingienne. Le plan est évidemment basilical à trois nefs, avec arc triomphal et abside, couverts de mosaïques. La chapelle attenante, Saint-Zénon, est le tombeau construit par Pascal Ier pour sa mère. Les mosaïques de l'abside sont sans doute le meilleur exemple de mosaïques carolingiennes affranchies de l'esthétique byzantine. On y voit saint Paul tenant sainte Praxède sous sa protection, avec Pascal sous son auréole carrée. Au-dessus de la porte de la chapelle Saint-Zénon, des médaillons présentent le Christ entouré des apôtres et la Vierge accompagnée de saintes. C'est l'intérieur surtout qui est étonnant, très étroit et entièrement couvert de mosaïques du IXe siècle montrant personnages et éléments végétaux. Une niche ajoutée plus tard abrite un fragment de colonne de la flagellation.

CHIESA DI SAN CARLO ALLE QUATTRO FONTANE ★

Via del Quirinale, 23
M° Barberini ou Repubblica.
Ouvert du lundi au samedi de 9h à 13h, les lundi et vendredi de 16h à 18h.
Quatre fontaines et une église se trouvent sur ce carrefour imaginée par Sixte Quint, grand pape urbaniste de la fin du XVIe (1585-1590). Sa conception ingénieuse permet de voir, d'un côté, la Trinité-des-Monts et Sainte-Marie-Majeure et, de l'autre, la Porta Pia et le Quirinal. Sur chaque pan a été placée une fontaine. Mais le monument le plus important de cette place est l'église San Carlo alle Quattro Fontane, l'un des chefs-d'œuvre de Borromini. A contre-courant des réalisations monumentales de l'époque, c'est un minuscule joyau

Mosaïques de l'église San Prassede.

baroque à l'architecture très élaborée dont les jeux de courbes omniprésents créent une étonnante impression de mouvement. La coupole lumineuse entremêle les figures géométriques comme une démonstration mathématique.

CHIESA DI SANT'ANDREA AL QUIRINALE

Via del Quirinale, 30
✆ +39 06 487 4565
Ouvert en hiver de 8h30 à 12h et de 15h30 à 19h. En été, de 9h à 12h et de 16h à 19h.
Un chef-d'œuvre du Bernin, exemplaire de l'esthétique de son temps ! Commandée pour les jésuites en 1658, cette église fut construite sur un plan elliptique pour compenser l'exiguïté du lieu. Des murs concaves et une coupole laissant filtrer la lumière pour révéler les marbres polychromes donnent à l'édifice un air joyeux. Une merveille, vous dit-on !

Attelage devant la basilique Giovanni e Paolo.

CASE ROMANE DEL CELIO ★

Clivo di Scauro, Celio
✆ +39 06 704 545 44
www.caseromane.it
M° Circo Massimo.
Ouvert du jeudi au mardi de 10h à 18h. Mardi et mercredi de 10h à 14h. Entrée : 8 €.

San Giovanni e Paolo est une église romane dont l'origine remonte au Ve siècle et qui, curieusement, s'apparente plus au style roman lombard qu'au type basilical romain classique. C'est particulièrement visible au niveau de l'abside et du campanile. L'intérieur a été entièrement décoré au XVIIIe siècle et ne présente pas grand intérêt. Ce sont en fait les sous-sols de la basilique (auxquels on accède par la rue antique Clivo di Scauro) qu'il faut visiter. Il s'y trouve une zone archéologique (découverte en 1887 seulement, par le recteur de la basilique), deux maisons patriciennes datant des IIIe et IVe siècles, richement décorées. Ici auraient vécu les saints Jean et Paul avant d'être martyrisés au IVe siècle.

CHIESA SANTA MARIA DELLA VITTORIA ★

Via XX Settembre, 17
✆ +39 06 4274 0571
Ouvert tous les jours de 7h à 12h et de 15h30 à 19h.

Cette église construite par Maderno entre 1608 et 1626 présente une exubérance qui annonce les baroques futurs de l'Espagne ou de l'Europe centrale. Les peintures en trompe-l'œil, les marbres, les dorures sont loin de la sobriété de Borromini. Elle est à voir impérativement pour la chapelle Cornaro, à gauche dans le transept, réalisée par Bernin en 1650 et qui abrite sa très célèbre statue de *Sainte Thérèse en extase*. La scène fut décrite par la sainte elle-même : « La douleur était si vive qu'elle m'arrachait des gémissements, mais la suavité qui l'accompagnait était si grande que je n'aurais pas voulu qu'elle cessât. » Toute la virtuosité du sculpteur éclate dans cette œuvre étonnamment sensuelle. Bernin fit percer une fenêtre au-dessus de son œuvre pour en assurer l'éclairage. Le résultat est magnifique !

DOMUS AUREA ★

(Jardins de Colle Oppio)
Viale della Domus Aurea, 1
Esquilin
✆ +39 06 39 96 77 00
www.coopculture.it
info@coopculture.it
M° Cavour.

Entrée 14 € + 4 € de frais de réservation. Seulement le samedi et dimanche. Réservation obligatoire.

Le grand œuvre de Néron, imaginé après le grand incendie de l'an 64, où s'exprime toute la démesure d'un empereur mégalomane. La demeure était colossale, près de 300 m de longueur avec tout autour un parc de plus de 80 ha et un lac qui sera plus tard occupé par le Colisée. Façades et parois intérieures auraient été recouvertes à la feuille d'or, d'où le nom *Domus Aurea* (maison dorée). En 104, sous Trajan, la Domus Aurea fut complètement détruite suite à un autre incendie. On construisit par-dessus les thermes de Trajan, dont on peut voir de nombreux restes. A la Renaissance, une partie de la Domus Aurea fut découverte et visitée par des artistes qui reprendront les motifs décoratifs.

La « Domus Aurea Experience » ouvre le chantier de restauration de la Domus Aurea aux visiteurs, tous les samedis et dimanches, pour un circuit immersif en réalité virtuelle.

PALAZZO BARBERINI ★★

13 Via Quattro Fontane
✆ +39 06 328 10
www.barberinicorsini.org
comunicazione@barberinicorsini.org

Ouvert du mardi au dimanche de 8h30 à 19h. Entrée couplée avec la Galleria Corsini : 12 €.

L'un des très grands musées romains. Les collections qu'il contient sont exceptionnelles, et en plus il y a beaucoup moins de monde qu'au Vatican ! Le palais Barberini a été construit à partir de 1620 par les trois grands architectes baroques, Bernin, Maderno et Borromini dont les escaliers (dans l'aile droite) sont une merveille. Les œuvres, du XVe au XVIIIe siècle, sont présentées de façon chronologique. Parmi les tableaux incontournables : *Judith et Holopherne* du Caravage, *La Fornarina* de Raphaël, le *Portrait de Beatrice Cenci* de Guido Reni, la *Vierge à l'Enfant* de Filippo Lippi, l'*Enlèvement des Sabines* de Sodoma. Egalement des peintures du Greco, de Titien, ainsi que de l'école française des XVIIe (Poussin), des Flamands, des maniéristes italiens. Cette pinacothèque existe depuis 1995.

Palazzo Barberini (galerie nationale d'art ancien).

PALAZZO MASSIMO ALLE TERME ★★

Largo di Villa Peretti, 1
✆ +39 06 3996 7700
De mardi à dimanche de 9h à 19h45. Entrée : 12 €. Valable 3 jours pour les 4 sites des Musées nationaux romains.
Ce palais du XIXe siècle abrite une section du Musée national romain avec l'une des plus belles collections d'art antique au monde : portraits et bustes d'empereurs, bronzes, fresques, mosaïques, bijoux, sarcophages... du IIe av. J.-C. au IVe siècle. A ne pas manquer l'athlétique *Discobole* de Myron (1er étage) et les merveilleuses *Fresques de Villa Livia* (2e étage) : les peintures qui décoraient jadis la villa de Livia, épouse d'Auguste, représentent un jardin paradisiaque où fleurs et fruits brillent encore de leur éclat sur un fond de ciel bleu.

PIAZZA BARBERINI – FONTANA DEL TRITONE ★★

M° Barberini. Plusieurs bus dont les n° 52 et 53.
Encore cardinal, le futur pape Urbain VIII fit construire pour sa famille, les Barberini, un palais sur les pentes du Quirinal, en un lieu qui était peu habité à l'époque. On s'en rend difficilement compte aujourd'hui : la piazza Barberini est devenue l'un des carrefours les plus encombrés de la Rome moderne, depuis qu'ont été percées, au XIXe siècle, la via del Tritone et la via Veneto. La place et ses fontaines faisaient précédemment partie du parc, endroit cher à tout ce qu'il y avait d'artistes et de lettrés au XVIIIe siècle. Au centre de la place se trouve la célèbre *Fontana del Tritone* (*Fontaine des Tritons* – 1637), de Bernin, représentant un dieu tiré par un curieux attelage composé de dauphins.

TERME DI DIOCLEZIANO ★

79 Viale E. de Nicola
✆ +39 06 3996 7700
www.coopculture.it
roma@coopculture.it
Du mardi au dimanche, de 9h à 19h30. 10 € (13 € si expo) ou 13 € (15 € si expo) pour les 4 musées nationaux romains.
Les Thermes de Dioclétien étaient les plus grands de Rome dans l'Antiquité : sur 13 hectares, ils pouvaient accueillir

© ANNA PAKUTINA – SHUTTERSTOCK.COM

Palazzo Massimo alle Terme.

Fontana del Tritone.

jusqu'à 3 000 personnes. Les vestiges font aujourd'hui partie du Musée national romain. Objets et vestiges provenant des différents thermes antiques de la ville y sont exposés. Le site est également occupé par l'église Santa Maria degli Angeli, commandée à Michel-Ange au crépuscule de sa vie par le pape Pie IV. Le transept, immense, est aménagé dans ce qui fut le hall des thermes et laisse une grande impression de froideur.

SE RESTAURER

Autour de Termini, pas mal de restaurants proposent des formules touristiques à des prix attractifs, mais qui valent peu de chose d'un point de vue culinaire. Pour manger du côté de la gare, fiez-vous plutôt aux quelques adresses que nous vous recommandons. L'Esquilin propose un bon choix d'établissements, surtout en descendant vers le quartier Monti (*voir aussi notre chapitre sur le Colisée*). Pas grand-chose à signaler sur le Celio, même si l'on trouve quelques bonnes adresses en allant vers la basilique San Giovanni in Laterano.

SUR LE POUCE

AROMATICUS

Via Urbana, 134
✆ +39 06 488 13 55
www.aromaticus.it
info@aromaticus.it
M° Cavour.
Ouvert tous les jours de 11h à 22h30. Addition 5-15 €. Autre adresse au Trastevere : via Natale del Grande, 6/7.
Du changement par rapport aux ingrédients bien riches de la cuisine romaine ! Ce concept-store délicat propose jeunes pousses, herbes aromatiques et épices en tout genre. Les assiettes aussi fines que parfumées mettent à l'honneur les légumes du potager dans des salades, tartares, carpaccios et soupes. Des plantes, des vins bio et même des articles de jardinage sont également proposés à la vente.

■ **PIZZHORIA**
Piazzale Appio, 4
✆ +39 06 3938 7793
Ouvert tous les jours de 11h30 à 23h.
Une très bonne pizza *al taglio* (à la coupe). Comme dans la plupart des *pizzerie* de ce type, on paie au poids. Le choix est vaste, on vous conseille particulièrement la pizza aux anchois et aux fleurs de courgettes ou bien la traditionnelle *pizza bianca.* Vous y trouverez aussi des *supplì.*

PAUSE GOURMANDE

■ **EDEN CAFFÈ**
Via Di San Basilio, 58
✆ +39 06 97601348
www.edencaffe.it
barberini@edencaffe.it
Ouvert du lundi au vendredi de 7h à 16h. A partir de 2 € le sandwich.
Les sandwichs comme les desserts et les plats du jour au kilo sont alléchants, on a envie de tout goûter, car en vitrine, c'est une explosion de couleurs et de saveurs, aussi bien sucrées que salées. Salle agréable et jus de fruits frais requinquants.

▸ **Autre adresse :** Via delle Terme di Caracalla, Circo Massimo

■ **PALAZZO DEL FREDDO GIOVANNI FASSI**
Via Principe Eugenio, 65
Termini
✆ +39 06 446 4740
www.gelateriafassi.com
M° Vittorio Emanuele.
Ouvert du mardi au samedi de 12h à 23h. Le dimanche de 10h à 23h.
Le quartier peu touristique de la piazza Vittorio Emanuele n'est pas dénué de bonnes adresses. Et pour cause, c'est ici que vivent les Romains ! Voici donc Palazzo del Freddo, le glacier du quartier, qui aimante les foules avec ses multiples parfums depuis 1880.

■ **PANELLA L'ARTE DEL PANE**
Via Merulana, 54
✆ +39 06 487 2651
www.panellaroma.com
Ouvert tous les jours de 7h à 22h30.
Le pain décliné dans toutes ses variétés. On est ici au-delà de la simple boulangerie. Panella présente le pain comme un aliment à part entière, à déguster comme un gâteau. Toujours bondé à l'heure du déjeuner et de l'*aperitivo* (un peu cher tout de même...), la boulangerie prend alors des allures de bistrot branché.

BIEN ET PAS CHER

■ **MERCATO CENTRALE**
Via Giovanni Giolitti, 36
✆ +39 06 4620 2900
www.mercatocentrale.it/roma/
Ouvert tous les jours de 8h à 00h.

Palazzo del Freddo Giovanni Fassi.

AGATHE JAUBOURG, À LA TÊTE D'UN ÉTABLISSEMENT MYTHIQUE

Agathe Jaubourg et son mari Massimo Innocenti sont propriétaires du bar-restaurant Necci dans le quartier du Pigneto. Mythique, cet établissement ouvert du matin au soir accueille les Romains depuis 1924.

Pourquoi avoir décidé de vous lancer dans une aventure romaine ?

Un peu par hasard. Mon mari, Massimo, est italien mais nous vivions à Londres. Après avoir perdu son père, il a ressenti le besoin de retrouver ses racines, nous avions alors décidé de venir à Rome pendant six mois. Et finalement..., nous ne sommes plus jamais repartis ! Nous nous sommes installés dans le quartier du Pigneto et, en 2006, nous avons eu la chance de rencontrer Pietro Necci qui avait déjà 86 ans et voulait vendre son bar. C'est de cette façon que l'aventure Necci a commencé !

Pas trop difficile de reprendre les rênes d'un bar mythique ?

En 1924, Necci était une *latteria/gelateria.* C'est Pietro, le fils du premier propriétaire, qui l'a transformée en bar de quartier et il tenait beaucoup à ce qu'il le reste. Nous avons donc fait en sorte de conserver cette atmosphère populaire en ajoutant notre petite touche. Nous avons par exemple fait des travaux dans le jardin qui n'était, au départ, qu'un simple parking. Et puis, notre cuisine nous a aussi permis de nous démarquer, notamment grâce à notre ami le chef Ben Hirst.

D'ailleurs, comment définiriez-vous la cuisine servie dans votre restaurant ?

Le plus important pour nous est de servir des produits frais. Notre carte change donc fréquemment et suit le rythme des saisons. Les fruits, les légumes et la mozzarella nous sont d'ailleurs livrés tous les matins et notre grande fierté ce sont nos pâtes faites maison ! Pour les amateurs, sachez que nous servons les pâtes *alla carbonara* tous les lundis.

AGATHE JAUBOURG, À LA TÊTE D'UN ÉTABLISSEMENT MYTHIQUE

Necci se trouve dans le quartier du Pigneto qui avait autrefois mauvaise réputation. Que diriez-vous de ce quartier aujourd'hui ?

Quand nous sommes arrivés dans le quartier, il n'y avait que quatre bars et quelques restaurants. Aujourd'hui, le Pigneto est devenu tendance et les établissements s'y multiplient. Toutefois, il reste toujours cette ambiance de petit village multiculturel que j'aime beaucoup.

Quels sont vos endroits préférés à Rome ?

Pour une promenade en famille, j'adore la via Appia Antica. D'ailleurs, au niveau du tombeau de Cecilia Metella, il y a un restaurant qui a su garder son charme d'antan : Il Giardino di Giulia e Fratelli.

NECCI DAL 1924

Via Fanfulla da Lodi, 68
Il Pigneto
✆ +39 06 976 015 52
www.necci1924.com
info@necci1924.com
M° Pigneto.
Ouvert tous les jours de 8h à 1h du matin. Addition 25-35 €.
Brasserie-bistrot mythique à Rome. Des petites tables dans une cour arborée, un service sympathique, une cuisine traditionnelle et inventive, voici les ingrédients de Necci pour un repas agréable ou même juste pour un verre (vaste sélection de vins italiens et français, cocktails). Enfin sachez que le pain, les pâtes, les croissants et les pâtisseries sont faits maison.

AL GROTTINO

Via Orvieto, 6
Trastevere
✆ +39 06 70 24 440
www.algrottino.com
algrottino@algrottino.com
Ouvert tous les jours à partir de 19h30.
Une pizzeria qui propose un menu vaste (pizzas, mais aussi spécialités romaines) et la possibilité de créer sa propre pizza en choisissant parmi de nombreux ingrédients ! La pizza « Al Grottino » garnie d'artichauts fondants et de jambon cru est un délice.

IL FORNO DELLA SOFFITTA

Termini
Via Piave 62
✆ +39 06 42011164
www.alfornodellasoffitta.it
direzione.soffitta@gmail.com
Ouvert tous les jours de 12h à 15h30 et de 18h à minuit. Compter 10 € la pizza.
Ambiance familiale et pizzas cuites au feu de bois à prix plancher dans ce restaurant situé près de la gare Termini. Elles sont délicieuses, spécialement celle aux fleurs de courgettes et mozzarella di bufala, un régal !

PIZZERIA EST ! EST ! EST !

Via Genova, 32
✆ +39 06 488 1107
Ouvert du mardi au dimanche de 19h à minuit. Compter 15 €.
Egalement connue sous le nom de Da Ricci, du nom de la famille qui la tient depuis quatre générations (Est ! Est ! ! Est ! ! ! est en fait le nom d'un vin), cette pizzeria située à proximité de l'église Santa Maria Maggiore est l'une des plus anciennes de Rome ! Passé la petite entrée, on se retrouve dans une jolie salle de style bistrot qui a conservé son décor des années 1920. Les pizzas sont préparées à la mode napolitaine, c'est à dire à pâte épaisse et croustillante, et déclinées en version *calzone*. Fritures, *suppli* et desserts sont également excellents. L'ambiance est chaleureuse, le service irréprochable et le rapport qualité-prix très bon. Que demander de mieux !

PIZZERIA SANT'ALBERTO

Via del Pigneto, 46
✆ +39 06 701 3827
www.santalbertopizzeria.com
info@santalbertopizzeria.com
Ouvert tous les jours, de 18h30 à minuit. Le samedi jusqu'à 1h. Comptez entre 6,50 et 9,50 € pour une pizza.
La pizzeria Sant'Alberto est une très bonne adresse dans le quartier du Pigneto. Une fois votre pizza choisie, vous pouvez préciser le type de pâte que vous préférez : *romana* (fine et croquante), *napoletana* (plus épaisse) ou *integrale* (à la farine complète). En plus, tous les mois une nouvelle pizza est proposée à base de produits de saison ! Un de nos coups de cœur dans le quartier.

TRATTORIA ANTICA BOHEME

Termini
Via Napoli, 4
✆ +39 06 488 5505
www.ristoranteanticaboheme.com
Ouvert du lundi au samedi de 12h à 15h et de 18h30 à 23h. Comptez 25 € par personne.
Excellente table de spécialités romaines ouverte depuis 1897. Au menu : la *coda alla vacinara* (de la queue de bœuf) ou la fameuse *pasta cacio e pepe,* des pâtes au fromage et au poivre. Le buffet d'antipasti est particulièrement bon, copieux et abordable.

BONNES TABLES

CHIAROSCURO

Esquilin, Via Rimini, 15
✆ +39 06 6482 1932
www.ristorantechiaroscuro.com
info@ristorantechiaroscuro.com
Ouvert du mardi au dimanche de 12h à 15h et de 19h à 23h30, fermé le lundi. Compter 30 €.

A partir de la pêche du jour, le chef compose ici un menu gastronomique raffiné : oursins, poulpe, crustacés en tout genre et poissons frais composent les *antipasti,* plats de pâtes et autres *crudi* (dégustation de carpaccio de poisson cru). Tout cela est accompagné d'un vin du jour pour marier parfaitement les saveurs. Le tout à prix vraiment raisonnable pour la qualité.

CHINAPPI

Via Valenziani, 19
✆ +39 06 481 9005
www.chinappi.it
chinappi@chinappi.it
Ouverts du mardi au dimanche de 12h à 15h et de 19h à 23h. Menus à 49, 79 et 99 €.

Dans la salle très élégante de son restaurant, Stefano, avec sa femme et son équipe dynamique, perpétue la tradition familiale en servant des plats à base de poissons, fruits de mer et crustacés connus dans toute la ville pour leur qualité et leur fantaisie. Le poulpe de Gaeta, les moules au Tegamino, la sole à la Chinappi, les huîtres et les crudités sont autant de spécialités à ne pas manquer.

HOSTARIA DA VINCENZO

Via Castelfidardo, 6
✆ +39 06 484 596
M° Termini.
Ouvert du lundi au samedi, de 12h15 à 15h et de 19h à 23h. Congés annuels en août. Compter 25 à 35 € pour un repas.

Les habitants du quartier de Termini n'hésitent pas à faire la queue pour obtenir une table et passer les

L'élégante cuisine de Chinappi.

La Matriciana.

soirées autour des spécialités de poisson servies dans ce restaurant. Les produits sont frais et bien préparés. Certes la décoration de la salle n'est pas des plus enthousiasmantes (si possible, on préférera une table en terrasse), mais l'accueil attentif du personnel et les prix raisonnables compensent largement ce petit désagrément.

LA MATRICIANA

Termini
Via del Viminale, 44
✆ +39 06 488 1775
www.lamatriciana.it
lamatriciana@pec.it
Ouvert de midi à 15h et de 19h à 23h. Fermé le samedi midi. 14 € le buffet d'antipasti, de 12 à 22 € le plat.
La Matriciana sert une cuisine romaine sur des nappes blanches, avec des garçons à l'ancienne qui virevoltent dans une belle salle ou sur une petite terrasse installée sur le trottoir. Le buffet d'*antipasti* est vraiment délicieux et abordable, tandis que le filet mignon sauté aux artichauts est savoureux.

SHOPPING

Un quartier de shopping plutôt populaire, entre les marchés de l'Esquilin, celui de via Sannio et les boutiques de mode bon marché de la via Nazionale. A noter aussi que l'on trouve bien une cinquantaine de boutiques (mode, librairie...) dans le hall de la gare Termini.

ENOTECA GOFFREDO CHIRRA

Via Torino, 133
✆ +39 06 485 659
www.enoteca-chirra.it
info@enoteca-chirra.it
Ouvert de 7h du matin à minuit. Fermé le dimanche.
Derrière son apparence de simple bar à vins familial, cet établissement situé à côté de la piazza Repubblica cache une belle collection de vins italiens. Réputé dans tout Rome, à découvrir.

Étal de souvenirs de la Scala Santa.

FAUSTO SANTINI

Via Cavour, 106
✆ +39 06 488 0934
www.faustosantini.it
Ouvert de 10h30 à 13h30 et de 15h30 à 19h30, fermé le dimanche et le lundi matin.

Des chaussures, mais aussi des sacs, conçus comme des œuvres d'art sont la marque de fabrique du célèbre designer Fausto Santini. Ses modèles, pour hommes et femmes, sont originaux, sensuels et de qualité durable. Ils sont de plus déclinés dans de multiples coloris. La boutique principale se trouve via Frattina, près de la place d'Espagne, mais on trouve ici les collections des années précédentes soldées tout au long de l'année à -50 %.

HUMANA VINTAGE

Via Cavour, 102
✆ +39 0648906187
www.humanavintage.it
humanavintageroma@humanaitalia.org
Ouvert tous les jours de 10h à 19h30. Le dimanche, à partir de 11h.

Si vous aimez le vintage et les vêtements d'occasion, vous trouverez ici votre bonheur ! Humana est une association humanitaire qui soutient des projets solidaires en Afrique. Pour trouver des fonds, elle récolte et revend des vêtements d'occasion. On y déniche des trésors ! Deux autres points de vente à Rome : via Tuscolana 697 et corso Vittorio Emanuele II 199-201.

MARCHÉ DE LA VIA SANNIO

Via Sannio
✆ +39 06 907 7312
Ouvert jusqu'à 14h du lundi au samedi.

Au sud de la piazza San Giovanni, le rendez-vous des bobos fanas du cuir ! Sacs, portefeuilles, chaussures, vestes et manteaux de seconde main se disputent les étalages. De bonnes affaires dans le désordre et la pagaille ! Y aller le samedi, jour où l'on trouve davantage de vendeurs, et bien fouiner pour dénicher la perle rare.

MARCHÉ DE L'ESQUILIN
Via Principe Amedeo, Via Turati, via Mamiani, via Lamarmora
Du lundi au vendredi de 7h à 14h environ.
Cette halle couverte abrite le plus grand marché de denrées alimentaires de Rome, situé dans le quartier très cosmopolite de la piazza Vittorio Emanuele II, derrière Termini. Epices, fruits exotiques, ingrédients typiques des cuisines orientales, se mêlent aux produits du terroir italien. Le marché aux poissons est particulièrement réputé.

TRIMANI ENOTECA
Via Goito, 20
Termini ✆ +39064469661
www.trimani.com
info@trimani.com
Ouvert du lundi au samedi de 9h à 20h30.
Trimani est dédiée à la gastronomie italienne dans toute sa splendeur. De la charcuterie aux pâtes, en passant par les épices et les sauces, Trimani s'illustre également dans sa grande sélection de vins. D'ailleurs, la boutique est rattachée à un bar à vins situé à proximité.

▶ **Autre adresse :** Trimani il Wine Bar – 37 B Via Cernaia

SORTIR

Non, ce n'est pas vraiment dans ce quartier que vous ferez la fête ! Quelques adresses tout de même, pour passer la soirée de façon agréable.

CAFÉS – BARS

APOTHEKE COCKTAIL BAR
7 Via Giovanni Amendola
✆ +39 06 489 012 48
info@welcomepiramhotel.com
Ouvert tous les jours de 10h30 à 2h. Autour de 10 € le cocktail. Live music et piano bar tous les jours.
Déguster un cocktail à l'Apotheke Cocktail bar, c'est sortir des chemins battus des adresses traditionnelles du centre de Rome. Demandez-leur le cocktail portant leur nom, à base de Prosecco.

Piazza dei Cinquecento, les terrasses de cafés.

CARGO
Via del Pigneto, 20
Il Pigneto
✆ +39 06 706 130 99
cargopigneto.com
info@cargopigneto.com
Ouvert tous les jours de 17h à 2h.
Rendez-vous phare de la via del Pigneto. On y prend l'apéro ou on vient boire un verre après le dîner en écoutant un DJ set dans une ambiance tamisée et relax. Les planches (fromages/charcuteries ou végétariennes) font fureur tous les soirs !

GATSBY CAFÉ
Piazza Vittorio Emanuele, 106
✆ +39 06 6933 9626
www.gatsby.cafe
Tous les jours de 8h à minuit, le week-end jusqu'à 2h. Plats 7-10 €.
Née de l'idée d'un groupe de jeunes pour requalifier et redynamiser cet angle silencieux de la piazza Vittorio, l'adresse bat son plein avec une offre tout en couleurs. Bagels, salades, tartines, couscous, omelettes et sandwichs pour un snack sur le pouce dans un cadre coloré et animé par de la musique *live* (suivre la page Facebook pour être à jour sur les derniers évènements). Petite curiosité, vous trouverez en vente à l'intérieur des chapeaux fabriqués par de jeunes créateurs.

MATERIA
Via Andrea Provana, 7
✆ +39 06 3789 6711
www.materiacafe.com
materiacafe@gmail.com
Ouvert du mardi au jeudi de 8h à 23h. Jusqu'à 16h le lundi, jusqu'à 00h le vendredi et le samedi. Le dimanche : 9h-16h.
Chez Materia, on se sent bien. Du petit-déjeuner au dîner, ce bar design à la décoration scandinave accueille aussi bien les familles romaines que les travailleurs du coin à l'heure du déjeuner. C'est une adresse exclusive, dans une toute petite rue près de la basilique San Giovanni in Laterano. Les viennoiseries sont succulentes et la carte du déjeuner, révisée toutes les semaines selon les arrivages, vous permet de choisir entre les indétrônables spécialités romaines et les avocado toasts. Un coup de cœur.

SAID DAL 1923
Via Tiburtina, 135
San Lorenzo, au fond de la cour
✆ +39 06 446 9204
www.said.it
Ouvert de 12h à 15h30 et de 18h à 00h30 (1h30 le vendredi et le samedi). Fermé le samedi midi et le dimanche.
Depuis 1923, cette boutique logée dans les usines du même nom, régale les gourmands de ses chocolats artisanaux, présentés sous forme de truffes, de tablettes ou de bonbons. Installez-vous dans un confortable fauteuil et sirotez un chocolat chaud bien dense et onctueux.

SPIRITO
Via Fanfulla da Lodi, 53
Il Pigneto
✆ +39 327 298 3900
www.club-spirito.com
info@club-spirito.com
Ouvert tous les soirs de 18h à 3h. Fermé mardi.
Un bar mystérieux, littéralement caché derrière l'enseigne anonyme d'une sandwicherie, la Premiata Panineria Pigneto. Ouvrez une porte de frigo (non ce n'est pas un rêve) et laissez-vous subjuguer par ce bar insolite et secret. Des cocktails de haut vol, une grande salle, une terrasse dans la cour

intérieure et une ambiance tamisée pour ce lieu aux allures de *speakeasy* dans le Pigneto.

TRIMANI ENOTECA

Via Goito, 20
Termini
✆ +39064469661
www.trimani.com
Ouvert du lundi au samedi de 11h30 à 15h et de 17h30 à 00h. Le magasin de via Goito : du lundi au samedi, de 9h à 20h30.
Cette œnothèque est l'une des plus fournies de la ville. Plus d'une trentaine de vins sont proposés au verre, à accompagner de fromages et autres délicieux amuse-bouche. Une boutique du même nom est située à deux pas, pour prolonger la soirée à la maison.

Autre adresse : Trimani il Wine Bar – 37 B Via Cernaia

ZEST BAR

Radisson Blu Es Hotel
Via Filippo Turati, 171
Termini
✆ +39 06 444 843 84
www.radissonblu.com/eshotel-rome
info.rome@radissonblu.com
Ouvert tous les jours de 9h à 1h du matin.
Le rooftop de l'hôtel Radisson Blu, pour une vue à couper le souffle, des cocktails bien dosés et une ambiance un peu dans le style Grande Bellezza.

CLUBS ET DISCOTHÈQUES

QUBE DISCO

Via di Portonaccio, 212
Il Pigneto
✆ +39 06 438 5445
C'est dans le quartier Tiburtina, du côté de San Lorenzo, que se trouve la plus grande boîte de Rome. Programmation variée, avec des soirées rock le jeudi, culture homosexuelle le vendredi, et DJ internationaux le samedi.

SPECTACLES

TEATRO DELL'OPERA DI ROMA

Piazza Beniamino Gigli, 7
✆ +39 06 48 16 01
www.operaroma.it
ufficio.biglietteria@operaroma.it
Grand salle classique, l'Opéra de Rome réunit tous les spectacles lyriques qui se jouent dans la capitale, du chant à la danse. L'été, le spectacle touche à la magie, puisque chaque œuvre est jouée dans les Thermes de Caracalla, rendant l'ensemble toujours plus dramatique.

© ELNAS – SHUTTERSTOCK.COM

HORS LES MURS

IMMANQUABLE DANS CE QUARTIER

- Visiter les Catacombes de San Callisto.
- Découvrir les œuvres du musée MAXXI.
- Se promener dans le parco dell'appia Antica.
- Admirer la basilique papale San Paolo Fuori Mura.
- S'étonner du quartier de Coppede.

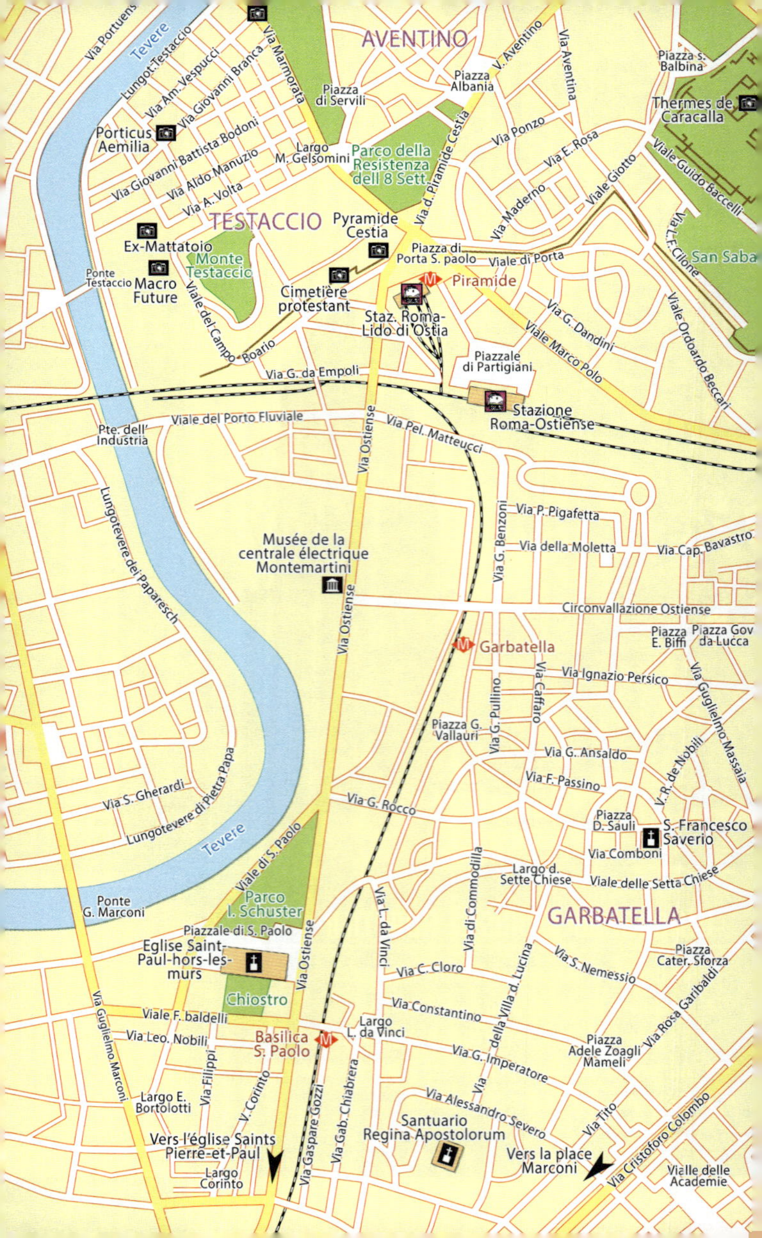

AVENTINO
Via Portuensis
Tevere
Lungot.Testaccio
Via Am. Vespucci
Via Giovanni Branca
Via Marmorata
Piazza di Servili
Piazza Albania
V. Aventino
Via Aventina
Piazza S. Balbina
Thermes de Caracalla
Porticus Aemilia
Via Giovanni Battista Bodoni
Via Aldo Manuzio
Via A. Volta
Largo M. Gelsomini
Parco della Resistenza dell 8 Sett.
Via d. Piramide Cestia
Via Ponzo
Via E. Rosa
Viale Giotto
Viale Guido Baccelli
Via Maderno
TESTACCIO
Pyramide Cestia
Ex-Mattatoio
Monte Testaccio
Piazza di Porta S. paolo
Viale di Porta
Via L. F. Clone
San Saba
Ponte Testaccio
Macro Future
Cimetière protestant
Piramide
Staz. Roma-Lido di Ostia
Via G. Dandini
Viale Marco Polo
Viale Ordoardo Beccari
Viale del Campo Boario
Piazzale di Partigiani
Via G. da Empoli
Stazione Roma-Ostiense
Pte. dell' Industria
Viale del Porto Fluviale
Via Ostiense
Via Pel. Matteucci
Lungotevere dei Papareschi
Via P. Pigafetta
Via della Moletta
Via Cap. Bavastro
Via G. Benzoni
Musée de la centrale électrique Montemartini
Circonvallazione Ostiense
Via Ostiense
Piazza E. Biffi
Piazza Gov da Lucca
Garbatella
Via Ignazio Persico
Via Caffaro
Via Guglielmo Massaia
Via G. Pullino
Piazza G. Vallauri
Via G. Ansaldo
V. R. de Nobili
Via F. Passino
Via S. Gherardi
Lungotevere di Pietra Papa
Via G. Rocco
Piazza D. Sauli
S. Francesco Saverio
Tevere
Via Comboni
Viale di S. Paolo
Largo d. Sette Chiese
Viale delle Sette Chiese
Via di Commodilla
Parco I. Schuster
Ponte G. Marconi
Via L. da Vinci
GARBATELLA
Piazzale di S. Paolo
Eglise Saint-Paul-hors-les-murs
Via Ostiense
Via S. Nemessio
Piazza Cater. Sforza
Via C. Cloro
Via della Villa d. Lucina
Chiostro
Via Rosa Garibaldi
Via Constantino
Viale F. baldelli
Largo L. da Vinci
Via Leo. Nobili
Basilica S. Paolo
Piazza Adele Zoagli Mameli
Via G. Imperatore
Via Guglielmo Marconi
Via Filippi
V. Corinto
Via Gab. Chiabrera
Via Alessandro Severo
Largo E. Bortolotti
Via Gaspare Gozzi
Santuario Regina Apostolorum
Via Tito
Via Cristoforo Colombo
Vers l'église Saints Pierre-et-Paul
Vers la place Marconi
Largo Corinto
Vialle delle Academie

ROME SUD
APPIO LATINO
Musée
Curiosité
Edifice religieux
Station de métro
0
350 m
Re di Roma
Piazza dei Re di Roma
Ponte Lungo
Piazza di Ponte Lungo
Piazza Asti
Piazzale Metronio
Sisto
ecchio
Piazzale Numa Pompilio
Parco Egerio
Parco degli Scipioni
Piazza Ruscolo
Piazza Zama
Piazza Galeria
Via Druso
Via Pannonia
Viale Metronio
Via Gallia
Via Licia
Via Pandosia
Via Obidia
Via Recina
Via Britannia
Via Cerveteri
Via Ceneda
Via Etruria
Via Albalonga
Via Vercelli
Via Appia Nuova
V. Casalmonferrato
Via Albenga
Via Immera
Via Lusitania
Via Satrico
Via Vetulonia
Via Latina
Via Acaia
V. Veschia
Via Ivrea
Cicon. Appia
Via Amari
Via A. Baccarini
Via Paruta
Via Gino Capponi
Via Lidia
Via T. da Celano
V. Macedonia
Via D. Compagni
Viale della Caffarelletta
Via di Porta Latina
Via di Porta S. Sebastiano
Viale delle Terme di Caracalla
Via Cicilia
Via della Travicella
Via Appia Antica
Circon. Adreatina
Via Cristoforo Colombo
Via G. Trevis
Via Tito Omboni
Villa Galimani
Via Ardeatina
Piazza Cesare Nerazzini
V. Malfante
Via Panchaldo
Via R. Franchetti
Piazza del Navigatori
Catacombes de Domitille
Viale della Sette Chiese
Largo B. Bompiani
lla S. brogio
Piazza Rufino
Basilica S. Petronilla
Piazzale A. Tosti
Via di Petronilla
V. dell'Annunziatella
Largo Martiri delle fosse Ardeatine
Mausoleo Fosse Ardeatine
Catacombes de Saint Calixte
S. Callisto
Villa Alberica
Via Appia Pignatelli
Catacombes de San Sebastiano
Basilica S. Sebastiano
Tomba di Romolo Augustolo
Viale di Torre Marancia
Via Carlo Tommaso
Via Meropia
Via Giulio Artiste Sartorio
Piazza F. Marc Lante
Piazza L. Lotto

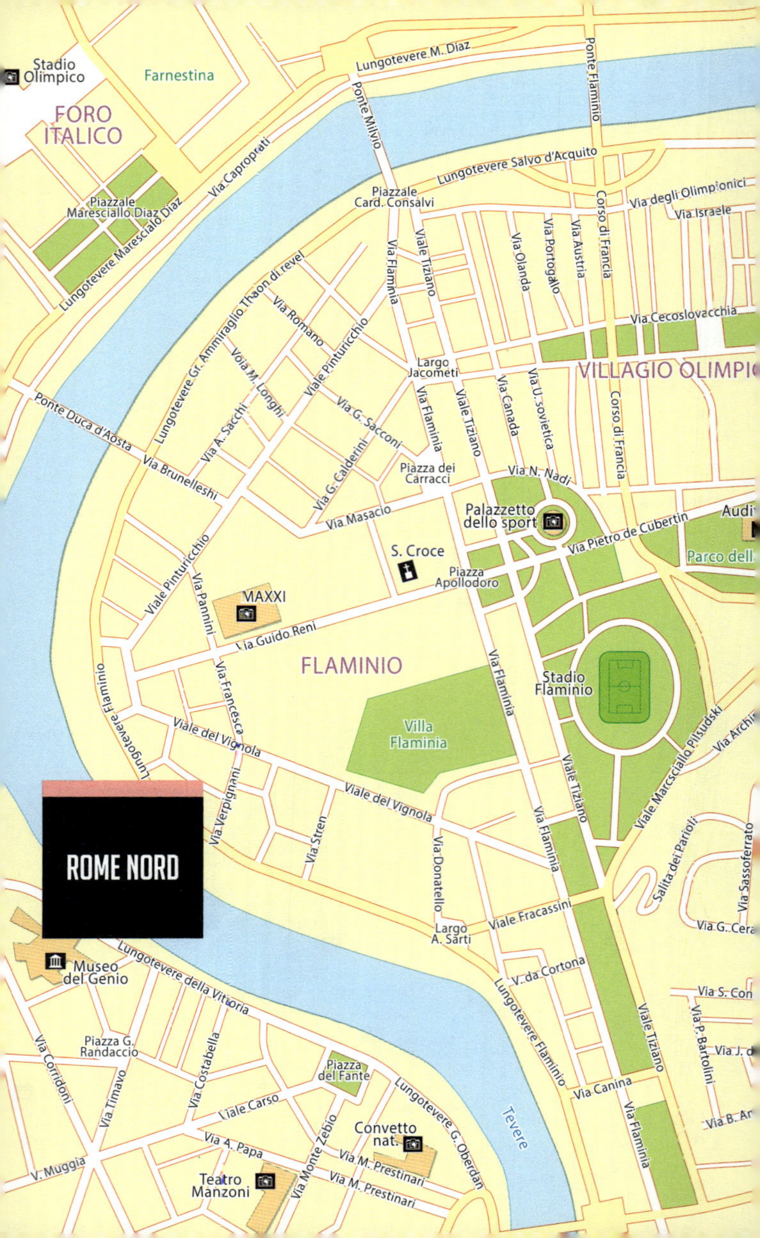
ROME NORD
Stadio Olimpico
Farnestina
FORO ITALICO
Piazzale Maresciallo Diaz
Lungotevere Marescialo Diaz
Via Capoprati
Lungotevere M. Diaz
Ponte Milvio
Ponte Flaminio
Lungotevere Salvo d'Acquito
Piazzale Card. Consalvi
Via degli Olimpionici
Via Israele
Corso di Francia
Via Austria
Via Portogallo
Via Olanda
Viale Tiziano
Via Flaminia
Via Cecoslovacchia
VILLAGIO OLIMPI
Lungotevere Gr. Ammiraglio Thaon di revel
Via Romano
Viale Pinturicchio
Voia M. Longhi
Largo Jacometi
Via Canada
Via U. sovietica
Ponte Duca d'Aosta
Via Brunelleshi
Via A. Sacchi
Via G. Sacconi
Via G. Calderini
Piazza dei Carracci
Via N. Nadi
Via Masacio
Palazzetto dello sport
Via Pietro de Cubertin
Audi
Parco dell
S. Croce
Piazza Apollodoro
Via Pannini
MAXXI
Via Guido Reni
FLAMINIO
Stadio Flaminio
Via Francesca
Lungotevere Flaminio
Viale del Vignola
Villa Flaminia
Viale Marsciallo Pilsudski
Via Archi
Via Verpignani
Via Stren
Via Donatello
Salita dei Parioli
Via Sassoferrato
Via G. Cera
Largo A. Sarti
Viale Fracassini
V. da Cortona
Museo del Genio
Lungotevere della Vittoria
Via S. Con
Via P. Bartolini
Via J. d
Via Corridoni
Piazza G. Randaccio
Via Costabella
Via Timavo
Piazza del Fante
Lungotevere G. Oberdan
Via Canina
Tevere
Via B. Ar
Viale Carso
V. Muggia
Via A. Papa
Via Monte Zebio
Convetto nat.
Via M. Prestinari
Teatro Manzoni

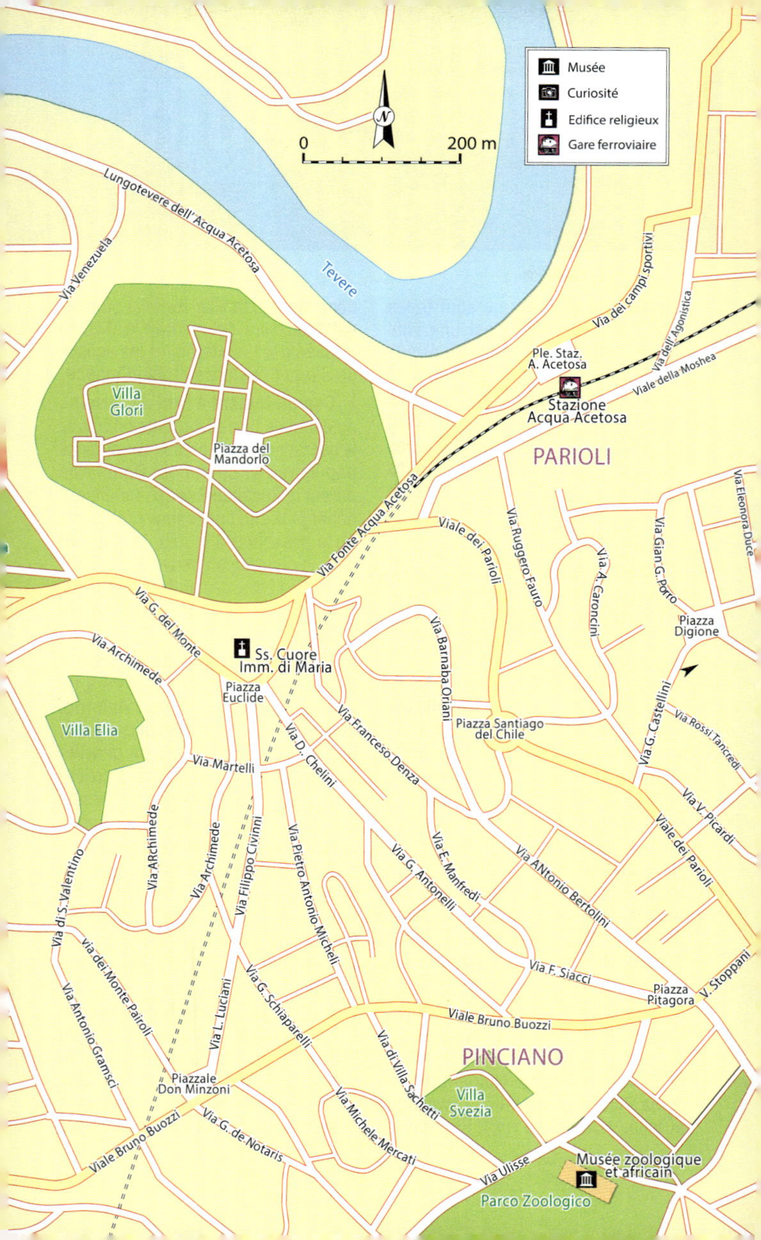
Musée
Curiosité
Edifice religieux
Gare ferroviaire
0
200 m
Tevere
Lungotevere dell' Acqua Acetosa
Via Venezuela
Villa Glori
Piazza del Mandorlo
Via dei campi sportivi
Ple. Staz. A. Acetosa
Stazione Acqua Acetosa
Via dell' Agonistica
Viale della Moshea
PARIOLI
Via Fonte Acqua Acetosa
Viale dei Parioli
Via Ruggero Fauro
Via A. Caroncini
Via Gian G. Porro
Via Eleonora Duce
Piazza Digione
Via G. del Monte
Ss. Cuore Imm. di Maria
Via Archimede
Piazza Euclide
Via Barnaba Oriani
Villa Elia
Piazza Santiago del Chile
Via G. Castellini
Via Rossi Tancredi
Via Martelli
Via D. Chelini
Via Francesco Denza
Via V. Picardi
Via ARchimede
Via Archimede
Via Filippo Civinni
Via Pietro Antonio Micheli
Via G. Antonelli
Via E. Manfredi
Via ANtonio Bertolini
Viale dei Parioli
Via di S. Valentino
Via dei Monte Pairoli
Via Antonio Gramsci
Via L. Luciani
Via G. Schiaparelli
Via F. Siacci
Piazza Pitagora
V. Stoppani
Viale Bruno Buozzi
Via di Villa Sachetti
PINCIANO
Piazzale Don Minzoni
Villa Svezia
Via Michele Mercati
Via G. de Notaris
Viale Bruno Buozzi
Via Ulisse
Musée zoologique et africain
Parco Zoologico

HORS LES MURS

Les richesses de Rome sont telles que l'on oublie que c'est une ville fortifiée. Pourtant la muraille érigée par Aurélien au IIIe siècle subsiste encore en grande partie. Tous les grands sites ou presque se trouvent dans cette enceinte. Mais il y a des exceptions comme la via Appia Antica ou le Monte Testaccio. Par ailleurs, on trouve hors les murs les lieux les plus branchés, discothèques ou structures d'art contemporain. Etant donné que l'hyper centre n'est enfin de compte pas si étendu que ça, il serait dommage de ne pas les prendre en considération lors de votre séjour romain. Voici les clés pour se repérer :

Au nord de la villa Borghèse, les quartiers de Flaminio et Parioli s'étendent jusqu'au Tibre (au niveau du ponte Milvio) et au jardin de la villa Ada. Ce sont des quartiers paisibles habités par la bourgeoisie romaine. C'est là qu'ont poussé les nouveaux lieux culturels de la ville comme l'auditorium de Renzo Piano et les nouveaux grands musées d'art contemporain. De l'autre côté du Tibre, le Monte Mario accueille la Pergola, le restaurant le plus étoilé de Rome.

Plus à l'est, au nord de Termini, le quartier Nomentana est lui aussi résidentiel et élégant. Il s'étend entre la via Salaria, la via Nomentana et la via Tiburtina. De nombreux parcs et villas bordent la via Nomentana, dont celui de la villa Torlonia où résidait Mussolini. On y trouve le MACRO (Musée d'art moderne) et les églises de Santa Constanza et Sant'Agnese.

Complètement à l'est de Termini, au début de la via Tiburtina, on trouve le quartier de San Lorenzo aux origines populaires et ouvrières. Bombardé durant la Seconde Guerre mondiale, il héberge la cité universitaire, d'où une forte présence d'étudiants. Partout dans le quartier, on trouve des restaurants, des bars, des ateliers d'artistes. C'est le fief de l'esprit contestataire à Rome.

Direction le sud de la ville à présent. Derrière les thermes de Caracalla, la colline de l'Aventin, occupée à l'époque républicaine par la plèbe, est aujourd'hui un quartier résidentiel élégant et boisé. Derrière la porte San Sebastiano, l'ancienne route consulaire, la via Appia Antica aligne ruines, catacombes... Un parc régional a été créé pour la protéger, en opposition aux intérêts de spéculation immobilière. C'est l'un des endroits les plus suggestifs de Rome et une promenade à vélo y est hautement conseillée !

A l'ouest de la via Appia Antica, le long du Tibre sur la rive opposée au Trastevere, le Monte Testaccio est la septième colline de la Rome antique, artificiellement formée sur des restes d'amphores. Longtemps habité par les classes les plus pauvres, le quartier Testaccio-Ostiense est aujourd'hui le lieu des boîtes de nuit les plus branchées et des sites de création alternatifs installés dans les anciens abattoirs.

Dans le prolongement, le quartier Garbatella avec la basilique San Paolo Fuori le Mura fut construit pendant les années 1920 selon le concept de « quartier jardin » conciliant esthétisme et praticité. Il s'agit d'un quartier peuplé et populaire d'habitations situées dans des petites maisons ou immeubles à trois étages. Quelques adresses très prisées des noctambules également.

Enfin, plus au sud en direction d'Ostie, le quartier de l'EUR (pour Esposizione Universale di Roma, donc) construit en 1937 par le gouvernement fasciste qui envisageait de monter une exposition universelle. Son plan général ressemble étrangement à celui de la Défense à Paris, car, à partir de 1950, l'EUR devint un grand quartier d'affaires destiné à décongestionner Rome. On y trouve de nombreux ministères, le siège d'importantes entreprises et divers musées. Quartier dynamique en perpétuelle évolution, c'est ici qu'a vu le jour l'ambitieux projet de l'architecte Massimiliano Fuksas, la Nuvola, un immense centre de congrès de plus de 1 850 places.

VISITER

Hors les murs de Rome, vous découvrirez probablement des facettes insoupçonnées de la Ville éternelle. Des catacombes de la via Appia Antica aux lieux alternatifs du Testaccio, en passant par le quartier d'architecture fasciste de l'EUR, chaque quartier mérite d'être intégré à un programme de visite long. A vous de choisir, en fonction de vos centres d'intérêt.

BASILICA DI SANT'AGNESE FUORI MURA

Via Nomentana, 349
Nomentano
✆ +39 06 861 0840
www.santagnese.com
santagnese@santagnese.net
Bus 36 de la gare Termini, arrêt via Nomentana.
Ouvert tous les jours de 9h à 12h et de 15h à 19h. Fermé à la visite le dimanche matin.
Sous le règne de Dioclétien, sainte Agnès connut un sort terrible. S'étant refusée au préfet de la ville, elle fut exposée nue en public. Miraculeusement épargnée par les flammes, elle finit tout de même égorgée et fut enterrée au cimetière de la via Nomentana. Pour rejoindre l'église, on descend par un long escalier qui débouche dans le narthex. La construction a un plan basilical classique du VIIe siècle, bien que les adjonctions du XVIIe siècle en aient un peu altéré l'esprit. A voir surtout, la mosaïque de l'abside représentant Agnès parée comme une impératrice byzantine et accompagnée des deux papes fondateurs de l'église.

CENTRALE MONTEMARTINI ★

Via Ostiense, 106
Garbatella
✆ +39 06 820 591 27
www.centralemontemartini.org
M° Garbatella.
Du mardi au dimanche de 9h à 19h. Entrée 11 €. Capitolini Card Musei Capitolini + Centrale Montemartini 7 jours : 17 €.

Voici un extraordinaire exemple de reconversion d'un bâtiment industriel. Utilisée au départ comme solution temporaire par le musée du Capitole pour permettre au public de continuer à avoir accès à ses collections durant des travaux de rénovation, l'ancienne centrale Montemartini présente une scénographie tellement surréaliste que l'on a décidé d'y placer ces œuvres de façon définitive. Et c'est ainsi que les statues antiques côtoient l'architecture industrielle propre au quartier d'Ostiense pour le plus grand bonheur des esthètes.

CIMITERO ACATTOLICO

Via Caio Cestio, 6
Testaccio ✆ +39 06 574 1141
M° Piramide.
Ouvert de 9h à 17h. Dimanche et jours fériés : de 9h à 13h.
La communauté des étrangers de Rome – à laquelle il était interdit de se faire enterrer dans les murs de la ville – installa son cimetière, au début du XVIIIe siècle, près de la Piramide Cestia. Au XIXe siècle, plusieurs écrivains et artistes choisirent ce lieu comme dernière demeure. Parmi eux, Keats, mort dans sa maison de la piazza di Spagna (la Casina Rossa), sa tombe n'est pas reconnaissable car elle ne porte pas de nom. Seul un poème en anglais du poète nous permet de la repérer. On y trouve également des Italiens comme Antonio Gramsci, fondateur du parti communiste italien, et le réalisateur Pier Paolo Pasolini.

EUR ★

Piazzale delle Nazioni Unite
et rues voisines
M° EUR Palasport ou EUR Fermi.
Quartier fondé en 1937, à l'origine pour accueillir l'Exposition universelle – qui n'eut jamais lieu à cause de la guerre – l'EUR est un exemple frappant de l'architecture totalitaire. Ses monuments imposants, en marbre et travertin, étaient censés rappeler la gloire de la Rome antique. Aujourd'hui, ils témoignent de l'époque fasciste, durant laquelle le courant architectural rationaliste, dont l'aspect fonctionnel est le maître mot, rejoignit son apogée.

BASILICA DEI SS. PIETRO E PAOLO

Piazzale dei Santi Pietro e Paolo, 8
EUR ✆ +39 06 592 6166
www.santipietroepaoloroma.it
M° EUR Palasport ou EUR Magliana.
Ouvert de 7h à 19h.
Le moins que l'on puisse dire, c'est que cette église du quartier de l'EUR surprend par son architecture. Construite en 1937, en pleine période fasciste, elle a la forme d'un énorme cube auquel on a rajouté quatre ailes latérales. La coupole est recouverte d'écailles d'ardoise grise et elle est surmontée par un pinacle sur lequel se trouve un ange en bronze. Sa construction fut interrompue deux ans après le début des travaux à cause de la guerre et terminée seulement après 1946.

MAUSOLÉE DE CECILIA METELLA

Via Appia Antica, 161
✆ +39 06 399 67 700
www.coopculture.it
Ouvert du mardi au dimanche de 9h au coucher du soleil. Entrée : 5 €, billet cumulable avec la Villa dei Quintili.
Le long de la via Appia Antica, au sud de Rome, ce monument massif en forme de grand cylindre posé sur un socle carré est la tombe de la belle-fille de Crassus qui formait, avec César et Pompée, le premier triumvirat. Elle fut construite en l'an 50 et transformée en forteresse durant le Moyen Age.

LES CATACOMBES

Les premiers chrétiens trouvèrent où ensevelir leurs morts le long de la via Appia, la majestueuse artère qui reliait Rome au sud de l'Italie. La foi dans la résurrection leur empêchait de crémer et les lois romaines interdisaient les sépultures à l'intérieur de l'enceinte de la ville. En conséquence, les chrétiens commencèrent à creuser là où certains d'entre eux avaient déjà des tombes de famille. Une tradition qui perdra sa raison d'être au IVe siècle avec la légalisation du christianisme.

■ **CATACOMBE DI SAN CALLISTO** ★

Via Appia Antica, 110

✆ +39 06 513 015 80

www.catacombe.roma.it

callisto@catacombe.roma.it

Bus 218, arrêt Catacombes de Saint-Calixte

Ouvert de 9h à 12h et de 14h à 17h, tous les jours sauf le mercredi. Entrée : 8 €, réduit : 5 €.

Le long de la via Appia après la petite église Quo Vadis, les catacombes de Saint-Calixte sont les plus étendues et les mieux conservées de Rome. Datant du IIe siècle apr. J.-C., elles rassemblent plus de 500 000 tombes sur 15 ha avec un réseau de galeries long de presque 20 km partagé sur différents niveaux et atteignant une profondeur supérieure à 20 m. On y trouve la sépulture de dizaines de martyrs, de seize pontifes et de très nombreux chrétiens. Elles devinrent le premier cimetière officiel de l'Eglise de Rome, géré par le diacre Calixte au début du IIIe siècle, d'où leur nom.

Catacombe di San Callisto.

LES CATACOMBES

CATACOMBE DI DOMITILLA ★★
Via delle Sette Chiese
Près de la Via Appia Antica
✆ +39 06 511 0342
www.domitilla.info
info@domitilla.info
Ouvert du lundi au dimanche de 9h à 12h et de 14h à 17h. Fermé le mardi. Entrée : 8 €, réduit 5 €.
Etendues sur 18 km, les catacombes de Domitille conservent de belles peintures murales paléochrétiennes. Point d'orgue de la visite, la mystérieuse basilique souterraine des SS. Nérée et Achille du IVe siècle dédiée à deux soldats romains martyrisés sous Dioclétien.

CATACOMBE DI SAN SEBASTIANO ★
Via Appia Antica, 136
✆ +39 06 785 0350
www.catacombe.org
info@catacombe.org
Bus 118, 218, 660.
Ouvert du lundi au samedi de 10h à 17h. Fermé le dimanche. Entrée : 8 €.
C'est à cet endroit que se trouvait le cimetière Ad Catacumbas, devenu le nom générique pour toutes les catacombes du monde. La basilique qui s'élève en surface date du IVe siècle (revue au XVIIe siècle) : elle conserve l'une des flèches qui servit à martyriser saint Sébastien et la colonne à laquelle il aurait été attaché pour le supplice. Plus intéressants, les trois hypogées du IIe siècle qui ont parfaitement conservé leur décor de stucs, de fresques et de mosaïques.

MAXXI.

MAXXI ★★★

Via Guido Reni, 4A
Flaminio
✆ +39 06 321 0181
www.fondazionemaxxi.it
info@fondazionemaxxi.it
M° Flaminio (ligne A)
puis tram n° 2, station Apollodoro.
Bus 53, 217, 280, 910.
Ouvert du mardi au dimanche de 11h à 19h. Entrée : 9 €. Gratuit du mardi au jeudi et le premier dimanche du mois.

Au printemps 2010, la Cité éternelle a inauguré dans le quartier de Flaminio (où se trouve déjà l'auditorium de Renzo Piano) un grand musée national dédié à l'art contemporain et à l'architecture, le MAXXI (pour Musée des arts du XXIe siècle). C'est le premier du genre en Italie. La structure, mariant le béton brut et le verre qui laisse filtrer la lumière naturelle par le toit, porte la signature tout en fluidité de son architecte star anglo-irakienne Zaha Hadid. Au total, 27 000 m² accueillent une collection d'art contemporain réunissant artistes italiens de renom (Stefano Arienti, Lara Favaretto, Domenico Gnoli) et pointures internationales (Andy Warhol, Gerhard Richter), ainsi que de précieux documents concernant l'architecture mondiale.

MUSEO DELLE MURA ★

Via di Porta San Sebastiano, 18
✆ +39 06 704 752 84
www.museodellemuraroma.it
M° Circo Massimo.
Ouvert du mardi à dimanche de 9h à 14h. Entrée gratuite.

Essentiel pour comprendre l'évolution géographique de la ville à travers les siècles, ce musée se trouve dans la porte de San Sebastiano (IIIe siècle apr. J.-C.), où commence la via Appia Antica. Il retrace l'histoire de Rome à travers celle de ses remparts. A l'aide de reproductions commentées (en italien et en anglais), toutes les époques sont évoquées.

MUSÉE DE LA PRÉHISTOIRE ET D'ETHNOGRAPHIE PIGORINI

Piazzale Marconi, 14
✆ +39 06 549 521
http://museocivilta.beniculturali.it
mu-civ@beniculturali.it
Du mardi au dimanche de 8h à 19h. Entrée 10 € pour 3 jours dans les 3 sections. Gratuit le vendredi à partir de 16h30.

Ce musée fait, depuis septembre 2016, partie du Museo della Civiltà. Cet organisme unique regroupe trois musées nationaux : le musée préhistorique et ethnographique et celui du haut Moyen Age qui se trouvent dans le *Palazzo delle Scienze*, ainsi que le musée des traditions populaires dans le *Palazzo delle tradizioni popolari,* situé juste en face. Le musée préhistorique et ethnographique vaut le détour pour sa riche collection. Il comporte deux sections : ethnographique au 1er étage, préhistorique et protohistorique au 2e étage. C'est, en quelque sorte, l'équivalent du Musée de l'Homme romain. Au rez-de-chaussée, on remarque un grand canoë à balancier venant de Papouasie-Nouvelle-Guinée. Dans la section ethnographique, on côtoie une partie africaine avec des pièces de toute époque venant d'Ethiopie, du Nigeria, d'Angola (masques, sculptures, statues). La partie Amérique présente une collection de divers objets indiens (kayaks, arcs, harpons, calumets de la paix). La dernière partie, ethnographique, est consacrée à l'Amérique précolombienne. Au 2e étage, la vaste collection préhistorique et protohistorique présente des objets mis au jour par des fouilles effectuées dans et autour de Rome.

Via Appia, ruines du Cirque Maxime.

PARCO DELL'APPIA ANTICA ★★

Via Appia Antica, 58
✆ +39 06 5135316
www.parcoappiaantica.it
info@parcoappiaantica.it
Horaires variables, généralement de 9h30 à 16h30 (18h30 l'été). Fermeture des catacombes le midi. Location de vélos.

Principale voie de communication du monde méditerranéen, la via Appia traverse la campagne romaine sans exhiber de constructions modernes agressives. On a presque l'illusion que rien n'a changé depuis le VIe siècle, si l'on oublie les pancartes un peu racoleuses qui invitent à la visite des catacombes. Car ce sont bien sûr ces fameuses catacombes et leur légende qui attirent ici la foule des pèlerins. Pourtant l'Appia Antica, ce n'est pas seulement des catacombes, c'est aussi – et surtout – un parc immense où le temps semble s'être arrêté. Vous ne manquerez pas d'y remarquer les nombreuses villas qui bordent la rue, dont on n'aperçoit bien souvent que le portail d'entrée. Il va sans dire que ces villas sont encore habitées, et majoritairement par la haute bourgeoisie romaine. En vertu de lois sanitaires datant du Ve siècle avant notre ère, il était interdit d'ensevelir les morts dans l'enceinte de Rome. C'est pourquoi les voies qui sortaient de Rome étaient bordées de riches tombeaux, comme celui des Scipions, et de cimetières, comme les catacombes.

PIRAMIDE CESTIA ★

Piazza di Porta San Paolo
Testaccio
✆ +39 06 399 677 00
www.coopculture.it
roma@coopculture.it
M° Piramide.
Ouvert les 2e et 4e samedis et dimanches du mois. Visite guidée et réservation obligatoire. Entrée : 5 €
Vous la verrez en sortant du métro Piramide. C'est la tombe d'un certain Caïus Cestius. Construite au début de la via Ostiense, en 20 av. J.-C., suivant la mode de l'époque, elle mesure 30 m de côté et 36 m de hauteur. Pendant des siècles, elle se trouvait en dehors de la ville sur la via Ostiensis mais, en 274, elle fut englobée dans les murs d'Aurèle. Sur le côté ouest, une petite ouverture permet d'atteindre la chambre de sépulture de 5,90 m sur 4,10 m et recouverte par une voûte.

PORTA PIA

Au nord de la ville, permettant d'accéder au quartier Nomentano, l'une des portes les plus importantes de la muraille romaine. Elle fut érigée à 100 m de l'ancienne porte Nomentana sous le pape Pie IV, en

Piramide Cestia.

1564. Sa façade intérieure fut l'une des dernières œuvres de Michel-Ange. C'est également par cette porte que Garibaldi entra dans Rome le 20 septembre 1870. Ce jour-là, l'artillerie italienne réussit à ouvrir une brèche dans la muraille marquant ainsi la fin de l'Etat pontifical, et l'annexion de Rome au Royaume d'Italie.

QUARTIER GARBATELLA

Accès : M° ligne B, stations Garbatella ou Basilica di San Paolo.
Ce quartier fut construit pendant les années 1920 par des architectes comme Marcello Piacentini, l'architecte du régime fasciste, selon le concept de « quartier jardin », conçu pour concilier esthétisme et praticité. A l'origine très populaire et ouvrier, il a su préserver sa personnalité et une balade dans ses rues offre l'occasion de découvrir une Rome bien différente de celle du Colisée.

QUARTIER COPPEDÈ

Entre la viale Regina Margherita
et la via Tagliamento,
derrière la place Buenos Aires
Parioli
Station bus Buenos Aires lignes 2, 3, 19 et N10.

A deux pas de la villa Ada, en empruntant la via Tagliamento, les curieux pourront découvrir l'un des joyaux de la Rome insolite et secrète, le quartier Coppedè, du nom de l'architecte gênois qui l'a imaginé. Entre 1913 et 1926, Gino Coppedè fait bâtir ce quartier, incroyable mélange architectural, qui cultive une atmosphère étrange et hors du temps. Le cœur se trouve piazza Mincio, où s'élève la Fontana delle Rane, la fontaine des grenouilles. Autour, s'arrondissent 18 villas et 26 immeubles, destinés aux classes aisées. Coppedè avait pour ambition de rassembler en une seule œuvre architecturale tous les visages de Rome depuis 2000, de l'Antiquité à l'Empire, jusqu'à l'Art déco.

QUARTIER OSTIENSE

M° ligne B, station Piramide.

Le quartier s'organise autour de la via Ostiense. Autrefois zone de commerce, c'est aujourd'hui un lieu de fête en constante réhabilitation.

QUARTIER PARIOLI

M° Flaminio et plusieurs bus
dont les n° 88, 204, 495, 628…

Situé au nord de Rome, ce quartier s'étend entre la via Flaminia et le Tibre, de la piazzale Flaminio au pont Milvio. Représentant l'un des quartiers les plus aisés et verts de la ville, avec le Monte Mario, la villa Glori et la villa Borghèse, il était traversé, au cours de l'époque antique, par la route consulaire Salaria Vertus, correspondant aux actuels via Monti Parioli et viale Maresciallo Pilsudski.

QUARTIER PRATI

M° Lepanto et Ottaviano.
Plusieurs bus, dont les n° 81, 34, 49, 87, 926, 990…

Son nom dérive du mot *prati*, qui signifie « prairies » en italien. En effet, cette zone était recouverte de prairies il y a 150 ans. Situé sur la rive droite du Tibre, cette portion de Rome s'étend actuellement de la piazza Risorgimento à la piazza Mazzini. Dans ce quartier élégant et raffiné se situe le palais de justice de Rome, dit aussi le Palazzaccio (le mauvais palais). Son centre névralgique est la piazza Cavour, une des places les plus grandes de la ville. Une zone commerciale s'étend entre la via Cola di Rienzo et la via Ottaviano, dans laquelle vous pourrez trouver un grand nombre de magasins.

QUARTIER TESTACCIO

M° ligne B, station Piramide.
Bus n° 23, 30, 75, 280, 716.
Le quartier du Testaccio s'organise autour du mont du même nom. Autrefois, la zone était lieu de commerce, ensuite point d'événements religieux et ludiques, aujourd'hui lieu de rencontre des noctambules romains. A proximité des murs Auréliens se trouve le cimetière protestant. A ses côtés se dresse la pyramide Cestia, contruite sur la demande du consul Caio Cestio.

VILLA ADA ★

Via di Ponte Salario, 265
Parioli
✆ +39 06 860 3540
www.villaada.org
info@villaada.org
M° Campi Sportivi ligne n° FC3.
Parc ouvert tout les jours. On peut acheter les billets des concerts en ligne.
Situé au nord de Rome, à proximité du quartier Parioli, le parc de la villa Ada est immergé en pleine nature et vous n'aurez guère le sentiment d'être au cœur de Rome. C'est le lieu idéal pour se promener, faire son jogging ou une balade à vélo (les dimensions du parc s'y prêtent volontiers) au milieu des pins, des bois de chênes-liège et des innombrables écureuils et lapins sauvages. Vous pourrez louer des vélos à l'entrée. C'est l'un des parcs les plus étendus de Rome et il est composé de nombreux édifices de natures et d'époques différentes. Résidence royale de 1872 à 1878 et de 1904 à 1946, le parc s'étend sur une zone de grande importance historique comprenant les restes d'Antemnae, l'une des villes les plus anciennes du Lazio, qui se trouvait à l'intersection entre le Tibre et l'Aniene (Antemnae vient de *ante amnen*, « devant le fleuve »). Les catacombes de Trasone e di Priscilla se trouvent au sein du parc. Villa Ada est aussi le lieu de nombreux spectacles et concerts en tous genres réalisés dans le cadre de l'Estate Romana.
Une succursale du WWF est présente au sein même du parc, vous trouverez d'ailleurs de nombreux panneaux didactiques et des points d'observation gérés par leurs soins.

VILLA TORLONIA

Via Nomentana, 70
Nomentano ✆ +39 06 06 08
www.museivillatorlonia.it
villeparchistorici@comune.roma.it
M° Bologna.
Ouvert du mardi au dimanche de 9h à 19h. Entrée gratuite. Casina delle civette + Casino nobile : 8,50 €
La villa Torlonia s'étend le long de la via Nomentana, qui était la rue consulaire préférée des nobles romains pour établir leurs résidences secondaires juste en dehors des murs de la ville. Parmi toutes les villas présentes, la villa Torlonia est la plus célèbre car elle fut, de 1925 à 1943, la résidence privée de Benito Mussolini qui payait le loyer symbolique d'une lire à l'année. L'entrée de la villa est signalée par deux petits temples et par la présence de très hautes palmes des Canaries qui ne peuvent échapper au regard. Le palais principal est une construction originale imitant le style médiéval et qui accueille aujourd'hui un musée exhibant de magnifiques vitraux Liberty. A noter également que le sous-sol de la villa abrite, sur environ 140 000 m², des catacombes hébraïques des IIe et IIIe siècles.

SE RESTAURER

On mange plutôt bien hors les murs, dans des quartiers où les adresses ne sont pas vouées au tourisme ! Si l'EUR est pratiquement un désert gastronomique, on trouve en revanche de bonnes adresse au Testaccio, qui est un peu le berceau de la cuisine romaine populaire (les abattoirs se trouvaient dans le quartier et la cuisine a gardé cette influence).
Des trattorias typiques aux tables design, le quartier accueille une population de Romains branchés et fine bouche tandis que, dans le quartier étudiant de San Lorenzo, on trouve de bonnes adresses à des prix très corrects.

SUR LE POUCE

EATALY

Piazzale XII Ottobre, 1492
Testaccio
✆ +39 06 90 27 92 01
www.eataly.net
eatalyroma@eataly.it
M° Piramide.
Ouvert tous les jours de 9h à minuit. Repas à tous les prix.
Temple de la gastronomie italienne, l'Eataly de Rome, qui a ouvert en 2012, est le plus grand du monde. Son concept innovant rencontre un franc succès en Italie et de plus en plus en dehors de ses frontières, on y propose des plats du terroir, des menus spéciaux, des apéritifs thématiques, et des dégustations sur le pouce..., à partir des produits de la meilleure qualité qui soit, sélectionnés à travers le pays. L'endroit est superbe, lumineux et agréable, on y passerait la journée à tout goûter... C'est également l'endroit idéal pour faire du shopping gourmet. A voir absolument !

MONDO ARANCINA

Via Marcantonio Colonna, 38
Prati
✆ +39 06 9761 9213
www.mondoarancina.it
info@mondoarancina.it
Ouvert tous les jours de 10h à 0h.
La Sicile s'invite à Rome, par l'intermédiaire de Mondo Arancina. On y déguste notamment les *arancini*, la spécialité sicilienne absolue. Il s'agit de petites boules de riz frites, remplies de fromage, de viande ou de poisson. Excellent pour manger sur le pouce.

Autre adresse : Via Flaminia, 42.

PAUSE GOURMANDE

BAR GELATERIA ROMOLI

Viale Eritrea, 142
✆ +39 06 862 162 08
www.barromoli.it
info@barromoli.it
Si l'envie vous prend d'une douceur lors de vos pérégrinations dans le quartier Nomentana, essayez ce bar glacier également réputé pour ses pâtisseries comme les *fagottini*, des sortes de raviolis sucrés. On peut les accompagner d'un cappuccino.

FATAMORGANA

Via Lago di Lesina, 9
Nomentano
✆ +39 068 639 1589
www.gelateriafatamorgana.com
info@gelateriafatamorgana.com
Ouvert tous les jours de 10h à 23h.
Ce glacier du quartier Nomentano propose des produits 100 % naturels, sans colorants ni conservateurs, mais

© EATALY

Eataly.

aussi sans gluten ou sans lactose, suivant les nouvelles tendances de consommation. La panacée décline les saveurs du ginseng avec du lait d'amandes et de la menthe, tandis que l'extase, le petit diable ou le penseur sont d'autres œuvres d'art glacées à découvrir.

Autre adresse : Piazza degli Zingari, 5.

POMPI

Via Albalonga, 7/11
San Giovanni
✆ +39 06 700 0418
www.barpompi.it
info@barpompi.it
Via Albalonga : de 7h à 00h (1h30 le week-end) ; Via della Croce : de 11h à 21h30 (22h30 le week-end).

Pompi se cache hors des murs d'Aurélien, derrière la porte San Giovanni, mais l'adresse mérite une petite marche aller, et retour, pour digérer. Car il y a fort à parier que vous en reviendrez repus. Ce bar-glacier est en effet connu pour ses multiples tiramisus, dont celui aux fraises. D'autres boutiques à Rome notamment à côté de la Piazza di Spagna.

Autres adresses : Via Cassia, 8b/8c (Ponte Milvio) • Via della Croce 82 (Place d'Espagne)

BIEN ET PAS CHER

AGUSTARELLO

Via G. Branca, 98
Testaccio
✆ +39 06 574 6585
Ouvertde 12h30 à 15h et de 19h30 à 23h30. Fermé le dimanche. Addition : environ 25 €.

Sa façade ne paye pas de mine mais, si vous poussez la porte de ce restaurant du Testaccio, vous pourrez goûter une cuisine romaine authentique, dans une ambiance qui l'est tout autant. Attention, peu (voire pas) de plats végétariens.

DA BUCATINO

Via Luca della Robbia, 84
Testaccio
✆ +39 06 574 6886
www.bucatino.com
info@bucatino.com
Ouvert du mardi au dimanche de 12h à 15h et de 19h à minuit. Fermé le lundi. Addition 20 à 30 €.
Une entreprise familiale, menée d'une main de fer par la mamma. On craint parfois de se faire molester si l'on ne finit pas son assiette, mais cela ajoute à l'authenticité du lieu ! Da Bucatino est une *trattoria* authentique, particulièrement prisée des Romains.

« DA OIO » A CASA MIA

Via Galvani 43
✆ +39 06 578 2680
Ouvert du lundi au samedi midi et soir, et le dimanche seulement le midi.
Toujours bondée, cette trattoria de Testaccio a conservé un accueil familial. Elle propose une cuisine romaine traditionnelle et donc des spécialités comme la queue de bœuf braisée (*la coda alla vacinara)* ou des recettes à base de tripes et d'abats. Mais les réticents peuvent se rabattre sur un grand choix de pâtes. L'été, on s'installe sur le trottoir transformé en terrasse, sous les platanes.

LO SCOPETTARO

Lungotevere Testaccio, 7
Testaccio
✆ +39 06 574 24 08
www.loscopettaro.it
Ouvert tous les jours de 12h30 à 15h, puis de 19h30 à 23h. Addition : 20-30 €.
La légende veut que, avant d'être un restaurant, c'était une boutique qui vendait des balais, d'ou le nom *Lo Scopettaro.* Ici nous sommes dans une vraie *trattoria* romaine sans chichis comme on les aime, c'est-à-dire ou l'on mange beaucoup, typique et à bon marché dans une ambiance familiale. Toutes les pâtes romaines sont à l'honneur : *carbonara*, *gricia*, *amatriciana*, *cacio e pepe*, *arrabbiata* ainsi que les immanquables *secondi* romains comme l'*abbacchio* (agneau), les trippes, les *saltimbocca*...

Panificio Nazzareno, autre de la slow food.

Flavio al Velavevodetto.

PANIFICIO NAZZARENO

Piazzale Ponte Milvio, 35
Ponte Milvio ✆ +39 06 33 22 07 20
www.panificionazzareno.it
info@panificionazzareno.it
Ouvert tous les jours de 7h à minuit. Addition autour de 20 €.

Encore une boulangerie à tout faire, comme il y en a de plus en plus en Italie. Du petit-déjeuner au dîner, c'est bon, rapide et surtout abordable. Le tout dans un décor moderne qui reste chaleureux. Mais surtout pour le repas du soir : demandez une table dans la cour arrière, invisible depuis l'entrée ou la rue.

BONNES TABLES

CHECCHINO DAL 1887

Via di Monte Testaccio 30
Testaccio ✆ +39 06 574 3816
www.checchino-dal-1887.com
Ouvert midi et soir du mardi au samedi. Fermé dimanche, lundi et au mois d'août. Addition 25-55 €.

La cuisine romaine, connue pour sa prédilection pour les abats, est née ici, au cœur du Testaccio, près des abattoirs. Checchino fait partie des premiers restaurants à avoir utilisé les restes de viandes pour les transformer en mets raffinés. C'est ici donc qu'il faut venir pour goûter à la *coda alla vaccinara* (queue de bœuf) ou l'*abbacchio alla cacciatora* (abats d'agneau).

FLAVIO AL VELAVEVODETTO

Via di Monte Testaccio, 97
Testaccio
✆ +39 065 744 194
www.ristorantevelavevodetto.it
info@ristorantevelavevodetto.it
Ouvert tous les jours de 12h30 à 15h et de 19h45 à 23h. Addition à partir de 35 €.

Lieu mythique à Testaccio et à Rome, où la cuisine suit les principes de la gastronomie *slow food* (produits frais, sains, directement du producteur au consommateur). Le cadre est très agréable avec une ravissante terrasse et un intérieur soigné, et les plats fort savoureux (boulettes de viande, *bucatini cacio et pepe*, tiramisù...)

FELICE A TESTACCIO

Via Mastro Giorgio, 29
✆ +39 06 574 6800
www.feliceatestaccio.com
Ouvert tous les jours, midi et soir. Réservation par téléphone nécessaire.
Dans cette très jolie salle à l'élégance contemporaine, avec sol carrelé noir et blanc et mur en briques, le chef vous propose un menu chaque jour différent mettant à l'honneur un plat traditionnel.
Tout est préparé avec des produits frais et de premier choix (*saltimbocca, coda à la vaccinara, spaghetti alle vongole, cacio e pepe,* artichauts...). En dessert, essayez la tarte aux poires et à la ricotta.

KILO RESTAURANT

Via Tirso, 30
Parioli
✆ +39 06 64 781 752
www.kilorestaurant.it
Ouvert tous les jours, de 12h à 15h et de 19h à 1h. Buffet déjeuner 10 €, dîner 25-45 €.
Sur la colline de Parioli, une adresse jeune et branchée pour les ama-teurs de bonne viande. Le bon plan : l'immense buffet de midi « à volonté » durant la semaine.

OSTERIA DEGLI AMICI

Via Nicola Zabaglia, 25
✆ +39 06 578 1466
www.osteriadegliamiciroma.it
Ouvert tous les jours midi et soir sauf le mardi. Compter environ 30 € par personne, sans boissons.
Une adresse qui se distingue par son charme et son authenticité, au cœur du quartier Testaccio. A la carte des plats caractéristiques comme les *bucatini all'amatriciana* et la *baccalà*. La fraîcheur des denrées et les produits faits maison sont les atouts de cette table.

LUXE

L'ARCHEOLOGIA

(près de la tombe de Cecilia Metella)
Via Appia Antica 139
✆ +39 06 788 0494
www.larcheologia.it
Ouvert tous les jours midi et soir. Comptez environ 60 € pour un menu complet, sans le vin.

© L'ARCHEOLOGIA

L'impressionnante cave de l'Archeologia.

Ce restaurant qui existe depuis la fin du XIXe siècle se trouve directement sur l'Appia Antica et jouit à ce titre d'un décor assez exceptionnel, entre vieilles pierres et jolis jardins. La carte joue sur la rencontre entre mer et terre avec des recettes parfois anciennes remises au goût du jour. Une adresse tout en élégance.

SHOPPING

On trouve beaucoup de rues commerçantes en dehors du centre historique, mais rien de particulier à signaler pour le visiteur, en dehors du marché de Testaccio, l'un des plus intéressants de la ville, et la via Appia (métro Re di Roma) et la via Tuscolana (métro Lucio Sestio) qui concentrent de nombreuses boutiques de prêt-à-porter.

MARCHÉ DES ANTIQUITÉS DU PONT MILVIO

Ponte Milvio

Le dimanche de 9h à 19h.

Si vous aimez les vieux objets et que vous vous trouvez à Rome le premier week-end d'un mois, vous prendrez certainement plaisir à chiner sur cette brocante au bord du Tibre. C'est en plus une bonne occasion de découvrir un quartier peu fréquenté des touristes et bien agréable.

MCARTHURGLEN – CASTEL ROMANO DESIGNER OUTLET

Via Ponte di Piscina Cupa, 64
Castel Romano ✆ +39 06 505 0050
www.mcarthurglen.it/castelromano
En voiture depuis Rome, prendre la via Cristoforo Colombo, puis la via Pontina (SS148), sortie Castel Romano. Un service navette A/R est également disponible au départ de la gare Termini (via Marsala) ou depuis Viale Vaticano (près du Vatican).

Ouvert tous les jours de 10h à 20h ; vendredi, samedi, dimanche jusqu'à 21h. Consultez leur site web pour les horaires détaillés des navettes : Billet A/R 15 €, VIP Shopping Fee 35 €.

Le plus grand designer *outlet* de Rome se trouve à une vingtaine de minutes du centre-ville. Amateurs de shopping... vous ne le regretterez pas ! Toutes les grandes marques italiennes et internationales sont au rendez-vous à des prix défiant toute concurrence (collections réduites de 30 % à 70 %). Cet *outlet* est composé de plus de 140 boutiques installées dans un véritable village en plein air avec bars et restaurants.

MARCHÉ DE TESTACCIO

via B. Franklin, via A.Volta,
via A. Manuzio, via L. Ghiberti

Tous les matins, du lundi au samedi de 7h à 15h30.

Rendez-vous au sud du Tibre, pour dénicher de bonnes affaires. Le marché du Testaccio est surtout connu pour ses étals de chaussures dégriffées. On y trouve aussi de l'alimentation.

VOLPETTI

Via Marmorata, 47
✆ +39 06 574 2352
www.volpetti.com

Ouvert de 8h30 à 14h et de 16h30 à 20h15. Le samedi, de 8h30 à 20h30. Fermé le dimanche.

Cette célèbre épicerie du Testaccio est l'endroit idéal pour composer votre panier souvenirs gourmands avant de quitter la ville. On y trouve tous les produits caractéristiques de l'Italie en version haut de gamme : charcuterie, fromages, huiles d'olive, pâtes fraîches, biscuits, chocolats... sans oublier les vins et autres liqueurs.

SORTIR

Les véritables oiseaux de nuit romains se retrouvent hors les murs. Les quartiers de San Lorenzo et Pigneto drainent une population étudiante plutôt jeune avec des bars de quartier très sympathiques et, aussi vers Nomentana, des lieux alternatifs branchés. Mais la Mecque des noctambules se trouve dans la zone Testaccio-Ostiense-Garbatella où se tiennent les plus grandes discothèques de Rome, avec des lieux jet set ou plus underground, souvent multiconceptuels, alternatifs et innovants.

CAFÉS – BARS

ANGELI ROCK

Via Ostiense, 193B
✆ +39 06 86 70 82 50
www.angelirock.it
Ouvert tous les jours, de 18h à 2h.
Même si son *aperitivo* à buffet est copieux, ce bar n'a, à première vue, rien d'étonnant. C'est quand on monte sur sa terrasse où est servi l'apéritif qu'on est conquis, surtout au coucher du soleil : la vue sur la basilique San Paolo fuori le Mura est imprenable !

CONTESTACCIO

Via di Monte Testaccio, 65
Testaccio
✆ +39 06 57 28 97 12
www.contestaccio.com
info@contestaccio.com
M° Piramide.
Ouvert du mercredi au dimanche de 19h à 4h.
Live music tous les soirs, les groupes romains viennent jouer ici pour se faire connaître. Au Contestaccio, on y va aussi pour dîner ou simplement boire un verre dans le grand dehors.

DOPPIO ZERO

Via Ostiense, 68
✆ 06 57 30 19 61
www.doppiozeroo.com
info@doppiozeroo.com
Ouvert tous les jours de 7h à 2h.
Ouvert du matin au soir, Doppio Zero est surtout connu des Romains pour son apéritif abondant. Après avoir commandé votre boisson, vous aurez accès à un buffet copieux constitué de pâtes et de pizzas. En dessert, ou vous en proposera même une à la pâte à tartiner !

DUKE'S

Viale dei Parioli, 200
✆ +39 06 80 66 24 55
www.dukes.it – infodukes@dukes.it
Ouvert de 19h à 2h.
L'endroit à la mode où il est bon de se retrouver, surtout dans ce quartier avare en lieux de sortie. Une foule d'habitués s'y retrouve chaque soir pour l'apéro, pour dîner ou pour un verre en soirée. Les cocktails sont ici excellents, servis avec un bon buffet happy hour où l'on trouve même des sushis. C'est toutefois assez loin du centre.

ENOTECA FERRAZZA

Via dei Volsci, 59
San Lorenzo
✆ +39 06 490 506
winebarferrazza.com
winebarferrazza@yahoo.com
Ouvert le soir de 18h à 2h. Fermé les dimanches et jours fériés. Prix moyen 20 €.
Une large sélection de vins régionaux, à découvrir dans une atmosphère chic et détendue. Cette œnothèque propose aussi plusieurs plats de viande ou de poisson pour accompagner la dégustation. Le week-end, mieux vaut arriver avant 20h pour avoir une table.

■ **IL BARONE ROSSO**
Via G. Libetta, 13
Ostiense/Garbatella
✆ +39 06 5728 8961
www.baronerosso.com
info@baronerosso.com
Le Libetta Village, situé à Ostiense, regroupe plusieurs bars, qui permettent de passer toute une soirée en changeant d'ambiance. Nous avons choisi le Baron Rouge pour sa grande terrasse, son ambiance détendue et sa vocation de « before », parmi tous les clubs présents.

CLUBS ET DISCOTHÈQUES

■ **GOA**
Via Libetta, 13
Garbatella
✆ +39 06 57 48 277
www.goaclub.com
goaclub@mclink.it
Depuis 1996, le Goa est une institution pour les amateurs de musique électronique. Son *sound system* avant-gardiste envoie des décibels décapants. Raison pour laquelle les DJ's les plus renommés aiment jouer ici !

SPECTACLES

■ **AUDITORIUM PARCO DELLA MUSICA**
Via Pietro de Coubertin, 30
Flaminio ✆ +39 06 80 24 12 81
www.auditorium.com
M° Flaminio puis tram n° 2.
L'architecte Renzo Piano a dirigé le projet de ce complexe, entièrement dédié à la musique. Trois salles de concerts, plusieurs espaces d'exposition et un superbe jardin sont accessibles aux visiteurs, qui pourront aussi voir les vestiges d'une ancienne villa romaine, découverte pendant les travaux.

■ **CINEMA AZZURRO SCIPIONI**
Via degli Scipioni, 82
✆ +39 06 397 371 61
www.silvanoagosti.it
Avis aux cinéphiles, le cinéma Azurro Scipioni vous séduira assurément grâce à la programmation d'art et d'essai, qui fait honneur aux grands réalisateurs italiens, comme au films étrangers. Rendez-vous dans la salle Chaplin, pour les sorties récentes, et dans la salle Lumière, pour les chefs-d'œuvre !

Auditorium parco della Musica.

© TOMASSEREDA - ISTOCKPHOTO

ORGANISER SON SÉJOUR

PENSE FUTÉ

ARGENT

L'Italie étant un pays de la zone Euro, vous pouvez y effectuer vos retraits et paiements par carte bancaire (Visa, MasterCard, etc.) comme vous le feriez en France. Inutile d'emporter des sommes importantes en liquide.

Tous vos paiements par carte sont gratuits et vos retraits sont soumis aux mêmes conditions tarifaires que ceux effectués en France (ils sont donc gratuits pour la plupart des cartes bancaires). Idées de budget par jour et par personne (logement, repas et visite) :

- **Petit budget :** jusqu'à 100 € (dortoir en auberge de jeunesse 15-35 € ; pizza ou *panino* et bière 15 € ; café et *gelato* au comptoir 3 €).
- **Budget moyen :** entre 100 et 250 € (chambre double de 110 à 200 € ; repas avec deux plats dans une trattoria 25 € ; Roma Pass pour l'accès gratuit aux transports en commun 36 €).
- **Gros budget :** 250 € et plus (chambre double à plus de 200 € la nuit ; dîner dans un restaurant entre 50 et 90 € ; un ou deux déplacements en taxi 10-20 € ; un concert ou un spectacle entre 25 et 60 €).

Via dei Condotti, dans le centre de Rome.

CLIMAT

Située à une trentaine de kilomètres de la mer, Rome bénéficie d'un climat extrêmement doux. Les températures hivernales ne tombent pas en dessous de 0 °C et flirtent pour les mois les plus froids autour de 5 °C. En été, les températures peuvent atteindre les 35 °C. Les saisons les plus plaisantes sont le printemps, bien qu'assez pluvieux, et l'automne.

DÉCALAGE HORAIRE

Il n'y a pas de décalage horaire entre la France et l'Italie qui applique les mêmes changements d'heure en été et en hiver.

SVEVO MOLTRASIO, DE PARIS À ROME

Dans sa web-série *Ritals*, Svevo Moltrasio incarnait (fiction ou réalité ?) un Romain à Paris, se confrontant à la culture française. Aujourd'hui, Svevo est revenu à Rome et continue son activité de réalisateur de cinéma. Nous l'avons rencontré.

De retour à Rome après 10 ans à Paris, qu'est-ce qui vous manquait le plus ici ?
Le soleil, les couleurs, la nourriture… un peu tout en fait ! Rome est une capitale unique, la vie y est tranquille. Le matin j'adore prendre mon petit-déjeuner au bar et me promener dans ses nombreux parcs. J'ai par exemple redécouvert la villa Pamphilj il y a peu, j'ai été charmé ! Et puis la faible densité de Rome la rend vraiment plus respirable. Il faut savoir qu'elle est grande comme 12 fois Paris intra-muros ! Il est donc difficile de comparer deux villes si différentes, et je ne suis vraiment pas d'accord quand on parle de chaos romain.

Qu'est-ce qui vous a incité à raconter votre expérience à Paris dans *Ritals* ?
Dans la première saison, notre objectif était vraiment de toucher aussi bien les Français que les Italiens en les faisant rire sur les clichés. C'est vrai qu'on se moquait souvent des Parisiens, ce qui amuse toujours les Français ! Par contre, dès que nous avons commencé à étendre nos critiques à la France en général dans la deuxième saison, on a eu moins de succès (rires) ! Quant à la troisième saison, elle est vraiment beaucoup plus intime et raconte le désarroi, l'échec d'un Italien à Paris.

Aujourd'hui, vous êtes de retour à Rome. Quelle tournure prendra la série ?
Je montre Rome avec l'œil d'un « rapatrié » amoureux de sa ville ! On entend, malheureusement, trop souvent parler de ses mauvais côtés (poubelles qui débordent, transports en commun défaillants...) comme si on cherchait à boycotter cette capitale qui est pourtant un concentré de beautés.

Vous qui êtes réalisateur, quel serait selon vous le film qui représente le mieux Rome ?
Je crois qu'il n'y en a pas. Le cinéma italien va assez mal actuellement. J'aurais aimé vous parler de Fellini, bien sûr, mais il ne représente pas la Rome actuelle. Peut-être que je citerais Nanni Moretti et son *Caro Diario* (*Journal intime*), mais ce n'est pas bien récent non plus...

© SVEVO MOLTRASIO

En tant que Romain, quels sont vos endroits préférés à Rome ?
Pour manger, j'aime beaucoup Roma Sparita dans le quartier du Trastevere où l'on vous sert la pasta cacio e pepe dans une coque en pecorino ! Et pour se balader, le Pincio est incontournable, surtout le point de vue en allant vers la Villa Médicis.

FORMALITÉS

Que vous voyagiez en train ou en avion, munissez-vous de votre carte d'identité ou de votre passeport.

INTERNET

Si de nombreux points Internet subsistent à Rome, ce n'est guère que pour ceux qui ne seraient pas dotés de tablettes et de smartphones avec lesquels on peut trouver de nombreuses connexions wifi gratuites un peu partout. Dans tous les cas, vous resterez connecté, ne vous inquiétez pas !

LANGUES PARLÉES

À Rome, beaucoup de professionnels du tourisme parlent français et bien sûr anglais. Si vous ne parlez pas italien, ne vous inquiétez pas : vous arriverez tout de même à vous débrouiller avec un peu d'anglais et de français dans la rue. Sinon, il y a aussi les gestes !

SÉCURITÉ

Rome n'est pas une ville particulièrement dangereuse. Adoptez les précautions habituelles pour éviter les pickpockets dans les transports en commun et sur les marchés.

TÉLÉPHONE

- **Pour appeler de la France** vers un numéro fixe italien ou portable : 00 39 + indicatif de la ville + numéro (pour appeler Rome, faites le 00 + 39 + 06 + numéro à un nombre de chiffres variables).
- **Pour appeler la France de l'Italie :** 00 + 33 + indicatif de la ville sans le 0 initial.
- **Pour votre portable,** depuis 2017 le service d'itinérance (*roaming*) n'est plus facturé dans l'UE. Vous pouvez donc utiliser votre téléphone sans surcoût. Pensez tout de même à vérifier la limite imposée par votre opérateur.
- **Cabines téléphoniques :** elles sont de moins en moins nombreuses, pourtant encore généralement aux carrefours les plus fréquentés. Des cartes de 3 €, 6 € et 10 € sont vendues dans les débits de tabac, bureaux de poste, kiosques à journaux.

TOURISME

OFFICES DE TOURISME

© +39 06 06 08
www.turismoroma.it
turismo@comune.roma.it
Accueil multilingue. Ouvert généralement tous les jours de 9h30 à 18h30/19h (20h45 à Fiumicino).
Les principaux kiosques d'information touristique sont situés Piazza Pia (Castel Sant'Angelo), Via Minghetti, Stazione Termini Platforme 24. Un bureau d'information est également présent à l'aéroport de Fiumicino, aux terminaux B et C aux arrivées. A Ciampino, on le trouve à l'arrivée des bagages internationaux. On peut se renseigner directement sur leur site web !

OPERA ROMANA PELLEGRINAGGI
Piazza Pio XII, 9
Place Saint-Pierre
✆ +39 06 698961
www.operaromanapellegrinaggi.org
info@operaromanapellegrinaggi.org
Les bureaux les plus facilement accessibles sont situés près de la place Saint-Pierre.
Au bout de la via della Conciliazione, à gauche.
Métro : Ottaviano – San Pietro.
Piazza Pio XII, les bureaux sont ouverts du lundi au samedi de 9h à 17h. Dimanche de 9h à 13h. Les autres bureaux ont à peu près les mêmes horaires.
L'Opera Romana Pellegrinaggi est le point de référence des touristes qui veulent se concentrer sur la Rome chrétienne. Vous serez impressionnés par le nombre de services et visites proposés. N'oubliez pas de les contacter par mail ou *call center* avant d'arriver pour connaître leur offres et recevoir leur brochures.

Autres adresses : Piazza di Porta S. Giovanni, 6 • Siège : Via della Pigna, 13/a.

PASS FUTÉS

OMNIA VATICAN & ROME
Via della Pigna, 13A
www.omniavaticanrome.org
info@operaromanapellegrinaggi.org
OMNIA CARD 72 HEURES : 113 €, OMNIA CARD 24 HEURES : 55 €. La carte s'achète en ligne et se récupère dans de nombreux points d'accueil de la ville mais aussi dans des agences de voyage partenaires.
Une carte touristique chère mais qui peut être avantageuse. Elle offre aux visiteurs un portefeuille de services permettant la visite des basiliques et des monuments de plus grand intérêt religieux et culturel de Rome, ainsi que la possibilité d'utiliser l'Open Bus de Roma Cristiana et les transports en commun de la ville.

ROMA PASS
www.romapass.it
info@romapass.it
Tarifs : 38,50 € valable pour 72 heures ou 28 € valable 2 jours. En vente en ligne ou dans tous les points information de Roma Capitale.
Il permet de rentrer dans la plupart des sites archéologiques et des musées de Rome. Il correspond à deux entrées gratuites (pour la carte 3 jours) pour les deux premiers endroits visités, puis à des tarifs réduits pour les visites suivantes. Plus de la carte : gratuité des transports publics romains durant les 2 ou 3 jours selon la formule choisie ! Utile pour découvrir les trésors de Rome si vous n'avez qu'un week-end.

Y ALLER

L'avion est le moyen de transport le plus simple et le plus rapide pour se rendre à Rome. Le train et le bus se révèlent beaucoup plus longs pour des tarifs équivalents.

EN AVION

AIR FRANCE
✆ 36 54
www.airfrance.fr
Air France propose une dizaine de vols quotidiens et directs entre Paris et Rome (certains en partenariat avec Alitalia).
Comptez environ 2h de trajet. Egalement des départs de Bordeaux, Lyon, Marseille et Nice.

ALITALIA
✆ 0892 655 655
www.alitalia.com
Alitalia assure plusieurs liaisons quotidiennes Paris-Rome, dont certaines en partenariat avec Air France. Le trajet dure un peu plus de 2h. D'autres trajets possibles, mais avec escale à Turin ou Milan.

EASYJET
✆ 08 20 42 03 15
EasyJet propose plusieurs liaisons entre Paris et les grandes villes italiennes, dont des vols directs pour Rome-Fiumicino au départ de Lyon, Marseille, Montpellier, Nantes, Paris-Orly et Basel/Mulhouse.

RYANAIR
www.ryanair.com
Chaque jour au départ de Paris-Beauvais, Ryanair propose trois vols à destination de Rome – Ciampino.

VUELING
✆ 08 99 23 24 00
www.vueling.com
Vueling, la compagnie *low cost* espagnole, relie Paris (CDG ou Orly) à Rome Fiumicino tous les jours.

EN TRAIN

THELLO
✆ 01 83 82 00 00
www.thello.com
Depuis décembre 2012, Thello relie l'Italie chaque nuit au départ de Paris (Gare de Lyon) ou Dijon. Arrivée à Rome après une correspondance à Milan.

EN BATEAU

EUROMER & CIEL VOYAGES
5 - 7, quai de Sauvages
Montpellier
✆ 04 67 65 95 12
www.euromer.com
Ouvert du lundi au samedi de 9h à 18h45 et le samedi de 9h à 17h45.
Cette agence de voyages agit depuis plus de vingt ans afin d'organiser des séjours de rêves pour ses clients.

Aujourd'hui, la société est la référence des traversées maritimes. Elle opère des traversées vers la Corse, le bassin méditerranéen (Grèce, Italie, Espagne, Malte, Croatie, Albanie, Baléares, îles grecques...), le Maghreb (Maroc, Algérie, Tunisie...) ou encore vers l'Europe du Nord, l'Irlande et l'Angleterre. Les agents de l'établissement montpelliérain seront disponibles et à l'écoute afin d'aménager à vos côtés vos vacances idylliques. L'échelle des prix pratiqués est large, son rapport qualité-prix est quant à lui indéniable. N'hésitez pas à aller à leur rencontre.

Autre adresse : Agence à Béziers (✆ 04 67 48 15 15), Sète (✆ 04 67 65 95 11) et Avignon (✆ 04 32 74 64 30)

EN BUS

EUROLINES

✆ 08 92 89 90 91
www.eurolines.fr
20 agences en France. « Pass » pour voyager en autocar dans 50 pays européens.
Eurolines propose plusieurs départs par semaine de Paris-Gallieni (région parisienne) pour Rome. Comptez un minimum de 18 heures de voyage. Des promotions sont régulièrement proposées, ainsi que des réductions pour les enfants, les moins de 26 ans et les plus de 60 ans. Des départs de nombreuses villes de province sont aussi disponibles.

AGENCES DE VOYAGE

ARTS ET VIE

251, rue de Vaugirard (15e)
Paris
✆ 01 40 43 20 21
www.artsetvie.com
info@artsetvie.com
Autres agences à Grenoble, Lyon, Marseille et Nice.
Depuis plus de 50 ans, Arts et Vie, association culturelle de voyage et de loisirs, développe un tourisme ouvert au savoir et au bonheur de la découverte. L'esprit des voyages culturels Arts et Vie s'inscrit dans une tradition associative et tous les voyages sont animés et conduits par des accompagnateurs passionnés et formés par l'association. Pour Rome, « Rome l'éternelle » est un voyage à la découverte de l'Antiquité et des chefs-d'œuvre baroques et Renaissance, mais aussi de l'Urbs : visite du Vatican, d'Ostie et de Tivoli. 8 jours de découverte. Mais aussi « Rome archéologique et baroque », circuit de 4 jours pour la découverte du patrimoine antique et baroque de Rome (églises, places, édifices...).

DIRECTOURS

27, boulevard des Italiens (2e)
Paris
✆ 01 45 62 62 62
www.directours.com

Directours est un tour opérateur qui vend en direct au public, sans passer par les agences de voyages. Sa brochure est uniquement sur Internet, ce qui présente l'avantage de coller à l'actualité des promotions. Séjours, week-ends, voyages individuels à la carte, offres vol+hôtel, location de voiture, conseils de vendeurs connaissant la destination et prix constamment réactualisés, Directours mise sur la qualité du produit en pratiquant les prix les plus bas.

VOYAGEURS DU MONDE

55, rue Sainte-Anne (2e)
Paris
✆ 01 42 86 16 00
www.voyageursdumonde.fr
Du lundi au samedi de 9h30 à 19h.

Depuis plus de trente ans, Voyageurs du Monde construit pour vous un univers totalement dédié au voyage sur mesure et en individuel, grâce aux conseils pointus transmis par des spécialistes qualifiés sur leur destination de cœur ou d'origine. Vous bénéficiez de leur aide pour la préparation du voyage, mais aussi durant toute la durée du voyage sur place. Tous les circuits peuvent être effectués avec des enfants, car tout est question de rythme. Vous invitez votre petite tribu familiale, enfants, petits-enfants, VDM vous propose des tarifs étudiés au cas par cas, des découvertes pour les adultes et des activités ludiques pour les enfants. Des séjours à partir de 3 jours vous sont proposés pour Rome.

PLANS ALTERNATIFS

ROME INSOLITE

✆ +39 347 95 41 221
www.guiderome.com
guiderome.com@gmail.com

Des visites à thèmes sont proposées par cette association de guides conférenciers uniquement féminins. Découvrez « Rome tôt le matin », « Anges et démons », « Rome en vélo » ou « Rome ésotérique ».

© LIGHTPOET – SHUTTERSTOCK.COM

S'Y DÉPLACER

Nous déconseillons de circuler à Rome en voiture. Le trafic est intense, les places difficiles à trouver, et en plus l'accès au centre-ville est réglementé. Le scooter ou le vélo sont en revanche une bonne alternative. Mais c'est encore à pied (avec de bonnes chaussures car les pavés, ça use !) que Rome se découvre le mieux. Le centre n'est pas très étendu et, avec un service de transports en commun relativement efficace, vous vous débrouillerez sans problème !

TRANSPORTS EN COMMUN

La ville de Rome est dotée de trois lignes de métro : la A, qui dessert notamment la piazza di Spagna et le Vatican (Ottaviano), la B, grâce à laquelle on se rend au Colisée, et la récente C, utile pour aller dans le quartier du Pigneto depuis San Giovanni. Les bus, qui l'été se transforment vite en véritables fournaises, couvrent une plus grande partie de la capitale, mais ils sont fréquemment pris dans les bouchons autour de Termini ou de la piazza Venezia par exemple.

Les métro circulent de 5h30 à 23h30 (et 1h30 le week-end), les bus jusqu'à minuit. Pour le reste de la nuit, il y a les lignes de bus portant la lettre « N », en noir sur les panneaux, qui fonctionnent de 0h10 à 5h30. Notez qu'il existe également 6 lignes de tramway à Rome. Voici les détails sur les avantages du réseau de transports et l'offre des compagnies de taxis :

■ **ATAC**

✆ +39 800 431 784

www.atac.roma.it

Les lignes n° 40 et 64 (Termini-Vaticano) sont les plus pratiques pour visiter le centre-ville en passant par Piazza Venezia, Largo Torre Argentina et Corso Vittorio Emanuele II. La ligne n° 85 passe quant à elle par le Forum et le Colisée. Malgré sa mauvaise réputation, le réseau de transport en commun de la ville de Rome reste bien utile. Relativement bon marché, il est ma foi efficace malgré le trafic chaotique de Rome. Les vrais problèmes arrivent les jours de grève, où là rien ne va plus.

Métro. Le moyen le plus rapide pour se déplacer à Rome, bien que le centre historique reste (pour l'instant) peu concerné. Deux lignes, la A (rouge) et la B (bleue) traversent la ville en X, en se croisant à la gare de Termini. La ligne C traverse la ville d'est en ouest et dessert notamment le quartier du Pigneto. Seule correspondance dans la station de San Giovanni (ligne A). Horaires de trains entre 5h30 et 23h30 environ (et 1h30 le week-end).

Bus. Pratique pour visiter le centre historique sans trop marcher, le bus reste toutefois otage de la rude circulation romaine. Plusieurs lignes marquent l'arrêt à la gare Termini. Courses entre 5h30 et minuit environ et ensuite les lignes nocturnes prennent le relais. Les lignes n° 40 et 64 (Termini-Vaticano) sont les plus pratiques pour visiter le centre-ville en passant par Piazza Venezia, Largo Torre Argentina et Corso Vittorio Emanuele II. La ligne n° 85 passe quant à elle par le Forum et le Colisée.

Tram. Quelques lignes bien pratiques comme la n° 8 qui rejoint le Trastevere et la n° 2 vers le quartier de San Lorenzo.

TAXI

Prise en charge : en semaine entre 6h et 22h à 3 €, jours fériés entre 6h et 22h à 4,50 €, nocturne (après 22h) à 6,50 €. Aéroports : Fiumicino 48 €, Ciampino 30 €.

Plusieurs compagnies de taxi dans la capitale. Appelez quelques minutes avant et l'on viendra vous chercher. Voici les trois compagnies les plus efficaces, qui disposent du plus grand nombre de véhicules.

- **06 35 70**
- **06 06 09**
- **06 49 94**

LOCATION DE VOITURE

ALAMO RENT A CAR

✆ 08 05 54 25 10

www.alamo.fr

Avec 40 ans d'expérience, Alamo possède actuellement plus d'1 million de véhicules au service de 15 millions de voyageurs chaque année, répartis dans 1 248 agences implantées dans 43 pays dont 280 aux États-Unis. Des tarifs spécifiques sont proposés, comme Alamo Gold aux États-Unis, le forfait de location de voiture tout compris incluant les assurances, les taxes, les frais d'aéroport, un plein d'essence et les conducteurs supplémentaires. Alamo met tout en œuvre pour une location de voiture sans souci.

BSP AUTO

www.bsp-auto.com

Site comparatif accessible 24h/24. Standard ouvert de 9h à 21h30 (20h le w-e).

La plus importante sélection de grands loueurs dans les gares, aéroports et centres-villes. Les prix proposés sont les plus compétitifs du marché. Les tarifs comprennent toujours le kilométrage illimité et les assurances. Les bonus BSP : réservez dès maintenant et payez seulement 5 jours avant

AVANT TOUTE CHOSE...

... procurez-vous un plan des transports publics en vente dans les kiosques à journaux. C'est relativement indispensable si vous comptez circuler en bus.

Vous pouvez aussi consulter le site de la société des transports en commun de Rome (www.atac.roma.it) ou utiliser votre application préférée (Moovit est très recommandée).

© TFILM – ISTOCKPHOTO

Découvrir Rome à vélo.

la prise de votre véhicule, pas de frais de dossier ni d'annulation, la moins chère des options zéro franchise.

■ **BUDGET**
✆ 08 25 00 35 64
www.budget.fr
Budget possède de multiples agences à travers le monde. Les réservations peuvent se faire sur leur site, qui propose également des promotions temporaires. En agence, vous trouverez le véhicule de la catégorie choisie (citadine, ludospace économique ou monospace familial…) avec un faible kilométrage et équipé des options réservées (sièges bébé, porte-skis, GPS…).

■ **CARIGAMI**
✆ 01 73 79 33 33
www.carigami.fr
Ce site Internet vous permet de comparer les offres de plusieurs courtiers et de louer une voiture quelle que soit votre destination. Un large choix de voitures citadines, monospaces, cabriolets, 4x4... L'évaluation de l'assurance et les avis clients sont affichés pour chacune des offres. Annulation gratuite jusqu'à 24h à l'avance.

■ **HERTZ**
www.hertz.fr
Vous pouvez obtenir différentes réductions si vous possédez la carte Hertz ou celle d'un partenaire Hertz. Le prix de la location comprend un kilométrage illimité, des assurances en option ainsi que des frais si vous êtes jeune conducteur. Toutes les gammes de véhicules, depuis la petite urbaine jusqu'à la grande routière, sont disponibles

VÉLO

On peut essayer de découvrir le centre historique et les parcs de Rome à bicyclette, cela s'avère être une expérience tout à fait unique, que tentent de plus en plus de visiteurs.

Il est déconseillé de prendre les grands axes, en raison du trafic intense et des risques liés aux automobilistes romains peu habitués aux cyclistes. En revanche, les petites rues du centre sont tout à fait utilisables à vélo. Seul inconvénient, la morphologie vallonnée de Rome.

ECO MOVE RENT

Via Varese, 48/50
✆ +39 06 447 045 18
ecomoverent.com
info@ecomoverent.com
Ouvert tous les jours de 8h30 à 19h30. Tarifs : 5 €/heure, 12 €/journée.
Maison reconnue où bon nombre de vélos sont à louer pour 5 € l'heure et 12 € la journée.

MOTO / SCOOTER

Qui n'a jamais vu ne serait-ce que quelques images de l'actrice Audrey Hepburn et de l'acteur Gregory Peck chevauchant leur Vespa avec le Colisée en toile de fond ? Ou des années plus tard le facétieux Nanni Moretti faire de même dans son *Journal intime* ? Si, pour vous, il est important de faire couleur locale, adoptez donc le moyen de locomotion préféré des Romains. Pour cela, il faut répondre à deux obligations essentielles : avoir plus de 14 ans et détenir un permis de conduire, au cas où vous voudriez piloter une 125. Il vous sera alors possible de visiter le centre-ville historique, car ce moyen de locomotion n'est pas soumis à la « zone de trafic limité ». Cependant, sachez qu'il peut être assez dangereux de rouler en scooter à Rome quand on ne connaît pas les rues. Compter 100 € la location pour un week-end.

BIGA BIKE

Via Pellegrino Matteucci, 136
✆ +39 06 5741053
www.bigabike.com
info@bigabike.com
M° Piramide.
Ouvert tous les jours de 9h30 à 19h30. Prix par journée : vélo à 14 €, 125 cc à 60 €.
La location de vélos et scooters est proposée dans leur nouveau siège situé à proximité de la station de métro B – Piramide et à deux pas de Eataly et de la Gare Ostiense. Plusieurs formules de location (véhicules en très bon état) : à la demi-journée, à la journée, ou par jour (24 heures). Ils proposent aussi des tours thématiques de Rome, à vélo ou en scooter, avec guide officiel : Rome Antique, de la Renaissance, du Caravage, Vue par le haut, Hors les Murs etc. Vous pourrez aussi passer une vraie « Journée avec les Antiques Romains » ! Services conducteur et consigne à domicile/hôtel disponibles.

ON ROAD

Via Cavour, 80 ✆ +39 06 4815669
www.scooterhire.it
Métro Cavour ou Termini.
Ouvert tous les jours de 9h à 19h. Par jour : à partir de 27 € pour un scooter 50 cc.
Cette agence, située à deux pas de la basilique Sainte-Marie Majeure, loue des scooters de 50 cc à 400 cc et même des typiques Vespa aux touristes qui veulent visiter Rome comme de vrais Italiens. Sur demande, un GPS peut être installé sur le véhicule. Des tours guidés sympathiques (avec conducteur si besoin) sont aussi proposés, ainsi que la location à long terme.

Autre adresse : Corso Vittorio Emanuele II, 204

SE LOGER

Pas facile de choisir son coin de villégiature, surtout si l'on ne connaît pas la ville. Un des critères décisifs pourra être l'importance que l'on accorde à l'animation nocturne, auquel cas, on essaiera plutôt de loger dans le Trastevere, à Testaccio ou bien dans le périmètre de la piazza Navona-Campo dei Fiori-Panthéon. Le quartier de la Rome antique offre peu d'hôtels.

En revanche, il y en a pléthore du côté de Termini où l'on trouve les hôtels les moins chers de la ville. Autre quartier à forte concentration d'hôtels, la piazza di Spagna et la villa Borghèse. Mais là, ce sont surtout des palaces et des boutique-hôtels destinés aux adeptes du shopping de luxe sur la via Condotti !

Cela peut varier selon les établissements, mais en gros la saison hôtelière se décompose comme suit :

- **Basse saison :** de la 2e semaine de janvier jusqu'à fin février et de début novembre aux vacances de Noël.
- **Moyenne saison :** en mars, mi-juillet et août (eh oui, beaucoup trouvent qu'il fait trop chaud à Rome en plein été !).
- **Haute saison :** de fin mars à juillet, de septembre à novembre et pendant les fêtes de fin d'année.

DORMIR DANS UN COUVENT

Ne vous attendez pas à des miracles, car les prix pratiqués par les institutions religieuses ne défient pas toute concurrence – ils correspondent, ni plus ni moins, à ceux des petits hôtels. Cependant, cela peut être un mode d'hébergement différent et méditatif. Il est impossible de répertorier toutes les adresses tant il y en a, mais vous pouvez avoir quelques pistes en allant sur le site – www.guiderome.com – ou des suggestions d'informations à la rubrique « Hôtels », ou bien en contactant le Saint-Siège, via le site – www.vatican.va. Vous pouvez enfin contacter le Centre pastoral d'accueil Saint-Louis-des-Français qui dépend de l'ambassade de France – via Santa Giovanna d'Arco 5 – Tél. +39 06 68 82 71 – www.saintlouis-rome.net – qui vous enverra vers les couvents qu'il recommande.

Attention toutefois, le couvre-feu dans les institutions religieuses est drastique et, pour les couples, seuls les couples mariés sont autorisés à dormir ensemble !

LOCATIONS TOUS QUARTIERS

HOUSE AND THE CITY

✆ +39 06 68 69 062
www.apartmentsinrome.it
info@houseandthecity.com
Pour tous les budgets.

Cette agence gère plusieurs appartements et B&B en positions stratégiques dans la ville, solution idéale pour vivre Rome comme si vous étiez vraiment chez vous. Tous sont meublés avec soin, ils sont propres et parfaitement équipés. Différentes solutions pour différents types de budgets et, en général, le rapport qualité-prix est excellent. Luca, qui gère l'agence, vous aidera à vivre au mieux votre séjour.

RENTAL IN ROME

✆ +39 06 3220068
www.rentalinrome.com
info@rentalinrome.com
Service clients du lundi au vendredi 9h30 à 19h30 ; samedi et dimanche de 10h à 18h30.

Cette agence référence plus de 500 appartements à louer dans les quartiers les plus prestigieux de Rome, depuis le studio économique jusqu'aux lofts les plus luxueux, et même des villas ou des châteaux aux environs de la ville. Les locations sont possibles pour une durée de 3 jours (sauf périodes de fêtes) à un an, et les prix débutent à environ 60 € par jour/appartement.

CAMPO DEI FIORI, PANTHÉON ET FONTAINE TREVI

CAMPO MARZIO LUXURY SUITES

Via Campo Marzio 52a
✆ +39 06 8767 9475
www.campomarziosuites.com
info@campomarziosuites.com

© CORSO VITTORIO 308

Corso Vittorio 308.

Compter à partir de 130 € la chambre double avec petit déjeuner.
Un relais contemporain parfaitement situé entre piazza di Spagna et piazza Navona. Les cinq chambres, élégantes et bien agencées, jouent la carte du contemporain ; aux murs, de belles photos noir et blanc rendent hommage à la Rome d'autrefois.

CASA CAU
Via in Arcione, 94
✆ +39 06 692 901 59
www.casacau.com
casacau@casacau.com
Appartement 2 personnes à partir de 250 €.
Six appartements terriblement glamour à 50 mètres de la fontaine de Trevi. On garde son indépendance avec la kitchenette (conserves exquises à disposition), tout en disposant de tous les services d'un hôtel de standing. La déco entre vintage et design est un pur exercice de style.

CORSO VITTORIO 308
Corso Vittorio Emanuele II, 308
✆ +39 06 6880 2855
www.corsovittorio308.com
Compter de 150 à 180 € la chambre double avec petit déjeuner. Offres à suivre sur le site.
Des chambres d'hôtes idéalement situées à quelques encablures de piazza Navona. Les chambres arborent des lignes modernes et personnalisées aux couleurs vives, avec du mobilier contemporain inspiré des années 1970 : très chic !

HOTEL FONTANA
Piazza di Trevi, 96
✆ +39 06 6786113
www.hotelfontana-trevi.com
info@hotelfontana-trevi.com
Chambre double à partir de 150 €.
En face de la plus célèbre des fontaines romaines, plongez dans l'ambiance « dolce vita » de cet hôtel au charme désuet.
Les chambres chaleureuses regardent pour certaines tout droit sur la fontaine de Trevi, pour d'autres vers le vivant *vicolo* latéral. Le petit déjeuner sur la terrasse (chauffée en hiver) du dernier étage est un moment que l'on n'est pas près d'oublier.

HÔTEL DE LA VILLE
Via Sistina, 69
✆ +39 06 977931
L'un des derniers-nés du groupe Rocco Forte. L'Hôtel de la ville se situe dans un élégant palais du XVIIIe siècle, en plein cœur de Rome. Ses 104 chambres et suites ont été décorées par les architectes Tommaso Ziffer et Olga Polizzi, mêlant savamment la préciosité du lieu au modernisme recherché de nos jours. Le rooftop offre une vue superbe.

HOTEL TEATRO DI POMPEO
Largo del Pallaro, 8
✆ +39 06 68300170
www.hotelteatrodipompeo.it
booking@hotelteatrodipompeo.it
Chambre double de 120 à 220 €. Petit déjeuner inclus.
Les amoureux de vieilles pierres auront peut-être envie de loger sur les ruines de l'ancien théâtre de Pompée dont des vestiges sont encore visibles à l'intérieur de cet hôtel.
Son autre grand avantage est de se situer à deux pas du Campo dei Fiori. Les chambres sont peu nombreuses, personnalisées et décorées avec goût sans trop de fioritures. Bon accueil.

© ARTWORKS LUCA DI LUZIO / PHOTO BY ALESSANDRO CATANIA

Relais Rione Ponte.

HOTEL SOLE

Via del Biscione, 76
✆ +39 06 688 068 73
www.hotelsoleroma.it
info@hotelsoleroma.it
Chambre simple à partir de 75 €, double à partir de 100 €. Garage.
Une des options bon marché et confortables du quartier. Certaines des chambres proposent des salles de bains communes, baissant de plusieurs dizaines d'euros le prix du séjour. Une formule économique, qui permet de séjourner près du Campo dei Fiori, en plein cœur de Rome. Egalement terrasse et patio.

HOTEL RAPHAEL

Largo Febo, 2
✆ +39 06 68 28 31
www.raphaelhotel.com
booking@raphaelhotel.it
Double à partir de 250 €.
Un hôtel très chic, dans une petite rue derrière la piazza Navona. Unique en son genre, l'établissement alterne chambres classiques et contemporaines, redécorées par l'architecte Richard Meier. Les hôtes ont accès à une salle de fitness, une bibliothèque et surtout une terrasse panoramique, la terrazza Bramante, qui possède une vue sur Rome à couper le souffle ! Le restaurant de l'hôtel est dirigé par Jean-François Daridon, un chef français, qui vous concoctera de petits plats gastronomiques aux saveurs méditerranéennes inoubliables. Le personnel est courtois et parle français.

MY NAVONA

Via Tor Millina, 35
✆ +39 334 60 34 288
www.mynavona.com
mynavona@gmail.com
Chambre double dès 150 €. Offres intéressantes sur le site internet.
A la fois élégant et chaleureux, ce B&B de caractère mise sur les détails raffinés, les harmonies de couleurs apaisantes, et les installations high tech. A disposition, des livres d'art à feuilleter.

■ **NAVONA ROOMS**
Via dei Baullari, 4
✆ +39 06 68 30 7501
www.navonarooms.com
info@navonarooms.com
Chambre double à partir de 110 €.
Offres intéressantes sur le site Internet.
A quelques pas de Campo dei Fiori, une maison d'hôtes au premier étage d'un palazzo d'époque qui propose six chambres tout confort, meublées en style contemporain. Parquet en bois, télévision écran plat, salles de bain confortables. En somme bon rapport qualité/prix.

■ **RELAIS RIONE PONTE**
Via Zanardelli, 20
✆ +39 06 9357 6629
www.relaisrioneponte.com
info@relaisrioneponte.com
A partir de 119 € la chambre double avec petit déjeuner.
Un petit hôtel contemporain à quelques pas de Piazza Navona. Les chambres à la fois spacieuses et feutrées affichent sur tous leurs murs les œuvres originales de jeunes artistes contemporains. Un esprit presque « boutique-hôtel ».

■ **RESIDENZA NAVONA FIRST**
Piazza della Cancelleria, 77
✆ +39 06 688 048 09
www.residenzanavonafirst.com
Bus 64.
Chambre double à partir de 59 €.
Petit établissement sympathique au premier étage d'un palazzo d'époque. Une déco jeune et zen pour les 5 chambres et pour la salle du petit-déjeuner. Bon accueil et bon rapport qualité/prix.

■ **VILLA SPALLETTI TRIVELLI**
Via Piacenza, 4
✆ +39 06 48 90 79 34
www.villaspalletti.it
Chambre double à partir de 450 €.
Dans une rue paisible sur la colline du Quirinal, cette superbe demeure d'époque ne manque pas d'allure : architecture début XXe, jardin à l'italienne, meubles anciens et gravures d'époque. Quelle élégance !

© VILLA SPALLETTI TRIVELLI

Villa Spalletti Trivelli.

COLISÉE, FORUM ET CAPITOLE

2 PASSI AL COLOSSEO
Via Cavour, 325
✆ +39 06 67 91 862
www.2passialcolosseo.it
info@2passialcolosseo.it
Chambre double à partir de 85 €.
Lavanda, Mandarino et Corallo : voici les noms évocateurs des trois chambres de ce B&B sympathique, jeune dans l'esprit et dans la déco. Accueil chaleureux.

3R COLOSSEO
Via Nicola Salvi, 68
✆ +39 346 70 51 930
www.affittacamereroma.it
M° Colosseo.
Chambre double à partir de 90 €, petit déjeuner panoramique à l'Oppio Caffé inclus
Un B&B dans un appartement soigné avec ses trois chambres confortables et très bien meublées. Placé juste en face du Colisée et de la station du métro, l'accueil du propriétaire Andrea, jeune Romain très sympa, fait la différence.

Autre adresse : Via Carlo Tommaso Odescalchi, 8

CIBELE B&B
Via Leonina, 80
✆ +39 06 481 8525
www.cibelebb.it – info@cibelebb.it
Chambre double à partir de 90 €.
On s'arrête avec plaisir dans ce B&B du quartier de Monti. On monte au deuxième étage d'un immeuble ancien pour entrer dans un appartement coquet, aux lignes épurées, et pour découvrir les quatre chambres à l'enseigne des quatre éléments. Sensation d'être un peu comme à la maison.

GRAND HOTEL PALATINO
Via Cavour, 213
✆ +39 06 481 4927
www.hotelpalatino.com
info@hotelpalatino.com
M° Cavour.

Chambre Lavanda du 2 Passi al Colosseo.

© CIBELE BB

Cibele B&B.

Prix très variables selon l'occupation et la saison. Double à partir de 280 €.
Valeur sûre, ce grand hôtel est extrêmement bien situé à deux pas du Colisée, dans le quartier de Monti. D'un classicisme moderne, il offre un confort très appréciable après une journée de visites intensives ! Le bar et le restaurant sont également à la hauteur !

■ **HOTEL FORUM**
Via Tor de' Conti, 25
✆ +39 06 679 2446
www.hotelforum.com
info@hotelforum.com
M° Cavour ou Colosseo.
Chambre double à partir de 270 €. Menu dégustation au restaurant : 79 €, menu déjeuner (buffet) : 32 €.
Pour un premier séjour à Rome, cet hôtel, face au Colisée, offre une situation idéale. Vous rêviez de séjourner au cœur de la Cité éternelle ? Vous y êtes. Les immenses fenêtres des chambres permettent de ne rien perdre du spectacle magique qu'offre le symbole de Rome, à toutes les heures de la journée et de la nuit. Au dernier étage, une terrasse achèvera de vous séduire.

Vue depuis les fenêtres Casa Montani.

HOTEL GRIFO
Via del Boschetto, 144
Monti ✆ +39 06 487 1395
www.hotelgrifo.com
M° Cavour.
A partir de 85 € la chambre, petit déjeuner inclus si réservation en ligne. Réception 24h/24.
On adore cet hôtel de gestion familiale, idéalement situé à proximité des plus célèbres attraits touristiques de Rome, tels que le Colisée et le Forum. L'accueil est excellent et en français. N'hésitez pas à demander des conseils au patron, vous serez enchanté de constater le nombre de services qu'il peut mettre à votre disposition, du Roma pass 3 jours avec accès aux musées, à la réservation d'une table au restaurant, en passant par de multiples conseils sur la ville.

HOTEL PABA
Via Cavour, 266
(2e étage avec ascenseur)
✆ +39 06 478 24497
www.hotelpaba.com
Chambre simple de 55 à 125 €, double de 75 à 160 € avec petit déjeuner.
Cet hôtel est un bon plan pour ceux qui veulent loger dans la Rome antique car il se trouve tout près du Capitole, des forums et du Colisée, en bas du charmant et très authentique quartier de Monti. C'est une petite structure famiale avec des chambres bien tenues et relativement modernes. Pour les adeptes du shopping, des tarifs avantageux sont proposés en janvier, durant les soldes d'hiver. Le personnel parle un peu français.

PIAZZA DI SPAGNA ET VILLA BORGHÈSE

CASA MONTANI
Piazzale Flaminio, 9
✆ +39 06 32 60 04 21
www.casamontani.com
info@casamontani.com
M° Flaminio-Piazza del Popolo.

5 chambres dont 3 doubles deluxe, 1 junior suite et une suite. De 140 € à 350 € selon la chambre et la saison. Charlotte, une Française, et son mari Giuseppe gèrent ce charmant B&B de luxe situé au troisième étage d'un beau palais romain donnant directement sur la piazza del Popolo. Les 5 chambres sont très accueillantes et silencieuses, dotées de magnifiques salles de bains privées et de tout le confort haut de gamme.

© CHIC & TOWN

Chic & Town.

CHIC & TOWN
31 Via dei due Macelli
✆ +39 06 699 220 40
www.chictown.it
info@chictown.it

A partir de 120 € la chambre double. Ce boutique-hôtel propose seize chambres seulement, à deux pas de la place d'Espagne, dans un palais du XVIIIe siècle. Chaque chambre est personnalisée dans les moindres détails, de la tapisserie au mobilier, par la propriétaire Francesca. Certaines ont vue sur le dôme de S. Andrea, d'autres ont de magnifiques fresques XVIIIe siècle au plafond qui les rendent uniques.

© CROSSING CONDOTTI

Crossing Condotti.

CROSSING CONDOTTI

Via Mario de' Fiori, 28
✆ +39 06 699 206 33
www.crossingcondotti.com
info@crossingcondotti.com
M° Spagna.
Chambre double à partir de 230 €.
Crossing Condotti ne faillit pas à la réputation du quartier dans lequel il se trouve. Luxe et exclusivité sont les maîtres mots de cet établissement. Véritable joyau dans le panorama des hébergements romains, cette maison de cinq chambres réserve un séjour d'exception sur le plan du confort, et un accueil plus chaleureux que dans la plupart des hôtels de ce standing.

GARIBALDI SUITES PIAZZA DISPAGNA

Via delle Carrozze, 60
✆ +39 3393621497
www.garibaldisuites.com
infogaribaldisuites@gmail.com
Chambre double à partir de 150 €, petit déjeuner inclus. Animaux acceptés.
Une adresse d'une sobre élégance, nichée à quelques mètres de la piazza di Spagna et de son quartier de belles boutiques. Le décor des quatre suites se révèle très cosy chic avec un mariage réussi entre mobilier contemporain et quelques belles pièces d'antiquités. Pour l'anecdote, dans le même immeuble vécurent Garibaldi et son épouse Anita.

HASSLER ROMA

Piazza Trinità dei Monti, 6
✆ +39 06 699 347 55
www.hotelhasslerroma.com
booking@hotelhassler.it
Métro Spagna.
Chambre double à partir de 500 €.
Cet hôtel très célèbre et très luxueux est l'adresse de référence pour la jet-set en goguette à Rome. Son emplacement au-dessus des escaliers de la place d'Espagne est exceptionnel. Si possible, offrez-vous carrément une chambre supérieure, leur décoration est exceptionnelle ! Les restaurants sont excellents et jouissent d'une superbe vue sur la ville. Pas étonnant que l'hôtel soit régulièrement distingué dans les sélections des meilleurs

Hotel Lord Byron.

© HOTEL DEI BORGOGNONI

Hotel dei Borgognoni.

hôtels de la ville, d'Europe et même du monde ! Evidemment, tout ça se paye cher...

HOTEL LORD BYRON

Via Giuseppe de Notaris, 5
Villa Borghèse
✆ +39 06 322 04 04
www.lordbyronhotel.com
info@lordbyronhotel.com
Chambres doubles à partir de 200 €.
Ce très bel hôtel Art Déco est situé dans le calme et la beauté de la villa Borghèse. 32 chambres qui assurent à la fois intimité et convivialité. L'accueil est personnalisé et le service a tout des plus grands hôtels de luxe. Une très bonne adresse pour ceux qui recherchent quiétude et luxe dans la Villa Borghèse.

HOTEL DEI BORGOGNONI

Via del Bufalo, 126
✆ +39 06 699 415 05
www.hotelborgognoni.com
info@hotelborgognoni.it
M° Barberini ou Spagna.
A partir de 190 € la chambre double, petit déjeuner inclus. Offres régulières sur leur site.
L'un de nos hôtels préférés du côté de la piazza di Spagna, pour sa décoration à la fois moderne et très élégante dans des tons rouge et brun. Les chambres sont spacieuses et plus que confortables, la cour intérieure est jolie, l'accueil professionnel et le service personnalisé. En bref, une très bonne adresse pour un séjour de charme dans le quartier shopping de la capitale italienne.

HOTEL D'INGHILTERRA

Via Bocca di Leone, 14
✆ +39 06 69 9811
www.hoteldinghilterra.com
Chambre double à partir de 300 €.
Toute l'élégance de Rome est là ! Ancienne dépendance d'un palazzo voisin, hôtel favori des visiteurs britanniques au XIXe siècle, voici un palace raffiné et discret qui ravit par ses salons séduisants, par la décoration feutrée de ses chambres et par le service irréprochable de son personnel.

■ **HOTEL PANDA**
Via della Croce, 35
✆ +39 06 678 0179
www.hotelpanda.it
info@hotelpanda.it
Chambre double sans salle de bains de 68 à 80 €, double avec salle de bains de 85 à 110 €.
Une option économique très sympathique, au cœur du Tridente, ces trois rues pleines de boutiques et de restaurants qui se trouvent entre la piazza di Spagna et la piazza del Popolo. Les 28 chambres sont plus que correctes pour les tarifs pratiqués !

■ **LA MAISON**
Via Cesare Beccaria, 18
✆ +39 06 361 1225
www.lamaisonroma.com
lamaison.rome@gmail.com
A partir de 110 € la chambre double avec petit déjeuner.
Petit B&B situé à deux pas de la piazza di Spagna, dans un immeuble récent et charmant. Dès l'entrée, on note la personnalisation du salon qui a conservé les meubles et les bibelots des grands-parents de la propriétaire. La gestion familiale s'avère très accueillante. La décoration des chambres a été réalisée dans le même esprit. Elles sont toutes dotées d'une salle de bains. Excellent et copieux petit déjeuner.

■ **MARCELLA ROYAL HOTEL**
Via Flavia, 106
✆ +39 06 420 145 91
www.marcellaroyalhotel.com
info@marcellaroyalhotel.com
A partir de 130 € la chambre double, suivant sa typologie, petit déjeuner inclus.
Situé dans un des quartiers les plus courus de la ville, l'Hôtel Marcella Royal est un boutique-hôtel de première classe. La propriétaire, Mme Marcella, a apporté élégance et soin

© LA MAISON

La Maison, la bien nommée, on s'y croirait.

© MARCELLA ROYAL HOTEL

La très exclusive terrasse du Marcella Royal Hotel.

à la décoration des chambres et des salons, et elle veille à l'excellence des services et du confort. Le must de l'hôtel est certainement sa terrasse qui offre une magnifique vue sur Rome et ses coupoles, particulièrement sublime au petit déjeuner et au coucher du soleil.

SOFITEL ROME VILLA BORGHESE
Via Lombardia, 47
✆ +39 06 478 021
H1312-re@accor.com
Chambre double à partir de 290 €.
Le charme et l'élégance d'un palais du XIXe siècle au cœur de Rome, à quelques pas de la via Veneto, de la place d'Espagne et des jardins de la villa Borghèse. Les 104 chambres, dont quatre suites, sont décorées dans le style néoclassique et bénéficient de tous les équipements technologiques de pointe et d'un service haut de gamme attentionné (produits Hermès dans les salles de bain !). Grand luxe au nouveau restaurant à « La Terrasse Cuisine &amp ; Lounge », élue meilleure terrasse d'hôtel en Europe en 2012, située au 7e et dernier étage et offrant une vue panoramique à couper le souffle : goûtez une cuisine méditerranéenne au restaurant ou sirotez un cocktail depuis le bar tout en admirant la Ville éternelle qui, depuis ce point privilégié, est encore plus étonnante. Le bar « Club Le Boston », salon de style anglais, est idéal pour la dégustation de thés raffinés tout en feuilletant un livre d'art et de voyages. Enfin, profitez librement de la salle de fitness ou du centre d'affaires qui propose deux iMac. En bref, les amoureux de la chaîne ne seront pas déçus. Le top ? S'offrir l'une des suites avec terrasse privée du 7e étage !

Sofitel Villa Borghese.

PALAZZO DAMA
Lungotevere Arnaldo
da Brescia, 2
✆ +39 06 89 56 52 72
www.palazzodama.com
reservation@palazzodama.com
Prix des chambres à partir de 350 €.
Aménagé en 2014 sur les plans de l'architecte Antonio Girardi, ce bel immeuble début XXe siècle, situé entre les berges du Tibre et la piazza del Popolo, est bien placé pour recevoir le titre d'hôtel le plus chic de Rome. Art déco, pop art, vintage et années 1930, les styles s'associent pour recréer une atmosphère très « Gatsby le Magnifique ».

B&B Buonanotte Garibaldi.

VATICAN ET TRASTEVERE

Voici les deux quartiers qui à coup sûr vous feront traverser le Tibre. Au nord, le Vatican, Etat pontifical comme chacun sait et, au sud, le Trastevere, dont le nom signifie « par-delà le Tibre ». Entre les deux s'étend la colline du Janicule. Derrière le Janicule, le quartier de Trastevere fait face au centre historique, sur la rive opposée du Tibre. La partie la plus visitée par les touristes avec son lacis de ruelles se trouve du côté du Janicule, mais le quartier se prolonge bien plus bas le long du viale Trastevere, jusqu'au niveau du mont Testaccio et de la station ferroviaire Trastevere.

B&B BUONANOTTE GARIBALDI

Via Garibaldi, 83
Trastevere ✆ +39 065 830 733
www.buonanottegaribaldi.com
info@buonanottegaribaldi.com
Chambre double à partir de 210 €.
Luisa Longo, artiste peintre sur soie, a restauré de cette maison familiale pour en faire son atelier et un havre de paix pour quelques hôtes. Passé le portail, on pénètre dans une cour calme qui réserve tout le charme des villas italiennes baignées de soleil. Les trois chambres au design moderne et élégant sont équipées d'un écran plat, d'un frigo et du wi-fi. Celle de l'étage, un peu plus chère, dispose d'une magnifique terrasse. Service aux petits soins, notamment durant l'excellent petit déjeuner. Possibilité de transfert (aller-retour) vers l'aéroport et formule voyage de noces.

B&B CASA SAN GIUSEPPE

Vicolo Moroni, 22
✆ + 39 06 34 44 38 84
www.casasangiuseppe.it
info@casasangiuseppe.it
Chambre double entre 75 et 110 €.
Dans une ruelle tranquille au cœur de Trastevere, un établissement sans prétentions, mais fonctionnel et confortable. Autres atouts : la position parfaite pour rejoindre les principaux sites de visite et les prix des plus raisonnables pour le quartier.

GUESTHOUSE ARCO DEI TOLOMEI

Via Arco de' Tolomei, 27
Trastevere ✆ +39 06 583 208 19
www.bbarcodeitolomei.com
Depuis la gare de Termini, bus H jusqu'à Piazza Belli. Prendre Via della Lungaretta jusqu'à Piazza di Piscinula et tourner à droite.
Chambre double de 125 € à 195 € selon la saison.
Ravissant B&B de 6 chambres dans le Trastevere authentique, non loin de l'Isola Tiberina... Imprimés floraux, teintes mauves, vertes et bleu ciel, le tout frais, harmonieux et vraiment joli. Le plus ? Les conseils précieux des propriétaires pour les bonnes adresses du quartier.

Guesthouse Arco dei Tolomei.

CASA DI SANTA FRANCESCA ROMANA

Via dei Vascellari, 61
Trastevere
✆ +39 06 58 12 125
www.sfromana.it
istituto@sfromana.it
Chambre simple à partir de 67 €, double à partir de 96 €, triple à partir de 127 €.
Au cœur de Trastevere mais loin de l'agitation nocturne, une solution confortable pour les petits budgets. Ancien monastère avec chapelle et réfectoire, le bâtiment se construit autour d'une jolie cour arborée. Les chambres, sans être luxueuses, restent accueillantes. Petit-déjeuner copieux.

HOTEL DOMUS TIBERINA

Via in Piscinula, 37
✆ +39 06 581 36 48
www.hoteldomustiberina.it
info@hoteldomustiberina.it
De 85 à 140 € la double selon la saison.

© HOTEL SANTA MARIA

Hotel Santa Maria.

Ana Iuliana vous accueille avec chaleur dans son petit hôtel de charme, si romantique. La vieille bâtisse, coincée dans ce quartier historique, date du XVIe siècle et a été rénovée en 2011. Les sols mosaïques en terre cuite, les poutres apparentes, les tapisseries classiques... tout concourt à revisiter le passé, dans le plus grand confort.

HOTEL DEI MELLINI

Via Muzio Clementi, 81
✆ +39 06 324 771
www.hotelmellini.com
info@hotelmellini.com
A partir de 160 € la chambre double. Offres intéressantes sur le site Internet. Parking gratuit devant l'hôtel.
Le gros plus de cet hôtel placé sur la rive droite du Tibre, entre la piazza de Spagna et le Vatican (et pas trop loin de la piazza Navona), c'est le fabuleux solarium du 7e étage qui permet de jouir du soleil de Rome en toute discrétion et tranquillité. C'est par ailleurs un établissement très élégant, idéal pour les séjours en amoureux.

HOTEL RIPA ROMA

Via degli Orti di Trastevere, 3
Trastevere
✆ +39 06 58 611
www.hotelriparoma.com
reservations@hotelriparoma.com
Chambre double de 120 à 360 €. Petit déjeuner inclus. Salle de fitness. Restaurant.
Loin des hôtels classiques, le Ripa Art Hotel est un lieu ultra contemporain aux formes et matériaux simples. Il se situe dans un immeuble des années 1970 qui a été transformé en hôtel design en 2003 par le cabinet King Roselli Architetti. L'intérieur impressionne par sa structure dans laquelle le béton est très présent,

© ORANGE HOTEL

Orange Hotel.

mais l'espace apparaît quand même fluide. Les chambres sont spacieuses et fonctionnelles, les lits de très bonne facture. L'hôtel, qui accueille aussi un excellent restaurant, est fréquenté par une clientèle éclectique.

HOTEL SANTA MARIA
Vicolo del Piede, 2
Trastevere
✆ +39 06 589 4626
www.hotelsantamariatrastevere.it/fr
info@hotelsantamaria.info
Chambre double à partir de 70 €. Petit-déjeuner inclus. Wifi gratuit. Location de vélos gratuite. Happy hour en fin d'après midi.
Une excellente adresse pour loger à deux pas de l'église Santa Maria in Trastevere. Toutes les chambres donnent sur un jardin très calme. Normal, nous sommes dans un ancien cloître rénové ! Les chambre sont décorées dans un style champêtre. Parmi les services, bicyclettes à disposition gratuitement, massages et excursions.

ORANGE HOTEL
Via Crescenzio, 86
Vatican
✆ +39 06 68 68 969
www.orangehotelrome.com
booking@orangehotelrome.com
Chambre double à partir de 110 €.
Cet éco hôtel nous impressionne par son originalité et ses services dignes d'une structure de luxe. Il dispose de 26 chambres, dont 3 junior suites dotées de salle de bains avec douche et baignoire dans la chambre. Dans tout l'hôtel prédominent l'orange, le gris et le blanc. Le mobilier est soigné dans les détails, moderne, curieux et inspiré de la déco américaine des années 1960 et française des années 1920.

IL BOOM B&B
Via Dandolo, 51
Trastevere
✆ +39 335 59 98 583
www.ilboom.it
infobb@ilboom.it
Chambre double avec petit déjeuner de 100 à 160 € selon la saison.

Un bed & breakfast de trois chambres seulement, à recommander absolument pour loger dans le Trastevere. Les chambres sont très spacieuses et chacune est dédiée à l'une des trois actrices italiennes les plus célèbres : Sophia Loren, Anna Magnani et Monica Vitti. Tout le mobilier est original et inspiré des années 1960. Si vous le pouvez, demandez la chambre avec le Jacuzzi, il est unique ! Le petit déjeuner, comprenant des gâteaux faits maison, est servi au dernier étage baigné de lumière ou sur la superbe terrasse de cette maison à l'ambiance familiale. Chouette resto également.

PALAZZO CARDINAL CESI
Via della Conciliazione, 51
Vatican
✆ +39 06 684 0390
www.palazzocesi.it
info@palazzocesi.it
M° Ottaviano – San Pietro.
Chambre double à partir de 150 €. Offres spéciales pour séjours de plusieurs nuits. Lunch possible sur demande.
Notre coup de cœur dans le quartier. En effet, on loge ici au plus près de la basilique Saint-Pierre et donc au sein du Vatican. Les murs de cette demeure ont été érigés au XVe siècle et ont appartenu à d'importantes familles de la noblesse romaine, parmi lesquelles la famille Cesi. Au XVIIe siècle, le cardinal Pierdonato Cesi lance une restructuration pour transformer l'édifice en véritable musée d'antiquités et d'objets d'art. Aujourd'hui, on peut loger dans une partie de cet établissement imprégné d'histoire et d'une grande élégance. L'hôtel occupe une aile du bâtiment qui s'enroule autour d'un très charmant cloître, véritable refuge frais et silencieux, loin de l'agitation extérieure. Les 30 chambres, dont 5 de luxe, possèdent tout le confort moderne et sont reliées à Internet à haut débit. Le petit déjeuner est servi dans le *réfectoire*, une salle chaleureuse d'inspiration monastique. La réception est assurée par une équipe charmante toujours prête à rendre service et à organiser vos réceptions privés sur demande.

RESIDENZA DEL CEDRO
Vicolo del Cedro, 4
✆ +39 328 865 1528
www.residenzadelcedro.com
residenzadelcedro@gmail.com
A partir de 60 €/nuit la chambre ou l'appartement, pour celui du 3e étage avec terrasse sur le toit et bain bouillonnant jusqu'à 250 €/nuit.
Au dos de la basilique de Santa Maria in Trastevere, un bel immeuble savamment réaménagé en petits appartements, équipés de kitchenette, télé, sèche-cheveux et articles de toilette. Réception et bagagerie 24h/24. Solution idéale pour les familles avec enfants.

VOI DONNA CAMILLA SAVELLI HOTEL
Via Garibaldi, 27
✆ +39 06 58 88 61
hotelsavelli.booking@voihotels.com
Compter de 130 à 400 € la chambre double avec petit déjeuner.
Au pied du Giancolo, un monastère reconverti avec tact en hôtel de standing. Les briques apparentes laissées volontairement dans certaines pièces rappellent subtilement l'ancienne vocation des lieux. Il se dégage du cloître, des salons, de l'escalier et des caves voûtées un je-ne-sais-quoi de typiquement romain qui ne vous laissera pas indifférent.

TERMINI, CELIO ET ESQUILIN

66 IMPERIAL INN

Via del Viminale, 66
Quatrième étage
✆ 39 06 48 90 7682
www.66imperialinn.com
info@66imperialinn.com
Chambre double à partir de 110 €.
Mélange des genres, des couleurs et des matières pour ce B&B au 4e étage d'un immeuble entre la gare de Termini et le Forum. Les chambres affichent la bonne humeur et le petit déjeuner est si gourmand qu'on en demanderait encore et encore. Bel accueil.

ANTICO PALAZZO ROSPIGLIOSI

Via Liberiana, 21
✆ +39 06 48 93 04 95
hotelrospigliosi.com
M° Termini.
Chambre double à partir de 135 €.
Un palais du XVIIe siècle (anciennement de la famille Rospigliosi) accueille désormais 39 chambres aux prestations d'un hôtel 4-étoiles. La belle architecture, dont on apprécie l'élégante cour intérieure et la chapelle familiale encore en l'état, font oublier le décor un peu quelconque des chambres. Petit plus, l'établissement donne tout droit sur l'église de Santa Maria Maggiore.

HOTEL DES ARTISTES

Via Villafranca, 20
✆ +39 06 445 43 65
www.hoteldesartistes.com
info@hoteldesartistes.com
Chambre double à partir de 120 €.
Ambiance et déco originale ainsi qu'un excellent rapport qualité-prix distinguent cet hôtel de la concurrence. Les chambres sont spacieuses, soignées et accueillantes, agrémentées de jolis tableaux et d'un mobilier en bois. Salles de bains en marbre avec douche et sèche-cheveux. Le vrai plus : une sympathique terrasse ensoleillée et fleurie, ouverte jusqu'à 1h du matin. Lieu de rencontre pour les voyageurs de toutes les nationalités qui ont envie de partager leurs expériences. Accueil en français !

Antico Palazzo Rospigliosi.

HOTEL NAPOLÉON

Piazza Vittorio
Emanuele II, 105
✆ +39 06 446 7264
www.napoleon.it
infobook@napoleon.it
M° Vittorio Emanuele.
Chambre double à partir de 100 € avec petit déjeuner. Terrasse au sixième étage.
Dans une rue tranquille à deux pas du métro Vittorio Emanuele, un hôtel classique et élégant où règne une atmosphère feutrée (chambres spacieuses, aux tonalités chaudes). Le plus : les salles de bain confortables et la salle de fitness.

HOTEL REX

Via Torino, 149
✆ +39 06 482 4828
www.hotelrex.net
rex@hotelrex.net
M° Termini.
Chambre double à partir de 130 €.
Dans une rue calme, non loin de la gare Termini, un hôtel à la réputation solide qui réserve un bon confort et des services de qualité à tous ses hôtes. Ses atouts ? Le roof top baigné de soleil pour le petit déjeuner et le restaurant étoilé Pipero al Rex dans le même bâtiment.

LATERANI SUITES

Piazza di San Giovanni
in Laterano, 26
✆ +39 333 10 82 982
www.lateranisuite.it
info@lateranisuite.it
M° San Giovanni.
Chambre double à partir de 70 €.
Tout droit sur la place de Saint-Jean-du-Latran, douze chambres d'hôtes au 4e étage d'un bel immeuble. La bouilloire pour le thé et le café est dans la chambre, mais le petit-déjeuner se prend au bar du coin. Prix honnêtes.

LEON'S PLACE

Via XX Settembre, 90-94
✆ +39 06 890 871
www.leonsplacehotel.it
info@leonsplacehotel.it

Hotel Rex.

Chambre double classique de 220 à 520 €.
Cet hôtel design, aux intérieurs élégants et modernes, est situé dans un palais du XIXe siècle au cœur de Rome, facilement accessible depuis la gare Termini. Le décor est minimaliste, reprenant des tons noirs et blancs dans les zones communes ainsi que dans les chambres. Ces dernières sont spacieuses, raffinées et dotées de salles de bains fantastiques en précieux marbre polychrome de Carrara. Certaines chambres disposent aussi d'un balcon permettant de s'imprégner de l'atmosphère du centre-ville.

LA MAISON ASTORIA
Via Giovanni Maria Lancisi, 31
✆ +39 06 4420 2631
www.astoriapalace.it
info@astoriapalace.it
A partir de 55 € la chambre double avec petit déjeuner. Wi-fi.
La Maison Astoria, située à côté de l'université de la Sapienza, n'est qu'à 10 minutes à pied de la gare Termini. Elle se compose de 6 chambres, nichées au dernier étage d'un immeuble élégant. Un petit hôtel bien attrayant à l'architecture particulière ; en effet toutes les pièces donnent sur de multiples terrasses, offrant ainsi à la plupart des chambres un espace externe privé qui domine le quartier environnant. Le salon confortable avec une cheminée fait office de salle à manger pour le petit déjeuner, qui se prend aussi sur la terrasse à la belle saison. Un lieu chaleureux qui fait penser à un B&B mais avec des services hôteliers. Rapport qualité-prix excellent.

RADISSON BLU ES. HOTEL
Via Filippo Turati, 171
✆ +39 06 444 841
reservations.roma@radissonblu.com
Chambre double à partir de 260 €.
Une oasis ultra moderne au cœur de l'histoire millénaire de Rome...232 chambres luxueuses à la décoration avant-gardiste, dont 27 suites, dotées d'un très grand confort. On va au Radisson Blu pour profiter, surtout, de son *Roof Top Garden,* une terrasse de 1 250 m² avec piscine panoramique, son bar, ses deux restaurants, son espace spa/bien être et sa salle de sport très bien équipée.

RELAIS CONTE DI CAVOUR
Via Farini, 16
✆ +39 06 482 16 38
www.relaiscontedicavour.com
info@relaiscontedicavour.com
Chambre double de 95 à 180 € selon la saison, petit-déjeuner inclus.
Un Bed & Breakfast raffiné, géré par deux femmes passionnées, mère et fille, doté de six chambres au 4e étage d'un palais avec ascenseur situé sur une rue croisant la centrale Via Cavour mais bien moins bruyante. Les chambres sont belles et plutôt amples, climatisées, disposant de coffre-fort, wifi, téléviseur satellitaire et minibar ; les salles de bains sont très soignées et dotées des douches fantastiques avec chromo-thérapie. Petit déjeuner servi dans la petite mais accueillante salle qui se trouve à l'entrée. Ambiance relaxante ; des touches luxueuses le rendent encore plus particulier.

YES HOTEL
Via Magenta, 15
✆ +39 06 443 638 36
www.yeshotelrome.com
info@yeshotelrome.com
Chambre double à partir de 170 €.
Les chambres sont bien équipées et dotées de tout le confort, dont un téléviseur à écran plat. Le mobilier de tout l'hôtel est moderne et minimaliste, avec de jolis meubles en bois et des tableaux dans les chambres. Les salles de bains sont chic et les parties communes agréables à vivre. Idéal pour un séjour d'affaires ou de tourisme, Yes Hotel attire une clientèle plutôt jeune, séduite par l'excellent rapport qualité-prix.

HORS LES MURS

Les richesses de Rome sont telles que l'on oublie que c'est une ville fortifiée. Pourtant la muraille érigée par Aurélien au IIIe siècle subsiste encore en grande partie. Tous les grands sites ou presque se trouvent dans cette enceinte. Mais il y a des exceptions comme la via Appia Antica ou le Monte Testaccio. Par ailleurs, on trouve hors les murs les lieux les plus branchés, discothèques ou structures d'art contemporain. Etant donné que l'hypercentre n'est en fin de compte pas si étendu que ça, il serait dommage de ne pas les prendre en considération lors de votre séjour romain.

ABITART HOTEL
Via Pellegrino Matteucci, 10
Testaccio
✆ +39 06 454 3191
www.abitarthotel.com
info@abitarthotel.com
M° Piramide.
Chambre double de 140 € à 320 € selon la saison. Tarifs dégressifs à partir de 3 nuits.
Cette structure récente et unique propose des salons décorés avec goût, dans un style contemporain, avec un grand chjoix de distractions. Sur les 65 chambres, aucune n'est semblable. Mais ce qui rend l'hôtel Abitart unique, ce sont ses huit merveilleuses suites inspirées par des thèmes et des artistes du XXe siècle. Cet hôtel se trouve au cœur du quartier près du Testaccio (emplacement idéal pour ceux qui aiment faire la fête) et à quelques pas de la pyramide Cestia.

ALTHEA INN ROOF TERRACE
Via dei Conciatori, 9
✆ +39 06 989 326 66
www.altheainnroofterrace.com
info@altheainn.com
A partir de 100 € la chambre double, petit déjeuner compris. Un nombre minimum de nuits peut être demandé.
Confort et design à prix contenus dans le quartier de Testaccio pour cette maison d'hôtes de trois chambres. Sa valeur ajoutée ? La petite terrasse où s'installer pour regarder le ciel bleu de la Ville Eternelle.

CITY GUEST HOUSE
Viale Opita Oppio, 78
Quartier Tuscolano
✆ +39 06 76 98 31 40
www.cityguesthouse.com
admin@cityguesthouse.com
M° Numidio Quadrato.
Chambre double à partir de 60 € selon la saison ; petit déjeuner à buffet inclus.
Un hôtel design et d'ambiance *easy going* qui offre une trentaine de chambres confortables, simples et propres pour un prix bien raisonnable. Toutes sont dotés de salles de

bains avec douche ou baignoire et, la plupart, d'une grande terrasse privée. Des vélos sont mis gratuitement à disposition.

ECOHOTEL

Via di Bravetta, 91
✆ +39 06 66156920
www.ecohotelroma.com
info@ecohotelroma.com
Bus H depuis la gare Termini. Navette gratuite en service de 8h30 à 12h30 et de 18h30 à 21h30 depuis/vers le métro Cornelia ou d'autres points du centre.
Chambre double à partir de 80 € selon la saison. Petit déjeuner généreux inclus.
Vivre Rome au naturel est possible chez Ecohotel, un établissement donnant sur la luxuriante Vallée dei Casali, une réserve naturelle. Un hôtel écologique, comme son nom l'indique ; propre, neuf et moderne. Il dispose d'une trentaine de chambres : simples, doubles, junior suites, family rooms dotées de très jolies salles de bains avec douche ou vasque hydromassage, sèche-cheveux... Mais attention, toutes les chambres ne donnent pas sur la nature environnante.

HOTEL FELICE

Via Tiburtina, 30
✆ +39 06 445 33 47
www.hotelfelice.com
info@hotelfelice.com
Chambre simple à partir de 55 €, double à partir de 65 €.
Pour faire la fête avec les étudiants de San Lorenzo et découvrir les lieux alternatifs de la Ville éternelle, ce petit hôtel est une option économique et plutôt sympathique avec des chambres vraiment agréables et confortables. L'ambiance conviviale ne gâche rien.

© ALTHEA INN
Althea Inn Roof Terrace.

HOTEL RE TESTA

Via Beniamino Franklin, 4
Testaccio ✆ +39 06 45 68 41 90
www.hotelretesta.com
info@retestaroma.com
M° Piramide.
Chambre double à partir de 110 €.
Urbain, sobre et fonctionnel : cet établissement au cœur du marché de Testaccio propose des chambres avec petit coin cuisine à un excellent rapport qualité/prix.

SEVEN SUITES

Via Nicola Zabaglia, 11
Testaccio
✆ +39 06 57 48 106
www.romesevensuites.com
info@romesevensuites.com
A partir de 120 € la chambre double.
Une petite perle au cœur du Testaccio traditionnel. Au troisième étage d'un immeuble qui ne paye pas de mine, sept chambres modernes et tout confort. Le petit déjeuner se prend au bar en bas de l'immeuble. Très bon accueil et excellent rapport qualité/prix.

INDEX

F

G

H

I

K / L

INDEX